via reise trip

Bernd Siegmund

Uckermark & Barnim

Symbole

via Tipp Lieblingsorte unseres Autors Bernd Siegmund

Highlights

Übernachten

Essen & Trinken

Hotels in der Hauptsaison (DZ)

€	bis 75 Euro
€€	bis 120 Euro
€€€	über 120 Euro

Inhalt

Land & Leute | 8

Orte & Landschaften | 38

Uckermark
Angermünde
Barnim
Berlin

Stettin
Uckermark
Schwedt
Barnim

Stettin
Prenzlau
Uckermark
Barnim

Reisepraktisches | 180

Hinweis

Lanke ▸ C7
Bei den Überschriften der Ortskapitel sind jeweils **Koordinaten** angegeben, mit denen sich die Orte auf den Übersichtskarten (Umschlag vorn und hinten) leicht finden lassen.

Kartenregister

Übersichtskarten

Tourenkarten

Kartensymbole

i	Tourist-Information	P	Parkplatz
★	Highlight	H	Haltestelle
■	Sehenswürdigkeit		Bahnlinie mit Station
	Badestelle		

Das gibt es nur in der Uckermark und im Barnim

Kontrapunkt zu Berlin

Der Nordosten Brandenburgs ist im Gegensatz zu Berlin eine eher stille Landschaft. Aber sie hat alles, was es braucht, um liebenswert zu sein. Wälder und Wiesen, Blumen, Steine, einen weiten Himmel, Wasser, Tiere, schöne Dörfer, kleine Städte und nette Menschen, die, je höher nach Norden man kommt, zu einer gewissen gutmütigen Einsilbigkeit neigen. Das ändert aber nichts an der Tatsache, dass auch sie gastfreundlich, tolerant und weltoffen sind.

Die Silkebuche

Kann man sich in eine Landschaft verlieben? Natürlich. Da spricht überhaupt nichts dagegen. Manchmal genügt schon ein Baum, um einem ganzen Landstrich zu verfallen.

Die „dicke Silke", die mitten in der Schorfheide lebt, ist so ein Fall. Wer sie das erste Mal sieht und andächtig unter ihre gewaltige Krone tritt, ist fasziniert von dem Gefühl, in einer grünen, schattigen Kathedrale zu stehen. Die mächtigste Buche Brandenburgs hat einen Stammumfang von 6,50 Meter, ist über zwanzig Meter hoch und etwa 300 Jahre alt. Der Baum hat viele Kriege überstanden, gewaltigen Stürmen getrotzt. Und wie alle Bäume mit gutem Ruf gab er stets den Liebenden, die ihm zu Füßen lagen, Geborgenheit und Schutz (▸ Seite 86).

Zauberschloss

Hogwarts in der Uckermark? Man könnte das pittoreske Schloss Boitzenburg aus dem 16. Jahrhundert – aber mit Neorenaissance-Fassade – fast dafür halten. Als Filmkulisse wurde es zumindest schon oft genutzt (▸ Seite 170).

Ein Dino aus Stahl

Das Schiffshebewerk in Niederfinow ist ein Wunderwerk der Technik und mutet wahrhaft urtümlich an. Es ist das älteste heute noch in Deutschland aktive Hebewerk und wurde am 21. März 1934 eröffnet. Die geniale Konstruktion hebt bzw. senkt mit ihrem wassergefüllten Trog Schiffe von bis zu 1000 Tonnen Tragfähigkeit in nur fünf Minuten über eine Höhendistanz von 36 Metern und gewährleistet so den Schiffsverkehr auf dem Oder-Havel-Kanal (▸ Seite 79).

Magen- & Augenschmaus

Im *Gasthof zum grünen Baum* in Boitzenburg fühlt man sich nicht nur den Gelüsten des Magens verpflichtet, hier wird auch das Auge bedient. Alte Balken, stilvolle Möbel, Lehmputz: Aus einem alten Pferdestall ist ein kleines, feines Restaurant geworden, in dem der Koch nur ein Ziel verfolgt, nämlich seinen Gästen Genuss zu bereiten (▸ Seite 174).

Kraniche beobachten

Die großen, anmutigen Vögel lassen sich im nördlichen Brandenburg vor allem im Frühjahr und im Herbst gut beobachten, wenn sie auf der Durchreise in ihre Überwinterungs- bzw. Brutgebiete sind. Ihre charakteristischen Trompetenrufe hört man dann weithin überall. Wer den beeindruckenden An- oder Abflug tausender Kraniche einmal miterlebt hat, ist begeistert und beglückt. Mehr kann man im Kranich-Informationszentrum in Parlow erfahren (▸ Seite 102).

Choriner Musiksommer

Dieses ebenso zwanglose wie hochklassige Musikereignis gibt es schon seit über 50 Jahren. Längst bewerben sich Orchester und Ensembles aus aller Welt darum, im halboffenen Kirchenschiff der Choriner Klosterkirche auftreten zu dürfen. Wer als Zuhörer keinen der 1400 Plätze mehr ergattert, macht es sich einfach draußen auf der grünen Wiese mit Picknickkorb gemütlich (▸ Seite 109).

Der Autor Bernd Siegmund arbeitete lange Jahre als Auslandskorrespondent. Heute ist er freier Reisejournalist und lebt in Berlin – sofern er nicht durch die Welt tourt.

Land & Leute

Der Nordosten Brandenburgs ist eine wenig besiedelte Gegend. Liebenswerte kleine Städtchen und winzige Ortschaften finden sich eingebettet in eine Landschaft der Stille und Weite, die der Seele wohltut. Kein Wunder, dass es auch viele Menschen aus dem nahen Berlin hierher gezogen hat.

▼ *Ein entspannter Nachmittag im Kloster-Café im Kloster Chorin (▸ Seite 107)*

Uckermark & Barnim heute

Einsame Gegend – lebendige Region

Der Nordosten Brandenburgs war immer schon eine einsame Gegend. Und gerade dies ist heute das größte Pfund der Region. Hier haben sich Landschaften und Naturräume erhalten, die Erholungssuchende und Naturfreunde von weither anlocken.

Uckermark

Die Uckermark ist die Region der großen Einsamkeit. Nirgendwo sonst in Deutschland zählen die Statistiker weniger Mitmenschen auf den Quadratkilometer als hier. Man kann in den Weiten des flächenmäßig sechstgrößten Landkreises Deutschlands stundenlang laufen, ohne einen Menschen zu treffen.

Lange Zeit schien es, als hätte das öffentliche Gedächtnis vergessen, wie schön es in der Uckermark ist. Im Sommer, wenn der Klatschmohn die Felder rot färbt und die Luft nach Honig riecht, wird die Stille nur vom Zirpen der Grillen „gestört". Die ruhige Landschaft bringt die Menschen wieder zu sich. Hier begreift man, wie wichtig es ist, sorgsam mit der eigenen Lebenszeit umzugehen. Das wird von vielen Künstlern geschätzt. Komponisten, Maler, Schriftsteller

Blick auf die Altstadt von Lychen

und Schauspieler sind aus dem nahen Berlin mit Freude und Gewinn in die Stille gezogen.

Trotz ihrer Unberührtheit ist die Region ein lebender Organismus aus Geschichte, Wirtschaft und Kultur. Es wird kräftig in die Zukunft investiert. Viel Geld wurde in den vergangenen Jahren in die touristische Infrastruktur gesteckt, in Hotels, in neue Radwanderwege, in Wellness-Tempel wie die *NaturTherme* in Templin oder in kulturelle Ereignisse wie die Uckermärkischen Musikwochen. So ist die Region touristisch gut erschlossen. Selbst das Klima spielt mit. Typisch für die Uckermark sind eine schnelle Erwärmung im Frühjahr, viel Sonnenschein und wenig Regen im Sommer, ein prächtiger, bunter Herbst und kalte Winter.

Die Uckermark ist eine echte Naturschönheit, in der sich – wie Inseln – hübsche kleine Städte und reizvolle Dörfer niedergelassen haben. Manche tragen recht ungewöhnliche Namen. „Afrika" heißt ein Ortsteil von Flieth-Stegelitz bei Gerswalde, das „Morgenland" liegt kurz vor Templin.

Aber der Landstrich weiß auch mit Superlativen anderer Art zu glänzen. Der kleine Ort Boitzenburg darf sich rühmen, das prächtigste Adelsschloss Brandenburgs zu besitzen. Mit seinen vielen Türmchen scheint es dem Reich der Fantasie entsprungen. Auch das Dorf Wolfshagen ist unverwechselbar. 31 Baudenkmale von nationaler Bedeutung entfallen auf rund 300 Einwohner. Obwohl das prächtige Schloss Wolfshagen 1945 durch den Krieg zerstört wurde.

Landkreis Uckermark

Fläche: 3 058 km²
Höchste Erhebung: Blocksberg bei Angermünde, 139 m
Größter See: Mit einer Fläche von rund 2 000 Hektar bilden der Ober- und Unteruckersee das größte Gewässer der Uckermark.
Einwohner: rund 119 000
Bevölkerungsdichte: 39 Einwohner pro km²
Hauptstadt: Prenzlau
Größte Städte/Orte: Schwedt/Oder 31 000 Einwohner, Prenzlau 19 000 Einwohner, Templin 16 000 Einwohner, Angermünde 13 500 Einwohner
Wirtschaft: Das industrielle Herz der Uckermark ist Schwedt an der Oder mit einer der größten deutschen Mineralölraffinerien. Der Waldreichtum hat zudem eine starke holzverarbeitende Industrie wachsen lassen, die neben dem Tourismus ein wichtiger Wirtschaftsfaktor ist.

Drei Schutzzonen für die einzigartige Natur wurden in der Uckermark eingerichtet: die Flussauenlandschaft des deutsch-polnischen *Nationalparks Unteres Odertal,* der *Naturpark Uckermärkische Seen* und das *Biosphärenreservat Schorfheide-Chorin.*

Übrigens gibt ein Flüsschen der Region den Namen. Die Ucker, die im Mecklenburgischen „Uecker" heißt, ist nur 103 Kilometer lang, entspringt einem waldreichen Plateau nahe Templin und mündet bei Ueckermünde ins Stettiner Haff.

Schorfheide

Die Schorfheide gibt es gleich drei Mal: als waldreiche Landschaft Schorfheide, als Flächengemeinde Schorfheide im Landkreis Barnim mit den Hauptorten Groß Schönebeck und Finowfurt sowie als namensgebender Teil des *Biosphärenreservats Schorfheide-Chorin.*

Die großflächigen Wälder der Region sind ein Erlebnis der besonderen Art. Nirgendwo sonst in Europa gibt es ein so wildreiches, ähnlich geschichtsträchtiges Waldgebiet. Die Schorfheide war immer ein Jagdrevier für „große Tiere". Die brandenburgischen Kurfürsten vergnügten sich hier ebenso wie die Könige und Kaiser der Preußen, die NS-Größen und das SED-Politbüro.

Friedrich Wilhelm IV. ließ sich sogar zwischen 1847 und 1849 das *Jagdschloss Hubertusstock* am Ufer des Werbellinsees erbauen, um nicht ständig zwischen der Berliner Pflicht und der jagdlichen Kür pendeln zu müssen. Heute ist aus dem Jagdschloss, in dem sich einst Partei- und Staatschef Erich Honecker mit CSU-Chef Franz Josef Strauß traf, ein Hotel geworden.

Im Jahr 1929 stellte Otto Braun, sozialdemokratischer Ministerpräsident des Freistaates Preußen, 40 000 Hektar der Schorfheide unter Naturschutz und schuf damit die für damalige Verhältnisse größte Schutzzone Europas. Das heutige *Biosphärenreservat Schorfheide-Chorin* ist 129 161 Hektar groß und umfasst neben dem weitreichenden Gebiet der Schorfheide auch das UNESCO-Weltnaturerbe Buchenwald Grumsin.

Barnim

Auf eine andere Art schön ist das Barnimer Land, das mit der Uckermark eine Planungsregion bildet. Der Naturraum dieses Landstrichs gliedert sich von Süden nach Norden in die Barnim-Hochfläche, das Eberswalder Urstromtal und in Teile der Uckermärkischen Platte. Im Norden stößt die Region direkt an die Uckermark, im Westen wird sie von der Oberhavel begrenzt, im Süden liegt Berlin, und im Osten das Nachbarland Polen.

In puncto Siedlungsdichte ist der Barnim das genaue Gegenteil der Uckermark. In der Nähe von Berlin leben gut 1 100 Einwohner auf den Quadratkilometer. Nach Norden zu wird es allerdings immer stiller, denn mehr als die Hälfte der Barnimer Bevölkerung lebt im Berliner Umland.

Die von der Eiszeit geformte Landschaft zeigt sich lieblich und dabei sehr kontrastreich. Die immergrüne Kiefer ist der Charakterbaum der Region. Aber auch Buchen- und Eichenwälder, verträumte Seen, kleine Bäche und stille Wasserstraßen geben dem Land ein typisches Gesicht.

Angesichts der urwüchsigen Wälder des Naturparks Barnim fällt es schwer zu glauben, dass Berlin nicht einmal 50 Kilometer entfernt ist. Alte Buchenwälder und seltene, geheimnisvoll anmutende Erlenbrüche säumen die Ufer zahlreicher Seen.

In den letzten Jahren wurde viel getan, um diese Schönheiten den Menschen erlebbar zu machen. Ein Netz von Wanderwegen wartet nur darauf, benutzt zu werden. Überregionale Radwege wie der Oder-Havel-Radweg oder der Radfernweg Berlin–Usedom machen im Barnim Station. Auch das Wasserwandern auf den zahlreichen Flüsschen und Kanälen der Region wird immer beliebter.

Viele der im 12. und 13. Jahrhundert entstandenen Dörfer und Städtchen haben ihr ländliches Gesicht bewahrt. Daneben erzählen imposante Industriedenkmale von der spannenden und wechselvollen Geschichte des uralten Siedlungsgebietes. In jüngerer Zeit hat vor allem die Hauptstadt des Barnim, Eberswalde, mit der Hochschule für nachhaltige Entwicklung (HNE Eberswalde) von sich reden gemacht.

Landkreis Barnim

Fläche: 1 478 km²

Höchste Erhebung: Semmelberg bei Bad Freienwalde, 158 m

Größter See: Parsteiner See, 1 003 Hektar

Einwohner: 177 400

Bevölkerungsdichte: 118 Einwohner pro km²

Hauptstadt: Eberswalde

Größte Städte/Orte: Eberswalde 39 000 Einwohner, Bernau 37 000 Einwohner, Gemeinde Wandlitz 22 000 Einwohner, Werneuchen 8 300 Einwohner

Wirtschaft: Traditionell spielen hier Metallverarbeitung, Holz- und Möbelindustrie sowie die Bauwirtschaft eine wichtige Rolle. Umfangreiche Investitionsvorhaben betreffen darüber hinaus die Bereiche Gesundheitswesen, Bildung, erneuerbare Energien und Tourismus.

Architektur
Feldsteinkirchen – Angerdörfer – Kleinstädte

Als sich vor ca. 10 000 Jahren der Gletscherpanzer der letzten Eiszeit zurückzog, ließ er riesige Mengen an Sand, Lehm und Feldsteinen zurück: Baumaterial für Städte und Dörfer, Kirchen und Gutshäuser.

Das architektonische Erscheinungsbild der vorwiegend ländlichen Region Barnim-Uckermark ist geprägt von den Segnungen der letzten Eiszeit. Aus dem Material wurden später Städte und Dörfer erbaut, Kirchen und Gutshäuser gemauert. Sie zeichnen heute das Gesicht der Kulturlandschaft.

Vom Backstein zum Bauhaus

Man muss nicht lange suchen, um mit den steinernen Zeugen in Kontakt zu treten. Schon von Ferne grüßen die hohen Türme der Marienkirche zu Prenzlau (▶ Seite 162). Sie gilt als Paradestück märkischer Kirchenbaukunst. Eine andere Schönheit versteckt sich dagegen tief im Wald: Kloster Chorin (▶ Seite 107). Die gotische Ruine hat eine wunderbare Akustik, regelmäßig finden Konzertabende in den alten Mauern statt.

In Templin zählen Fachwerkhäuser und das 1751 erbaute Rathaus zu den Sehenswürdigkeiten. Nüchtern, aber in voller Schönheit und Funktio-

Blick vom Turm der Maria-Magdalenen-Kirche auf die Waldstadt Eberswalde

nalität präsentiert sich das Bauhaus-Denkmal bei Bernau (▸ Seite 46). Die ehemalige Gewerkschaftsschule ist das größte Bauprojekt dieser Architekturströmung außerhalb Dessaus.

Dorfgesichter – mal lang, mal rund

Schlichter, aber nicht weniger beeindruckend zeigen sich die natürlich gewachsenen Dörfer. Meist handelt es sich um Angerdörfer (zum Beispiel Brodowin im Barnim oder Bredereiche in der Uckermark), bei denen sich die ins Dorf führende Straße teilt und um den Dorfplatz herum gelenkt wird. Auf ihm stehen Gemeinschaftsgebäude wie die Schule, das Gasthaus oder die Kirche. Hinter dem Anger fließt die Straße wieder zusammen.

Hat man es einmal nicht mit einem Angerdorf zu tun, so handelt es sich mit großer Wahrscheinlichkeit um ein Straßendorf (Friedrichswalde im Barnim etwa, Ringenwalde in der Uckermark), durch das eine einzige Straße führt, von der aus nach beiden Seiten die Zufahrten zu den Häusern und Höfen abgehen.

Lokatoren arbeiten für Fürsten

Diese Siedlungsstruktur entstand zwischen dem 12. und 14. Jahrhundert. Damals beauftragten die askanischen Fürsten sogenannte Lokatoren (Subunternehmer würden wir heute sagen) damit, Wälder zu roden, neues Land zu erschließen, es urbar zu machen, zu vermessen und Bauern darauf anzusiedeln. Ihrem gesellschaftlichen Stand nach waren die

Friedrichswalde am Nordrand des Barnim ist ein typisches Straßendorf

Lokatoren Ritter oder Vasallen der Landesherren. Immer handelte es sich um unternehmungslustige, gut ausgebildete Leute, die über ein größeres Vermögen verfügten. Dieses Kapital war nötig, um den Neusiedlern mit Saatgut und anderen nützlichen Dingen unter die Arme zu greifen. Die finanziellen Aufwendungen wurden den Lokatoren später vom Landesherrn honoriert. In der Regel mit Steuerbefreiung und/oder einer lukrativen Stellung als Dorfschulze.

Gutsdörfer

Gutsdörfer sind in der Uckermark häufig anzutreffen. Meist zog der Adel vakante Ländereien an sich und vereinigte sie zu Gütern, die von einem Gutshof mit Herrenhaus und Park „regiert" wurden. Die Herrenhäuser fielen sehr unterschiedlich aus. Manche waren winzige Landsitze, andere groß und teuer. Um das zentral gelegene Herrenhaus herum standen Speicher, Ställe, Scheunen und Bauernhöfe. Das ganze Ensemble ähnelte einer malerischen Inszenierung, war aber gut durchdacht und zweckmäßig. Ein typisches Beispiel für ein Gutsdorf ist Börnicke in der Nähe von Bernau (▸ Seite 50).

Unterschiedliche Hofformen

Dass es charakteristische Anordnungen der Hofgebäude gibt, fällt bei der Betrachtung der Dörfer sofort auf. Typisch ist der Vierseithof, bei dem Stall-, Wohn- und Wirtschaftsgebäude im Rechteck stehen.

Weit verbreitet in Barnim und Uckermark ist auch der Dreiseithof, der aus dem an der Straße liegenden Wohnhaus, dem seitlichen Stall- oder Wirtschaftsgebäude sowie einer Scheune im hinteren Teil des Hofes besteht.

Je nach Nutzung, finanziellen Möglichkeiten und lokalen Gegebenheiten wurden Höfe, Plätze und Zufahrten mit von Ackerflächen gesammelten Feldsteinen gepflastert.

Feldsteinkirchen in der Uckermark
Vielfarbig Grau

Überall auf Feld und Flur findet man die Steine. Man muss sich nur bücken. In vielen Dörfern der Uckermark stehen Feldsteinkirchen, erbaut aus dem kristallinen Geschenk der Eiszeit.

Während die kleinen Gesteinsbrocken in der Erde gleichsam nachzuwachsen scheinen, sind die Findlinge Unikate. Unterschiedlich groß und meist aus Granit, Gneis oder Quarzit, wurden sie je nach Bedarf von Steinmetzen zu Quadern behauen oder in zwei Hälften gespalten. Sorgfältig aneinandergesetzt, führt die Vielfalt des monochromen Gesteins zu einer erstaunlichen Farbigkeit.

Die frühesten erhaltenen Feldsteinkirchen stammen aus dem 11. Jahrhundert, ihren architektonischen Höhepunkt erlebt die „Feldstein-Zeit" gegen Ende des 12. Jahrhunderts. Danach nehmen die Anteile von gebackenen Ziegeln im Mauerwerk zu. Allen aus Feldstein gebauten Gotteshäusern gemeinsam ist der schlichte, rechteckige Kirchensaal. Diesem Kernbau wurde je nach Vermögenslage im Osten ein quadratischer Chor oder eine gerundete Apsis angefügt. Am auffälligsten sind die hohen Türme auf der Westseite. Die Innenausstattung war schlicht. Oft bestand sie nur aus dem Altar, einem Taufstein und einem Heiligenbild.

Die größte Feldsteinkirche der Uckermark ist St. Johannes in Lychen aus dem 12. Jahrhundert. Aber gerade die kleineren Dorfkirchen, wie beispielsweise in Gandenitz (▸ Tour 4, Seite 124), sind besonders charmant.

Bunte Feldsteinwand der Dorfkirche von Groß Schönebeck

Produkte aus eigener Ernte werden gern gegen Spende angeboten

Die Küche der Uckermark

Einfach, aber gut

Niederfinower Senfsuppe hin, Märkisches Kartoffelragout her, hat die Region überhaupt eine eigene Küche? An dieser Frage scheiden sich die Geister. Gegessen wird trotzdem. Und das sogar sehr gut.

Die traditionelle Küche ist einfach und rustikal. Sie legt mehr Wert auf deftigen Geschmack denn auf verfeinerte Gaumenfreuden. Es muss eine richtige Portion auf dem Teller sein. Eine, die satt macht. Der Uckermärker ernährt sich gern von Nudeln (so nennt er die Kartoffel), von der Kohlrübe (den Wruken), von Erbsen und – im Winter – vom Grünkohl. An Fleisch gibt es das, was der Bauer im Stall hat: Hühner, Schweine und Kühe. Und zu Feiertagen kommt eine Gans oder Ente auf den Tisch.

Gedanklich inspiriert sind die Damen und Herren hinterm Herd von Einflüssen, die aus Berlin in die Pfannen und Töpfe schwappen, von den Traditionen der Einwanderer aus Mecklenburg, Schlesien, Ostpreußen, Pommern und den kulinarischen Ideen der französischen Hugenotten.

In den waldreichen Gegenden der Schorfheide gibt es traditionell Wild- und Pilzgerichte. Pfifferlinge, Maronen, Rotkappen und Steinpilze stehen im Herbst auf dem Speiseplan jeder guten Gaststätte. Fisch liefert in der wasserreichen Region fangfrisch der nächste Fischer. Gute Landgasthöfe stellen regionale und saisonale Produkte in den Mittelpunkt ihrer „Herd"-Arbeit. Sie beziehen ihre Rohstoffe zum größten Teil von Bauern aus der Umgebung. Ins Regionale übersetzte Rezepturen geben den Gerichten eine eigene Note und sorgen für manche kulinarische Überraschung. Zum Beispiel beim Frikassee aus Kaninchen mit Backpflaumen, Rosinen und Petersilienkartoffeln oder beim gekochtem Zanderfilet mit Holundermussoße.

Doch der geschmackliche Erfolg beruht nur zu fünfzig Prozent auf der kulinarischen Identität. Die ganze Wahrheit lautet: Wirklich gutes Essen gibt es nur, wenn der Küchenchef seine Arbeit liebt, eine feine Zunge hat und Spaß an der Sache.

Kartoffeln spielen in der uckermärkischen Küche eine große Rolle. Die Uckermärker geben ihnen sogar so zärtliche Namen wie Nudeln oder Tüften. Pellkartoffeln heißen Pellnudeln, Bratkartoffeln Bratnudeln, und der Kartoffelsalat Tüftensalat.

Uckermärkische Wutschnudeln

Man kocht geschälte Kartoffeln so weich, dass man sie ohne Probleme stampfen kann. Gleichzeitig lässt man Speck in einer großen Pfanne aus und brät darin geschnittene Zwiebeln an. In die angebratenen Zwiebeln gibt man dann die gestampften Kartoffeln und vermischt das Ganze mit etwas Pfeffer, Salz und Majoran. Nach dem Abschmecken streut man noch gehackte Petersilie darüber. Angerichtet und serviert werden die Wutschnudeln mit Spiegeleiern und einem kalten Pils.

Uckermärker Mundart

Die Barnimer und die Uckermärker sprechen, wie ihnen der Schnabel gewachsen ist. Einige reden Plattdeutsch, andere Berlinerisch. In dieser Frage ist man offen. Doch das Platt, mit dem sich früher jedermann in der Uckermark verständigte, gibt es kaum noch, seit aus der Mode kam, es von Generation zu Generation weiterzugeben. Gerade ältere Leute empfinden den langsamen Tod ihrer Sprache durchaus als Identitätsverlust, als Verschwinden eines Teils der regionalen Kulturgeschichte. Nur noch gut 10000 der 120000 Uckermärker beherrschen die Sprache ihrer Urväter, von der Kurt Tucholsky einmal sagte, sie könne alles sein: „zart und grob, humorvoll und herzlich, klar und nüchtern – und vor allem, wenn man will, herrlich besoffen".

Im Gegensatz zu den Uckermärkern sprechen die Barnimer seit Langem mehrheitlich mit „Berliner Schnauze". Die Nähe der Hauptstadt ist nicht zu überhören.

Technische Denkmale

Die Industrialisierung Brandenburgs

Das Finowtal bei Eberswalde ist die älteste Industrielandschaft der Mark Brandenburg. Bereits im 16. Jahrhundert siedelten sich hier Betriebe an, die Papier und Kupfer herstellten.

Im Finowtal liegt die Wiege der Industrialisierung Preußens. Große Holzvorkommen und der Bau des Finowkanals ließen in Eberswalde ein „märkisches Wuppertal" wachsen. Noch heute beeindrucken die Bau- und Technikdenkmale entlang des „Industriekulturpfads" im Finowtal.

„Die Fabriken und Gewerke ... machen den Badegästen den hiesigen Aufenthalt unterhaltend, und den Freunden der Industrie, des Maschinenwesens und der Erfindungen lehrreich und sehr anziehend", schrieb 1829 der Berliner Professor Johann Joachim Bellermann in einem Reiseführer. Eberswalde war zu jener Zeit dank der Existenz heilsamer Quellen ein viel besuchter Kurort, und die feinen Damen und Herren der besseren Gesellschaft besichtigten gerne – und mit einem gewissen Schauder – die übel riechenden Industrieanlagen.

Dass man noch heute einen großen Teil der technischen Dinosaurier bewundern kann, ist der Tatsache geschuldet, dass die DDR auf schwachen ökonomischen Füßen stand. So überlebten viele Maschinen und Anlagen, die anderswo längst dem Fortschritt zum Opfer gefallen wären. Der Schritt von der laufenden Produktion ins Museum war selten so kurz wie in den Jahren nach 1990.

Wer sich also dafür interessiert: Nirgendwo sonst in der Mark findet man Agrartechnik so mustergültig versammelt wie im *Barnim Panorama* in Wandlitz. Auch die Luftfahrthistorische Sammlung in Finowfurt zeigt (fast) alles, was vor der Wende durch die Lüfte flog. Am Bahnhof in Basdorf hat sich die *Heidekrautbahn* ins Depot zurückgezogen, um sich und die Tatsache bewundern zu lassen, dass 1901 sie es war, die „Expeditionen" in den Barnim und die Uckermark unternahm, um den Raum wirtschaftlich und touristisch zu erschließen. Während Schwedt an der Oder geradezu ein „Neuzeit-Museum" für Architektur und Industrie ist, zeigt sich in der Boitzenburger Klostermühle die Arbeitswelt des 18. und 19. Jahrhunderts in kleinen Details.

Ein Ringofen im Ziegeleipark Mildenberg erinnert daran, dass aus der Zehdenicker Tonstichlandschaft die Ziegel kamen, mit denen Berlin Anfang des 20. Jahrhunderts großgemauert wurde. Mit kleinen Bähnchen, den sogenannten Loren, wurde der Ton aus den Gruben zu den Ziegelöfen befördert.

Niederfinow wiederum kann sich rühmen, das bekannteste technische Denkmal in Brandenburg zu besitzen, das 1934 in Betrieb genommene Schiffshebewerk. Es ist das älteste noch arbeitende in Deutschland. Direkt daneben wird in Niederfinow-Nord ein neues Schiffshebewerk gebaut, das für die heutigen, noch größeren Schiffe geeignet ist. Es soll in den nächsten Jahren das alte ersetzen, das als Industriedenkmal erhalten bleibt.

Der Finowkanal
Von der Havel zur Oder

Der Finowkanal ist die älteste noch befahrbare künstliche Binnenwasserstraße Deutschlands. Er steht heute unter Denkmalschutz.

Der Kanal entstand in den Jahren 1605 bis 1620, wurde im Dreißigjährigen Krieg dann aber bald schon wieder zerstört. Friedrich II. veranlasste den Neubau und ließ dafür ein Wasserbauamt gründen. 1746 wurde der rekonstruierte Kanal wieder eingeweiht.

Die Gesamtlänge betrug knapp 50 Kilometer, der Höhenunterschied 38 Meter. Die Schiffe, die den Kanal befuhren, hatten das sogenannte „Finow-Maß". Sie waren 40,2 Meter lang, 4,60 Meter breit und besaßen einen Tiefgang von 1,40 Meter. Die Schleusen des Kanals waren so gebaut, dass genau zwei Schiffe dieses Maßes in die Schleusenkammern passten.

Mit über 2,7 Millionen Tonnen Güterdurchgang erreichte der Kanal 1906 seine maximale Leistung. Nach der Fertigstellung des parallel verlaufenden Oder-Havel-Kanals 1914 verlor er an Bedeutung. Seine 13 Schleusen sind teilweise 120 Jahre alt.

Der Finowkanal reicht vom Langen Trödel bei Liebenwalde (Landkreis Oberhavel) bis zur Oder bei Hohensaaten im Barnim. Er wird heute nur noch touristisch genutzt.

Barnim & Uckermark im Lauf der Zeit

1172
Die Pommernherzöge erwerben die Uckermark.

1232
Vermutliche Stadtgründung von Bernau im Barnim.

1234
Pommernherzog Barnim I. gründet die freie Stadt Prenzlau nach Magdeburger Stadtrecht.

1250
Im Vertrag von Landin treten die brandenburgischen Markgrafen Johann I. und Otto III. Wolgast an den Pommernherzog Barnim I. ab und erhalten dafür die Uckermark.

1303
Die askanische Linie der Markgrafen von Brandenburg stirbt aus. Streitigkeiten um den Besitz der Uckermark folgen.

1370
Kaiser Karl IV. bestätigt den Pommern ihren Anteil an der Uckermark.

1399
Nach dem Tod von Kaiser Karl IV. brechen Machtkämpfe aus. Bei Neuensund besiegt Pommern ein brandenburgisches Heer und besetzt Prenzlau.

1442
Im Frieden zu Wittstock werden die Grenzstreitigkeiten zwischen Mecklenburg, Pommern und Brandenburg geklärt, die Uckermark ist seitdem brandenburgisch.

1451
Aufteilung des Barnimer Landes in „Hoher Barnim“ und „Niederbarnim“.

1540
Einführung der Reformation in der Uckermark und im Barnim.

1564
Die Uckermark zählt 18 500 Einwohner. In 200 Dörfern gibt es 2 200 Bauern und 1 500 Kossäten (Kleinbauern mit geringem Landbesitz).

1601
Kurfürst Joachim Friedrich siedelt böhmische Glasmacher im Barnim an.

1618–1648
Im Dreißigjährigen Krieg gehören Uckermark und Barnim zu den am stärksten in Mitleidenschaft gezogenen Gebieten. Bei Kriegsende liegen bis zu drei Viertel aller Ländereien brach.

1685

Das Potsdamer Edikt bietet Hugenotten Kolonistenstellen in der Mark Brandenburg. Etwa 200 000 Refugiers folgen dem Ruf. Neben dem Barnim wird die Uckermark ein wichtiges Siedlungsgebiet.

1809

Bei Lüdersdorf wird der letzte Wolf in der Uckermark erlegt. Zehn Jahre später endet die Verpflichtung der Bauern zur Wolfsjagd.

1812

In Barnim und der Uckermark werden Juden zu „Inländern" erklärt und erhalten Bürgerbriefe.

1867

Im Prenzlauer Amtsgericht wird der 18-jährige Schuhmacher Wilhelm Voigt wegen Fälschung einer Postanweisung verurteilt. 1906 wird Voigt bekannt als „Hauptmann von Köpenick".

1883

Der russische Zar Alexander III. weilt zur Jagd in der Schorfheide.

1906

Der Plagefenn südlich von Brodowin im Barnim wird erstes Naturschutzgebiet Brandenburgs.

1914

Mobilmachung und Kriegserklärung Deutschlands an Russland. Der Erste Weltkrieg beginnt.

1917

Durch Kriegswirtschaft und Kartoffelmissernte kommt es zu riesigen Versorgungsproblemen. Der Winter 1916/17 geht als Kohlrübenwinter in die Geschichte ein.

1918

Abdankung von Kaiser Wilhelm II. Friedrich Ebert (SPD) wird Reichskanzler.

1934

Das Schiffshebewerk Niederfinow nahe Eberswalde nimmt den Betrieb auf.

1937

Die *Kummerow-Trilogie* von Ehm Welk erscheint und schildert die sozialen Verhältnisse in der Uckermark.

1939

Mit dem Überfall auf Polen am 1. September beginnt der Zweite Weltkrieg.

In Ravensbrück bei Fürstenberg (Havel) wird das größte deutsche Frauen-KZ fertiggestellt. Als erste Häftlinge treffen 867 Mädchen und Frauen ein.

1945

Massive Zerstörungen der Stadtzentren von Prenzlau und Schwedt durch Bombardements.

1934 nimmt das Schiffshebewerk Niederfinow seinen Betrieb auf

Sowjetische Truppen befreien die Uckermark und den Barnim vom Faschismus.

1947
Das Ziegelwerk Zehdenick nimmt als Volkseigener Betrieb wieder seine Produktion auf.

1952
Die Länder als politische und Verwaltungseinheit werden in der DDR aufgelöst. Die Uckermark und der Barnim werden unter den Bezirken Frankfurt/Oder und Neubrandenburg aufgeteilt.

1958
In Schwedt an der Oder entsteht ein großes Papierwerk. Außerdem beschließt der Ministerrat die Errichtung eines Erdölverarbeitungswerks.

1962
Das im Krieg schwer beschädigte, aber teilweise noch genutzte Schwedter Schloss wird gesprengt.

1974
Beginn der Rekonstruktion des alten Stadtkerns von Bernau in Großblockbauweise.

22. Juli 1990
Die erste frei gewählte Volkskammer der DDR beschließt die Wiedereinführung der Länder Brandenburg, Mecklenburg-Vorpommern, Sachsen-Anhalt, Sachsen und Thüringen.

1990

Manfred Stolpe wird erster Ministerpräsident des Landes Brandenburg.

Die Stadt Schwedt wird 725 Jahre alt.

1991

Das Petrolchemische Kombinat in Schwedt wird privatisiert.

1992

In der Franziskaner-Klosterkirche von Angermünde wird die AG *Städte mit historischen Stadtkernen* im Land Brandenburg gegründet.

1994

Abzug der russischen Streitkräfte aus Eberswalde.

Die historische Altstadt von Angermünde wird zum Bodendenkmal erklärt. Die Stadt erhält zahlreiche Preise für eine erfolgreiche Sanierung.

1999

Einweihung des frisch restaurierten Rathauses sowie der Klosterkirche von Angermünde mit einer 560 Meter langen Klostertafel. Leider reichte die Länge der Tafel nicht zum Eintrag ins Guinnessbuch der Rekorde.

2002

Eberswalde ist Austragungsort der Landesgartenschau. Es kommen mehr als 600 000 Besucher.

2004

Eberswalde feiert sein 750-jähriges Stadtjubiläum.

2005

Fertigstellung des Uckermärkischen Radrundweges. Er startet in Angermünde und verbindet das *Biosphärenreservat Schorfheide-Chorin* mit dem *Nationalpark Unteres Odertal*.

2006

Eröffnung des *BIORAMA-Projekts* in Joachimsthal. Bei günstiger Wetterlage kann man vom Dach des Turmes bis nach Berlin sehen.

2007

Der neu gestaltete Marktplatz von Eberswalde wird seiner Bestimmung übergeben.

In Templin öffnet die Westernstadt *El Dorado* auf einem 7 Hektar großen Gelände ihre Pforten.

2009

Übergabe der historischen Messingwerksiedlung nach Sanierung an die Stadt Eberswalde.

2015

Unter dem Motto *Stadt. Land. Fluss.* feiert Schwedt sein 750-jähriges Stadtjubiläum.

2017

Die geplante Kreisreform in Brandenburg wird abgesagt. Barnim und Uckermark bleiben selbstständige Landkreise.

Landschaft & Natur
Klatschmohnrot mit Kornblumenblau

Eis hat die Uckermark und den Barnim modelliert. Riesige Gletscherplatten schoben sich in der Weichseleiszeit von Skandinavien her über das Gebiet und ließen alles erfrieren. Als das Eis vor etwa 10 000 Jahren zu schmelzen begann, fanden die Dinge im ewigen Spiel aus Wind, Feuer und Wasser ihren Platz.

Eine neue Welt entstand. Auf großen Sanderflächen breiteten sich Kiefernwälder und Heidekraut aus. Eine flache, von den beiden Berliner und Eberswalder Urstromtälern durchzogene Landschaft mit Flüssen, Sümpfen, Mooren und klaren Seen etablierte sich. Dort, wo sich das Eis auf seinem Rückzug staute, bildeten sich hügelige End- und Seitenmoränen.

Anfangs glich die neue Welt einem glazialen Schuttabladeplatz. Dann aber ließ Mutter Natur Blütenstaub einfliegen: Birken, Buchen, Weiden, Kiefern begannen zu wachsen, Eichen, Linden, Ulmen kamen hinzu. Den Pflanzen folgten die Tiere, mit den Tieren kamen die Menschen, und wenn heute die Bauern ihre steinigen Felder umpflügen, so sendet sie immer noch steinige Grüße, die letzte Eiszeit.

Die sanften Hügel der Uckermark wurden von der letzten Eiszeit geformt

Bewahrenswerte Natur

Weit liegt das Land unter dem hohen Himmel. In sanften Schwüngen breitet sich die Erde aus. Gelb und riesig stehen die Getreidefelder. Einige reichen bis an den Horizont. Man glaubt, die Krümmung in der Erdoberfläche zu erkennen. Eingestreut in dieser offenen Landschaft liegen lichte Wälder, Obstwiesen, Dörfer mit freilaufendem Federvieh und Himmelsaugen. So nennt man im Norden der Uckermark die kleinen eiszeitlichen Sölle, die Teiche, in denen sich die Sonne spiegelt.

Um die einzigartigen Naturräume zu bewahren, wurden viele von ihnen im vergangenen Jahrhundert in gesetzliche Schutzräume verwandelt. Gleich drei große Schutzgebiete wurden dabei in der Region Uckermark/Barnim eingerichtet.

Naturpark Uckermärkische Seen

Das im Mai 1997 unter staatliche Aufsicht gestellte Gebiet ist 897 Quadratkilometer groß. Knapp die Hälfte besteht aus Wald (422 Quadratkilometer). Auf 332 Quadratkilometer verteilen sich Ackerflächen und Grünland, 80 Quadratkilometer sind von Wasser bedeckt und den Rest teilen sich Städtchen und Dörfer. Nur 25 Einwohner zählen die Statistiker hier auf den Quadratkilometer.

Der Westen und Süden des Gebiets wird von großen Kiefernforsten dominiert. Der Norden und Osten ist von Grund- und Endmoränen geprägt. Hier wachsen vorwiegend Laubwälder. 230 Seen haben sich über den Naturpark verteilt. Viele

Die große Flugshow der Kraniche, begleitet von Trompetenschall

sind durch Wasserwanderwege miteinander verbunden.

Paradies für Waservögel

Reizvoll ist der Wechsel zwischen Seen unterschiedlicher Typen und Größen, von Mühlteichen und Fließen. Fünfzig Seen sind so rein, dass man ohne Probleme drei Meter in die Tiefe blicken kann. Diese sogenannten Klarwasserseen sind wie geschaffen für den **Fischadler,** der hier mit 30 Brutpaaren in ungewöhnlicher Dichte lebt. Er galt in Mitteleuropa schon als ausgestorben, als 1938 per Zufall ein Brutpaar in der Nähe von Templin beobachtet werden konnte. Es hatte sich auf einem Strommast häuslich eingerichtet. Zu Recht ist der Fischadler zum Wappentier des Naturparks gekrönt worden.

Aber auch **Kraniche** sind hier zu Hause. Von Anfang März bis in den April rasten sie auf den Feldern und ergänzen ihre Energiereserven, ehe sie sich auf den Weg in die Brutheimat nach Osteuropa und Skandinavien machen. Im Frühjahr kann man den Tanz der Kraniche beobachten, den diese großen, schönen Tiere in der Paarungszeit als Balzritual mit Federschlag und lauten Trompetenrufen aufführen. Im September und Oktober sind sie dann wieder aus dem Norden zurück, stärken sich im Barnim und der Uckermark, ehe sie ihre lange Reise in die südlichen Überwinterungsgebiete antreten.

Fischotter, Biber, Seeadler, Weißstorch, Rohrdommel, Knäk- und Krickente, Wiedehopf – es gibt für Naturliebhaber viel zu beobachten. Auch blütenweiße **Silberreiher.** Um sie aber vor die Linse zu bekommen, braucht es schon Glück. Während der Lebensraum von Brachpieper, Braunkehlchen und Raubwürger die offenen, durch Hecken, Feldgehölze und Sölle reich strukturierten Ebenen sind, haben es sich Edelkrebs, Sumpfschildkröte und Bachforelle an den Flüssen, Seen und Kleingewässern gemütlich gemacht. Am schnellen und sauberen Küstriner Bach hat sich mit Bachneunauge, Bachmuschel und Kahnschnecke eine ganz spezielle Fauna entwickelt. Auch den pfeilschnellen Eisvogel kann man hier bewundern.

Moore & Heiden

Über 1 200 teils stark gefährdete Pflanzenarten sind im Naturpark heimisch. Darunter sind allein 15 **Orchideenarten.** In den Mooren gedeihen Wollgras, Sumpfporst, gelbes Knabenkraut und der fleischfressende **Sonnentau.**

Eine Fläche von mehr als 100 Quadratkilometer diente den ehemaligen sowjetischen Truppen als Übungsplatz. Dort haben sich große Heideflächen und Silbergrasfluren herausgebildet. An der Havel konnten sich Auenwälder und Moore entwickeln. Die Räumung von Munition und anderen militärischen Altlasten hält immer noch an. Da ist die Natur schneller, sie hat sich längst das Gelände zurückerobert.

Im Nordosten des Naturparks, besonders in Boitzenburg, Kröchlendorff und Wolfshagen, ist noch deutlich der Einfluss des großen Gartenarchitekten Peter Joseph Lenné zu erkennen. Die malerischen Ruinen der Zisterzienserklöster von Himmelpfort, Zehdenick und Boitzenburg hingegen sind ein Teil der Natur geworden.

Biosphärenreservat Schorfheide-Chorin

Mit 129 161 Hektar ist das *Biosphärenreservat Schorfheide-Chorin* nach dem Wattenmeer das größte Schutzgebiet in Deutschland. Eine Beispiellandschaft ist im Entstehen, aufgeteilt in drei Zonen. Die Zone I ist die

Flugsaison

Im Herbst erreicht die Flugsaison in der Uckermark ihren Höhepunkt. Kraniche, Wildgänse und Enten malen im Formationszug Bilder in den Himmel. Millionen Zugvögel sind seit Wochen auf Heimreise. Anfang September sind sie in Skandinavien, dem Baltikum oder in Nordrussland gestartet, um ihre Winterquartiere in Spanien, Nordafrika oder Südfrankreich aufzusuchen. Ihr typischer trompetender Ruf hallt durch die kühle Luft.

Barnim, Schorfheide und Uckermark sind für sie genau wie beim Rückflug im Frühjahr wichtige Transitlandschaften und ein beliebter Rastplatz. Riesige Vogelschwärme sammeln sich bis Mitte November in immer größer werdenden Gruppen, um sich Kraft anzufressen für die gemeinsame Weiterreise in den Süden, ins Winterquartier.

Kraniche machen es den Menschen leicht, sie zu beobachten. Sie pendeln zwischen ihrem Fressacker und ihrem Schlafplatz auf den Feuchtwiesen hin und her. Wer einmal den Anflug tausender Kraniche miterlebt hat, fühlt sich beseelt. Vielleicht verdanken die Vögel diesem Schauspiel ihren Ruf, Glück zu bringen.

Kernzone des Reservats und für Besucher strengstens gesperrt. Dem Menschen ist jeder Eingriff untersagt, die Natur kann mit sich machen, was sie will. 3 522 Hektar ist diese Zone groß. Zone II schirmt mit 26 544 Hektar die erste ab, ist sozusagen eine Pufferzone. Vor allen anderen Dingen hat in ihr der Naturschutz Priorität. Auf sie folgt die dritte Entwicklungszone. Sie ist flächendeckend als Landschaftsschutzgebiet ausgewiesen. Eine Kulturlandschaft, die aus Wäldern und Grünland besteht, aus Äckern, Seen und Fischteichen, aus Trockenrasen und Feuchtgebieten. Hier, auf diesen 95 825 Hektar, wird das Land auf traditionelle Weise genutzt. Das Biosphärenreservat ist also eine Art moderne Arche Noah, in der es noch viele seltene Pflanzen und Tiere gibt, die anderswo längst ausgerottet sind.

Arche für die Artenvielfalt

Keine göttliche, wohl aber eine amtlich durchgeführte Inventur ergab vor Jahren folgenden Bestand: 11 Schreiadlerpaare, 18 Fischadlerpaare, die es auf durchschnittlich 3,1 Jungvögel pro Horst bringen, 16 Brutpaare des Seeadlers. Drei Brutnachweise der Großtrappe liegen vor. Auch brütende Sumpfohreulenpaare wurden gesehen.

Biber kommen in über vierzig Orten vor, die **Fischotter** in neun, die empfindliche **Sumpfschildkröte** an fünf Stellen des Reservats. Zehn Schwarzstorch- und 150 Kranichpaare brüten regelmäßig, vom Roten Milan sind 27 Horste bekannt. Weitere seltene Brutvogelarten sind Schwarzhalstaucher, die Große und Kleine Rohrdommel, Gänsesäger, Moorente, Kleines Sumpfhuhn, Wachtelkönig, Fluß- und Trauerseeschwalbe, Wasserwaldläufer, Wiedehopf und Raubwürger, Brachpieper, Ortolan, Blaukehlchen und Zwergschnäpper. In den Gewässern leben Bachneunauge, Steinbeißer, die Große und Kleine Maräne, die Niederungsbachforelle und die Quappe.

Ungefähr 240 Seen und 3 000 Moore gibt es in der Biosphäre. Der Werbellinsee ist der bekannteste, der Parsteiner See der größte. In sechs klaren Seen leben noch Schnecken, Muscheln und Unterwasserpflanzen, die in weiten Teilen Mitteleuropas nur noch als Name existieren. 55 Libellenarten, zwei Drittel der Libellenfauna Deutschlands, konnten nachgewiesen werden. An Pflanzen sei nur die Sibirische Glockenblume genannt. Und das Federgras. Und Adonisröschen, Goldaster und Silberdistel …

Nationalpark Unteres Odertal

Der *Nationalpark Unteres Odertal* an der deutsch-polnischen Grenze gehört zu den wenigen naturnahen Flussauen in Europa. Hier werden große Polder noch regelmäßig überflutet, so konnten sich typische Lebensräume erhalten. Seit Gründung des Nationalparks im Jahr 1955 ist wieder ein Hauch von Wildnis ins Untere Odertal eingezogen.

Auf vielen Flächen wurde mittlerweile auf die Bewirtschaftung des Auengrünlandes verzichtet, aus ehemaligen Wiesen und Weiden wurden Röhrichte (Pflanzengemeinschaften am Uferrand), Seggenriede (mit Sauergräsern bewachsene Feuchtflächen) und Auwälder. In vielen Gebieten des Parks entscheidet nicht mehr der Mensch, was geschieht. Die Oder hat das Zepter des Handelns übernommen.

Die Oder schlängelt sich wie hier bei Stolpe durch eine sanfte Hügellandschaft

Die Landschaft, durch die sich die Oder schlängelt, ist von einer seltsamen, anrührenden Schönheit. Hügel steigen auf und versinken wieder, karge Kopfweiden stehen im Gegenlicht, im Herbst hüllt dichter Nebel das Flusstal ein.

Unberührte Oder

Die Oder ist zwischen Hohensaaten im Süden und Stettin im Norden noch weitgehend unberührt. Selbst das Flussbett ist noch naturbelassen. Im Mittellauf ist die Oder so versandet, dass die Güterschifffahrt Probleme hat. Ganz selten noch wirbelt eine Schubeinheit den ruhigen Fluss auf. Das gefällt vor allem den Wasservögeln, die im Nationalpark ihre Brut-, Rast- und Überwinterungsplätze haben.

Jahr für Jahr werden an die 200 000 **Wasservögel** als Gäste begrüßt. 35 000 Blässgänse, 15 000 Saatgänse, 4 000 Krickenten, Störche, Schwäne, Adler, Fischreiher und Eisvögel fühlen sich wie im Paradies. Kiebitz, Brachvogel und Kampfläufer rasten in den feuchten Wiesen. Der weltweit vom Aussterben bedrohte Wachtelkönig hat hier sein größtes Vorkommen. Insgesamt hat man im Odertal 235 Vogelarten gezählt.

Über vierzig Fischarten sind in der Oder und ihren Altarmen heimisch, darunter der Wels, der Bitterling und der Steinbeißer. Auf bunten Auenwiesen und Trockenrasengebieten wachsen Blumen, die genauso fantastisch aussehen wie ihre Namen klingen: Sibirische Glockenblume, Dreizähniges Knabenkraut, Zottiger Spitzkiel, Trollblume. Auf der Roten Liste der gefährdeten Arten stehen der hier vorkommende Kreuz-Enzian, die Dunkle Wiesen-Kuhschelle, Echte Mondraute, Bologneser Glockenblume und das Kleine Mädesüß.

Bei Trockenheit begehbar

Im Sommer, sobald das Wasser aus den Flutungspoldern abgelaufen ist,

Uckermark, Schorfheide und Barnim sind Schatzkästlein der Artenvielfalt

kann man auf kleinen Rundwegen durch die Auen wandern. Der Raum zwischen Staffelde und Hohensaaten ist mit einem dichten Wanderwegenetz überzogen. Den Radfahrern stehen abwechslungsreiche Pfade zur Verfügung, es gibt kurze und lange Touren, flache und hügelige. Auch der Oder-Neiße-Fernradweg führt durch Teile des Nationalparks Unteres Odertal.

Naturpark Barnim

Der Naturpark Barnim ist das erste länderübergreifende Großschutzgebiet von Brandenburg und Berlin. Im Dreieck Bernau, Eberswalde und Oranienburg liegt der Brandenburger Teil des rund 750 Quadratkilometer großen Naturparks. Etwa fünf Prozent der Fläche befinden sich in den Berliner Stadtbezirken Pankow, Reinickendorf und Weißensee.

Das Eberswalder Urstromtal mit seinen bewaldeten Terrassen und den feuchten Niederungen bestimmt den Norden, die landwirtschaftlich genutzte Barnimplatte die Mitte und die Havelniederung mit ihren weiten Grünlandflächen den Nordwesten des Naturparks.

Refugium der Rotbauchunke

Wasser prägt das Gesicht der Naturparkregion. Etwas Besonderes sind die überall in der Feldflur liegenden Sölle, das sind durch abschmelzende Toteisblöcke am Ende der letzten Eiszeit entstandene Mulden. In ihnen lebt das Wappentier des Naturparks, die Rotbauchunke. Das kleine Tier mit dem orange-schwarz gemusterten Bauch kämpft wie der Kammmolch, die Knoblauchkröte, der Moor- und Wasserfrosch ums Überleben. Ein brandenburgweites Amphibienschutzprogramm hilft ihnen dabei.

Eine Kette von kleinen und größeren Seen liegt entlang ehemaliger Schmelzwasserrinnen. Die Linie Wandlitzsee, Rahmer- und Lubowsee führt in das lauschige Tal der Briese, das bis nach Birkenwerder führt und dort in die Havel mündet. Ein stark mäandrierender Abschnitt, die sogenannte Schnelle Havel, ist von weiten Feuchtwiesen und Mooren gesäumt. Über das Pregnitzfließ führt die Prendener Seenkette; der Liepnitz- und Hellsee entwässern über das Hellmühlfließ und die Alte Finow.

Über die Hälfte des Naturparks ist bewaldet. Zwar dominiert die Kiefer als Wirtschaftsbaum, aber an vielen Standorten trifft man noch auf eine ursprüngliche Vegetation. Der malerische Liepnitzsee ist von Buchen umstellt, Eichenmischwälder gibt es im Kreuzbruch, Erlenbruchwälder im Briesetal.

An den vielen naturnahen Fließgewässern des Barnim sind nicht nur **Fischotter, Elbebiber** und **Wasserspitzmaus** zu Hause. Wasseramsel, Eisvogel und Gebirgsstelze sind bekannte Vertreter der Vogelwelt. Kleinfische wie Steinbeißer und Bitterling kommen in den Seen ebenso vor wie der **Edelkrebs.** Die Kleine Maräne, die klares, sauerstoffreiches Wasser liebt, kann noch im Liepnitz- und Wandlitzsee gefischt werden. In den Feuchtgebieten brüten Kranich und Wachtelkönig, Weiß- und Schwarzstorch suchen auf zuweilen mit Orchideen übersäten Wiesen ihre Nahrung.

Einst Militär, heute Natur

Im Süden und Norden des Naturparks gibt es ausgedehnte Binnendünengebiete. Ein sehenswertes Beispiel ist die **Schönower Heide** bei Bernau, durch die ein schöner Rundweg führt. Die „klassische" Heidelandschaft entstand durch einen Truppenübungsplatz. Ein Teil der Flächen wird gezielt von Bäumen und Gesträuch freigehalten, um den Heidecharakter der Landschaft zu wahren.

Der Naturpark Barnim ist der einzige in Brandenburg mit direktem S-Bahn-Anschluss. So sind die vielen Ausflugziele gut und umweltfreundlich mit der Bahn erreichbar.

Adonisröschen

Einzigartig sind die im Frühjahr mit Adonisröschen bestickten Oderhänge. Naturfreunde aus ganz Europa strömen herbei, um die blühenden Pflanzenteppiche zu bewundern.

Der Sage nach wurde der schöne Grieche Adonis bei einem Jagdvergnügen von einem Keiler tödlich verwundet. Aphrodite, seine trauernde Geliebte, nahm eine Blume und ließ sie vom Blut des Dahingeschiedenen trinken. Seither kehrt Adonis jedes Jahr im Frühling in die Oberwelt zurück – als *Adonis vernalis,* ein Hahnenfußgewächs, das in unseren Breiten gelb und nicht wie sein griechischer Verwandter blutrot blüht. Doch Vorsicht! Die schöne Pflanze ist sehr giftig.

Besonders nachhaltig & regional

Blühende Landschaften

Das Zeitalter der bis zum Horizont reichenden Maisfelder nähert sich dem Ende. Wer durch den Barnim oder die Uckermark fährt, wundert sich über fröhliche Brachflächen am Wegesrand, auf denen einheimische Wildpflanzen und Unkräuter blühen, wo es summt und flattert, kreucht und fleucht. Die Blühflächen sind ein Paradies für Insekten, Kleintiere und Vögel. Einst waren die bunten Felder intensiv genutzte Ackerflächen, jetzt bieten sie ein pestizidfreies Paradies, schadstofffilternd, düngerfrei und lärmreduzierend und sind wunderschön anzuschauen.

Zu verdanken ist dieses neue Naturwunder dem Projekt Blühfläche (www.blühfläche.de), bei dem jeder mitmachen kann, der will. Und klugen Landwirten, die über den Tag hinausdenken und Brachflächen zur Verfügung stellen.

Naturdenkmale

Im Barnim existiert seit 2001 eine einheitliche und regelmäßig aktualisierte Naturdenkmal-Liste, die sich um Bäume/Gehölze, Findlinge und Geotope/geologische Sonderformen kümmert. Die Gliederung ist wichtig, da die unterschiedlichen Objekte verschiedene Schutzbestimmungen benötigen. Neben Neuaufnahmen sind auch Streichungen an der Tagesordnung, wenn zum Beispiel ein Naturdenkmal nicht mehr erhalten werden kann. Aktuell enthält die Liste 258 Bäume und Gehölzgruppen, 32 Findlinge und 13 Geotope.

Fahrrad & Bus wollen heiraten

Eine wissenschaftliche Studie im Barnim bestätigte, dass sich die Mobilität im ländlichen Raum wunderbar erhöhen lässt, wenn Fahrrad- und Busverkehr sinnvoll und dauerhaft miteinander verbunden werden. Und zwar durch komfortable und diebstahlsichere Radabstell-Anlagen, „mutige" Konzepte zur Fahrradmitnahme und Fahrpläne, die den Bedürfnissen des Alltags Rechnung tragen. Diese Ehe führte zu einer deutlichen Reduzierung des privaten und touristischen Pkw-Verkehrs. An der Umsetzung wird gearbeitet.

Mit gutem Gewissen …

… einkaufen:

Hofladen Brodowin
Gut sortiertes Bio-Vollsortiment, alle Brodowiner Produkte, Salami, Honig, Säfte, Öle, Gemüse nach Saison (▶ Seite 111).

Wochenmarkt in Bernau
Markt im Stadtzentrum mit vielen regionalen Produkten. Jeden 1. Samstag im Monat von April bis Oktober saisonaler Spezialmarkt (▶ Seite 48).

LEW BIO (Prenzlau)
Hausgemachte Biobackwaren, vegetarischer Mittagstisch, das Brot ist nach den traditionellen Regeln des Bäckerhandwerks gebacken, vollwertig und ohne Backzusätze (▶ Seite 167).

Alrich Historische Likörmanufaktur (Brüssow)
In der Likörmanufaktur werden Kräuterliköre nach alten Rezepturen hergestellt (▶ Seite 170).

Grumsiner Brennerei
Gin, Uckermark-Korn, Obstbrände und Liköre, dazu verschiedene Kurse und Seminare, Gin-Tasting, Genussabende (▶ Seite 142).

Schau- und Lehrgarten Greiffenberg
Präsentation seltener Kulturpflanzen und erhaltenswerter Sorten, Verkauf von Pflanzen und Samen (▶ Seite 143).

Seenfischerei Angermünde
Fisch und Fischwaren aus uckermärkischen Gewässern – lebend, frisch geschlachtet, geräuchert und vieles mehr (▶ Seite 139).

Fischergarten (Schwedt/Oder)
Deutschlands kleinstes Fischerei-Freilichtmuseum mit kleiner Fischbraterei, Schauräucherei, Fischverkauf und Fischimbiss. Verantwortlich für alles zeichnet Helmut Zahn, einer der letzten Oderfischer (▶ Seite 150).

… essen:

Seerestaurant Am Kap (Prenzlau)
Idyllisch gelegenes Restaurant direkt am Unteruckersee mit großzügiger Terrasse und Bootsanlegesteg. Traditionsgaststätte seit 1911. Die saisonal wechselnde Karte ist sehr gut, die Betonung liegt auf den uckermärkischen Spezialitäten (▶ Seite 167).

Pension Kleine Schorfheide (Annenwalde)
Romantischer Landgasthof. Feine Speisen der Saison mit raffinierten Zutaten, uckermärkische Spezialitäten, alles leicht, frisch und delikat (▶ Seite 122).

Alte Fischerei (Altenhof)
Fischräucherei und Fischrestaurant mit Seeblick. Beliebtes Ausflugslokal (▶ Seite 97).

Alte Brauerei (Eberswalde)
Urige Bier-Kneipe mit elf Sorten aus dem Hahn. Gewürzt mit Deftigem aus Topf und Pfanne (▶ Seite 77).

… übernachten:

Gasthof zum grünen Baum (Boitzenburg)
Nach 30 Jahren Leerstand wurde der alte Gasthof 2014 aufs Schönste wiederbelebt. Feine, Küche, stilvolle Gästezimmer, Gasthofbrauerei und kleiner Laden (▶ Seite 174).

Was ist los im Barnim und in der Uckermark?

Altenhof (nahe Joachimsthal)

Mitte August
Altenhofer Liedersommer
Traditionelles Liederfest am Werbellinsee.

Angermünde

April – September
Angermünder Klostersommer
Musik und Theater in der Franziskaner-Klosterkirche.

Juni/Juli
Uckermärkische Blasmusiktage
Auf dem Marktplatz und in den Altstadthöfen präsentieren sich Blasmusiker der unterschiedlichsten Genres.

Bebersee (nahe Templin)

Ende August/Anfang September
Kammermusik-Festival
Als Konzertsaal dient ein Hangar des ehemaligen sowjetischen Militärflughafens Groß Dölln.

Bernau

Letzter Sonntag im April, Mai, August, September
Kunst- und Handwerkermarkt
Im Stadtpark bieten Künstler, Handwerker und Händler ihre Ware feil.

2. Juniwochenende
Dreitägiges Hussitenfest
Mit Turnier, Konzerten, Spielen und Mittelaltermarkt. Am Sonnabend farbenprächtiger historischer Umzug durch die Innenstadt.

Mitte September
Festival alter Musik
In der Kirche St. Marien mit Konzerten und Lesungen.

Biesenthal

Mitte Juli
Wukenseefest
Stadtfest im Strandbad mit Drachenbootrennen und buntem Programm.

Brodowin

Mai
Hoffest im Demeter-Hof
Ein Wochenende mit Strohhüpfburg, Ponyreiten, Musik und Tanz.

Chorin

Gründonnerstag – Ostermontag
Oster-Kloster-Fest Chorin
Kulturspektakel mit uralten Osterbräuchen.

Juni
Choriner Opernsommer
Mit dem Brandenburgischen Konzertorchester Eberswalde.

Mitte Juni – Ende August
Choriner Musiksommer
Klassik-Open-Air-Konzerte im Kloster.

Eberswalde

Himmelfahrt (Mitte Mai)
jazz in e.
Internationales Jazzfestival.

Juni
Straßenkulturfest FinE
Akrobaten, Clowns, Marketender.

Anfang Oktober
Filmfestival Provinziale
Eine ganze Woche lang Filmkunst – Thema: Provinz. Es werden rund 50 Filme aus 20 Ländern gezeigt.

Finowfurt
Juni oder Juli
Flößerfest
Mit traditionellem Flößen, Wettflößen, Baumstammsägen, Musik, Speis und Trank.

Gerswalde
Mitte September
Mittelalterfest
Auf der Wasserburg zu Gerswalde.

Glambeck
Januar – Dezember
Glambecker Claviermusiken
Kleines Festival der großen Tonkunst im Kirchlein am Welsetal.

Gut Stolzenhagen
Juni – September
Ponderosa-Tanz-Land-Festival
Der Preisträger des Barnimer Kulturpreises 2011 engagiert sich für zeitgenössische Kunst auf dem Land.

Joachimsthal
August
Grimnitzer Glastage
Ausstellungen und Schauvorführungen in der Glashütte Grimnitz.

Klosterwalde (nahe Templin)
Juni – August
Das Uckermärkische Nationaltheater spielt im Kulturgut Metzelthin.

Lychen
Juli/August
Musik auf dem Floß
Konzertabende auf einem eigens dafür gebauten Musikfloß.

Erstes Augustwochenende
Flößerfest
Floßbauen, Floßfahrten und Drachenbootrennen.

Marienwerder
Juli
Inselleuchten
Internationales Rock- und Popfestival an der Leesenbrücker Schleuse.

Ringenwalde
Mai / Juni / Juli
Ringenwalder Sommerkonzerte
In der kleinen Kirche des Dorfes.

Schwedt
Mai – September
Odertalfestspiele
Open-Air-Theater, Tanz, Kabarett, Feste und Spektakel, veranstaltet von den *Uckermärkischen Bühnen*.

Juni
Mittsommernacht
Mit Livemusik, Akrobatik, Spaß und Unterhaltung.

Drittes Septemberwochenende
Oktoberfest
Mit Kulturprogramm, Verkaufsständen und Vergnügungsbuden.

Schwedt-Vierraden
Drittes Augustwochenende
Krönung der Tabakkönigin
Vorführungen rund um den Tabak.

Templin
Ganzjährig
Orgel-, Kammer- und Chorkonzerte
In der Maria-Magdalenen-Kirche und der St.-Georgen-Kapelle.

Orte & Landschaften

Einen Katzensprung nur von der Millionenstadt Berlin entfernt beginnt das landschaftliche Vergnügen. Seen in Hülle und Fülle, große Felder, riesige Wälder und schöne kleine Städte.

▼ *Prenzlau mit der markanten Marienkirche liegt malerisch am Unteruckersee*

Bernau & Naturpark Barnim

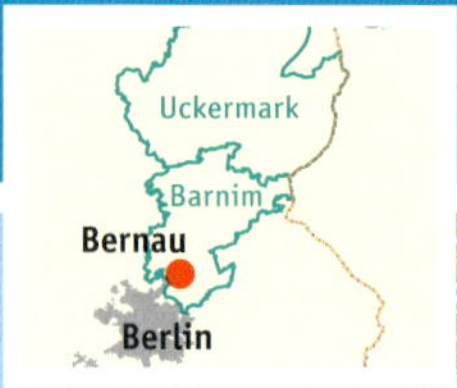

Bernau – Melange aus Alt und Neu ▸ C8

Bernau, die zweitgrößte Stadt des Barnim, wunderschön gelegen auf einem bewaldeten Höhenrücken zwischen dem Berliner und dem Eberswalder Urstromtal, hat sich zu einem attraktiven, lebendigen Ort gemausert.

Bernau, vermutlich 1232 durch das markgräfliche Brüderpaar **Johann I.** (1220–1266) und **Otto III.** (1215–1267) gegründet, war lange Jahre eine Bauernstadt. Die Häuser standen mit dem Giebel zur Straße hin. Durch ein breites Tor gelangte man auf den Hof, in dem sich Ställe, Schuppen und Scheunen reihten. Eine wehrhafte, bis zu zehn Meter hohe Mauer mit 42 Wachhäusern, zwei Rundtürmen und drei Stadttoren schützte die Bürger.

Mit Brei gegen die Hussiten

Ein bedeutendes Ereignis in der Geschichte Bernaus war der Kampf gegen die **Hussiten. Jan Hus** (ca. 1370–1415), ein Vorkämpfer Martin Luthers, war in Konstanz auf dem Scheiterhaufen verbrannt worden, da er sich weigerte, die Unfehlbarkeit des Papstes anzuerkennen. Die Konflikte, die daraufhin zwischen den Anhängern des böhmischen Nationalhelden und der päpstlichen Macht ausbrachen, führten ab 1420 zu den sogenannten Hussitenkriegen.

Diese sorgten dafür, dass am Morgen des 23. April 1432 plötzlich Teile des Hussitenheeres vor Bernau standen. Trotz großer Übermacht gewannen die tapferen Bernauer die Schlacht. Der Sage nach schleppten sie Krüge mit heißem Brei herbei und kippten ihn von der Stadtmauer todesmutig auf die Hussiten. Dagegen waren die Söldner nicht gefeit. „Der Bernausche heiße Brei macht die Mark hussitenfrei“, lautet noch heute ein in der Region bekannter Ausspruch.

Wie sich die kriegerische Auseinandersetzung wirklich abgespielt hat, steht in den Sternen. Aber das, was bekannt ist, langt allemal, um jedes Jahr im Juni mit einem freudigen Volksfest den Sieg zu feiern.

Wohlstand durch Bier

Auf Bier und Tuchwaren gründete der Reichtum Bernaus. 1423 gab **Kurfürst Friedrich I.** der Stadt das Privileg, ihr Bier zollfrei vertreiben zu können. Bis nach Hamburg und Stettin wurde der Gerstensaft geliefert. Er spülte viel Geld in die Stadtkasse. Chronist Tobias Seiler notierte, dass in 146 von 326 Haushalten Bernaus Bier produziert wurde. Der „wohlgeschmackte und gesunde Trunck, der … nicht so leichtlich eine Verstopfung des Leibes einreißen lässet“, wurde selbst den Kindern gegeben. Gebraut wurde übrigens nur an bestimmten Tagen. Am Abend zuvor forderte der Stadtdiener per Deklamation die Bevölkerung auf, die Panke nicht mehr zu verunreinigen, da morgen gebraut werde.

Der Dreißigjährige Krieg setzte dem Wohlstand ein Ende. Wen das Schwert verschont hatte, den fraßen Hunger und Pest.

◂ *Die historische Stadtmauer mit dem Steintor umgibt die Altstadt Bernaus*

Bernau

Einwohner: ca. 39 000
PLZ: 16321
Telefon-Vorwahl: 0 33 38
KFZ-Kennzeichen: BAR, BER
Fläche: 104,16 km²
Ortsteile: Birkenhöhe, Birkholz, Birkholzaue, Börnicke, Ladeburg, Lobetal, Schönow, Waldfrieden
Geografische Lage: Bernau liegt auf 68 Metern über Meereshöhe. Das Stadtzentrum befindet sich 6 Kilometer nordöstlich von Berlin, die südwestliche Grenze von Bernau ist 3 Kilometer vom Berliner Ortsteil Buch entfernt. Der bis Ende des 19. Jahrhunderts schiffbare Fluss Panke entspringt im Stadtgebiet von Bernau und mündet in Berlin in die Spree.
Wirtschaft: Die Stadt etabliert sich zunehmend als Gesundheitsstandort. In der Gewerbestruktur bilden Einzelhandel und Dienstleistungen den Schwerpunkt. Für Industrie, Handwerk und ansiedlungswillige Unternehmen hält Bernau umfangreiche Gewerbeflächen bereit.

Mit der S-Bahn nach Berlin

Erst mit der Industrialisierung Mitte des 19. Jahrhunderts erlebte Bernau eine neue Blüte. 1843 wurde die Eisenbahnstrecke Berlin–Stettin mit Halt in Bernau eingeweiht, 24 Güter- und 21 Personenzüge passierten täglich die Kleinstadt. 1924 nahm ein Verkehrsmittel seinen Betrieb auf, das später unter dem Namen „S-Bahn“ ganz Berlin eroberte. Die Stadt-Bahn machte aus der Entfernung zur Hauptstadt einen Katzensprung. Bernau entwickelte sich zum Wohn- und Schlafort für in Berlin arbeitende Beamte, die Zahl der Einwohner stieg.

Gutes Gefühl für die Zukunft

Den Zweiten Weltkrieg überstand die Stadt ohne große Schäden. Dass Bernau trotzdem 30 Jahre später zu zerfallen drohte, lag daran, dass in der DDR kein Geld in die Erhaltung der alten Bausubstanz gesteckt wurde. Große Teile der Altstadt mussten abgerissen werden. Schließlich erfolgte von 1975 bis 1989 im Rahmen eines Sanierungsplanes der Versuch, auf dem mittelalterlichen Grundriss einige Originale wie das Kantorhaus oder die Adler-Apotheke harmonisch mit industriell gefertigten Betonplattenhäusern zu verbinden. Ob das interessante Experiment gelang, darüber kann sich jeder beim Schlendern durch die Bernauer Innenstadt ein eigenes Urteil bilden.

Aber man hat ein gutes Gefühl, wenn man der kleinen Stadt, die immerhin die zweitgrößte im Barnim ist, ins „Gesicht“ schaut. Mit ihrer Lage im Nordosten Berlins, ihren gut ausgebildeten Arbeitskräften und ihrer Kompetenz als Gesundheitsstandort besitzt Bernau geradezu ideale Bedingungen für Unternehmen, die in die Zukunft investieren wollen. Hier, umgeben von Wald und Wasser, kann man gut leben, arbeiten und wohnen.

Die Bevölkerung hat seit 1991 deutlich zugenommen. Bernau ist um fast 8 000 neue, meist junge Einwohner gewachsen. Nur wenige Städte Brandenburgs können das von sich behaupten.

Sehenswertes

Stadtbefestigungsanlagen

Lange ist die Zeit vorbei, da sich Städte wie Bernau vor Raubrittern oder feindlichen Heeren schützen mussten. Bernau war eine gut befestigte Stadt. Das Bollwerk aus dem 13./14. Jahrhundert ist noch nahezu vollständig erhalten.

Etwa 1 300 Meter lang ist die kreisrunde **Stadtmauer,** acht Meter hoch und bis zu anderthalb Meter breit. Die einst 42 Wehrhäuser gibt es noch in Andeutungen, der **Pulverturm** steht fest und sicher. Ebenso der schlanke, 28 Meter hohe **Hungerturm,** der Stadtgefängnis war. Die Verurteilten wurden in ein acht Meter tiefes Verlies abgeseilt. Ab und zu guckte der Wärter durch das „Angstloch", um zu sehen, ob sie noch lebten.

Eine Besonderheit ist das **Wall- und Grabensystem,** das die Stadtmauer von außen sicherte. Die Gräben waren bis zu acht Meter tief, die Wälle bis zu 14 Meter hoch und ohne Bewuchs, um Angreifern keinen Sichtschutz zu bieten. Sieben von ursprünglich acht Stadtwällen sind erhalten. Wie ein satter, grüner Gürtel umschließen sie als Naturlehrpfad die Bernauer Altstadt.

Steintor & Heimatmuseum

Das **Steintor** ist das letzte von ehemals drei Stadttoren. Der mächtige Backsteinbau bekam 1751 eine barocke Haube verpasst, die ihm einiges von seiner Strenge nahm. Steintor und Hungerturm sind durch zwei Wehrgänge miteinander verbunden. In beiden Häusern logiert seit 1882 das **Heimatmuseum**. Es präsentiert interessante Zeugnisse zur Stadtgeschichte, zur Entwicklung des Handwerks, zur Tuch- und Seidenweberei. Auch die Kunst des Brauens kommt nicht zu kurz.

Berliner Straße | Tel. (0 33 38) 29 24 |
Mai–Okt. Di–Fr 9–12 und 14–17 Uhr,
Sa/So 10–13 und 14–17 Uhr

Das Steintor ist über Wehrgänge mit dem Hungerturm verbunden

Stadtkirche St. Marien

Das imposanteste Bauwerk in Bernau ist die nördlich des Marktes stehende Stadtkirche St. Marien. Weit sichtbar prägt ihre Silhouette die Stadt. Der Ursprung der Kirche liegt im 13. Jahrhundert, ihre heutige Form erhielt sie Anfang des 16. Jahrhunderts. Der Turm, der sich voller Zuversicht 60 Meter hoch in den Himmel streckt, entstand im Jahre 1846. Vorher gab es eine Doppelspitze. Sie wurde 1839 abgerissen.

Die Kirche birgt in ihrem Inneren einen seltenen Hochaltar (1520), der vermutlich aus der Schule Lucas Cranach d. Ä. stammt. Ist der sechsflügelige Altar geöffnet, zeigt er im Schrein die Marienkrönung, gesäumt von Posaune blasenden Engeln. Schließt man die Innenflügel, so erscheinen Gemälde mit 32 Szenen aus dem Leben von Jesus Christus. Der Altar ist ein großes Bilderbuch, das uns vertraut macht mit moralischen Vorstellungen des Mittelalters, mit dem Leben unserer Vorfahren.

Kirchgasse 8 | Tel. (0 33 38) 7 02 20 | www.bernaustmarien.de | Apr.–Sep. tgl. 14–16 Uhr

Alte Lateinschule

Sie steht am Fuße der Marienkirche und stammt aus dem 16. Jahrhundert. Berühmtester Schüler war der (fast vergessene) Barockdichter und Prediger Georg Rollenhagen (▸ Seite 45).

Rathaus

Den Süden des Marktplatzes nimmt das Rathaus ein, 1805 nach Entwürfen des königlichen Bauinspektors Dornstein gebaut. Das klassizistische Haus wird bald in Rente gehen, da 60 Prozent der Bürger per Bürgerentscheid für einen Neubau votierten.

Schwarzer Adler

Nicht allzu viele Bauten im Zentrum Bernaus haben die Rekonstruktion im Originalzustand überlebt. Zu erwähnen ist der *Schwarze Adler* in der Berliner Straße. Das im 15./16. Jahrhundert erbaute Gebäude war bis 1541 Bethaus der Kalandsbruderschaft, einer karitativen Verbindung wohlhabender Bürger. Im Erdgeschoss sind noch netz- und sterngewölbte Räume erhalten. Heute befindet sich hier ein Restaurant.

Sankt-Georgen-Hospital

Die Gilde der Tuchmacher spendierte es 1328 der Stadt. HIer – vor dem ehemaligen Mühlentor im Norden der Stadt gelegen – fanden unschuldig in Not geratene „Christenmenschen" Unterkunft und Fürsorge.

Henkerhaus

Ebenfalls in Laufnähe des ehemaligen Mühlentors steht das Henkerhaus, malerisch an die Stadtmauer gelehnt. Über 300 Jahre hat das Gebäude auf dem Buckel. Der Henker, ein gefürchteter Mann, stand auf der gesellschaftlichen Stufenleiter ganz unten. Seinen letzten Auftritt in der Öffentlichkeit hatte er im August 1722. Eine Marie Dannewitz wurde wegen Kindsmordes hingerichtet. Das Urteil lautete auf „Säcken", auf Ersäufen in einem Sack. Seit 1976 ist das Haus eine **Abteilung des Heimatmuseums.**

Direkt daneben erinnert ein **Hexendenkmal** an die 26 Frauen und zwei Männer, die zwischen 1536 und 1658 als Hexen hingerichtet wurden. 2005 widmete ihnen die Künstlerin Annelie Grund eine Stele.

Am Henkerhaus 1 | Tel. (0 33 38) 22 45 | Di–Fr 9–12 und 13–17, Sa/So 10–13 und 14–17 Uhr

Der Dichter Georg Rollenhagen
Von Mäusen und Fröschen

Eine Ehrentafel an der Alten Lateinschule in Bernau erinnert an den berühmten Sohn der Stadt: den Dichter Georg Rollenhagen. Er kam am 22. April 1542 während des Gottesdienstes in der Marienkirche zur Welt – just in dem Moment, als die Schwangere „die Hostie empfangen und bei dem Herumgehen um den Altar auch den Kelch habe nehmen wollen".

Die Familie Rollenhagen war nicht auf Rosen gebettet. Der Tuchmacher Gregorius Rollenhagen starb ein Jahr nach der Geburt des Sohnes. Georg wurde als Säugling beinahe vom Wolf gerissen, er überlebte die Pest und die Pocken. Und fand, allen Widrigkeiten zum Trotz, den Weg zur Gelehrsamkeit.

Er besuchte die Gymnasien in Prenzlau und Magdeburg und studierte ab 1560 an der Universität Wittenberg, die damals dank Luther höchstes Ansehen genoss. 1567 promovierte Rollenhagen zum Doktor der Theologie. Anschließend war er in Halberstadt und an der Magdeburger Stadtschule tätig, 1575 wurde er Rektor und führte die Schule zu überregionaler Bedeutung. Nebenbei entwickelte sich der Pädagoge und Prediger zu einem der bedeutendsten Schriftsteller und Schuldramatiker seiner Zeit.

Als „deutscher La Fontaine" wurde er gefeiert, selbst Goethe lobte die „Vorzüge des gradblickenden Menschenverstandes" in Rollenhagens Hauptwerk, dem *Froschmeuseler*. In dieser hintersinnigen Parabel wird in etwa 5000 Versen die Geschichte vom Krieg zwischen den Fröschen und Mäusen erzählt: Bei einem „Staatsbesuch" im Reich der Frösche wird Bröseldieb, der Sohn des Mauskönigs, vom Froschkönig Sehebold Bausback auf dem Rücken übers Wasser transportiert. Plötzlich taucht eine Schlange auf und der Froschkönig, zu Tode erschrocken, taucht unter. Der Mäuserich auf seinem Rücken kann nicht schwimmen und ertrinkt. Daraufhin bricht ein Krieg zwischen den Tiervölkern aus, in dem sich beide Seiten nichts schenken. Am Schluss erleiden Frösche und Mäuse unermessliche Verluste, an denen sich voller Vergnügen die Aasfresser gütlich tun.

Georg Rollenhagen starb 1609 in Magdeburg.

Kantorhaus

In der Tuchmacherstraße steht – inmitten eines Neubauensembles – das Kantorhaus, das älteste Wohnhaus der Stadt (1582). Sein kulturhistorischer Wert besteht unter anderem in der an der Rückfront sichtbaren Ständerbauweise, von der es nur noch wenige Beispiele gibt. Heute befindet sich hier die Bernauer Musikschule.

Gaskessel

Ein Gebäude der besonderen Art steht am Rande der Altstadt, wo die Berliner Straße auf die Weißenseer Straße trifft: der Gaskessel, 1931/32 erbaut, Bernaus „blaues Wunder". Seinen blauen Anzug bekam er 1995. Der 21 Meter hohe Behälter hat einen Durchmesser von 12,60 Metern, er ist in dieser Größe einzigartig auf der Welt. Für technisch Unbedarfte: In dem Behälter schwebte eine Scheibe auf dem Gas, die sich je nach Gasfüllstand auf und ab bewegte. Die Scheibe bestimmte den Gasdruck.

Bauhausdenkmal Bundesschule

Fünf Kilometer nordwestlich von Bernau liegt an der Straße nach Wandlitz, gut verborgen im Stadtforst, die ehemalige Bundesschule des Allgemeinen Deutschen Gewerkschaftsbundes (ADGB). Es ist das größte Denkmal in der Bauhaus-Formensprache außerhalb Dessaus.

Flachdach, Stahlbeton und riesige Glasflächen sind die architektonischen Elemente, die noch heute mit dem Bauhaus in Verbindung gebracht werden. Bauhaus-Direktor Hannes Meyer (1889–1954) und sein Partner Hans Wittwer (1894–1952) bauten von 1928 bis 1930 diesen langgezogenen, einzigartigen Schul- und Internatskomplex. Auftraggeber war der ADGB. Mit seiner weitgehend im Originalzustand erhaltenen Bausubstanz zählt das Ensemble heute zu den eindrucksvollsten Werken der Klassischen Moderne.

Der 1930 eröffnete Komplex diente dem Gewerkschaftsbund als zen-

Die ehemaligen Wohntrakte der Bundesschule des ADGB

trale Bildungsstätte. Während der Nazizeit war hier eine Reichsführerschule untergebracht, 1947 zog die *Hochschule Fritz Heckert* des Gewerkschaftsbundes der DDR ein. Heute nutzt die Handwerkskammer Berlin die idyllisch gelegene Anlage. Seit 2017 gehört das Ensemble zum UNESCO-Kulturerbe.

Hannes-Meyer-Campus 9 |
Tel. (0 33 38) 76 78 75 |
www.bauhaus-denkmal-bernau.de |
Gelände ganzjährig frei zugänglich, Innenräume nur mit Führung zu besichtigen

Praktische Tipps

Hinkommen

Bahn: RE 3 stündlich von Berlin Hbf, RB 24 stündlich von Berlin Ostkreuz, S 2 tagsüber alle 20 Minuten zwischen Berlin und Bernau.
Auto: Autobahn A 11, Abfahrt Bernau-Süd oder Bernau-Nord.
Nahverkehr vor Ort: Vom Busbahnhof am Bahnhof Bernau fahren die Linien 908 nach Werneuchen über Börnicke, 894 nach Wandlitz und Wandlitzsee, 896 nach Biesenthal und 868 nach Zepernick.

Barnimer Busgesellschaft | Tel. (0 33 34) 23 50 03 | www.bbg-eberswalde.de
Taxi: Funktaxi Bernau | Tel. (0 33 38) 85 88, Taxi Bernau | Tel. (0 15 11) 6 79 72 52

Gut zu wissen

Tourist-Information
Informationen und Auskünfte.

Bürgermeisterstraße 4 | 16321 Bernau |
Tel. (0 33 38) 76 19 19 |
www.bernau-bei-berlin.de |
Nov.–März Mo–Fr 10–17 Uhr,
Apr.–Okt. Mo–Fr 10–18, Sa 10–14 Uhr

Stadtführungen
Die lokale Initiative *Bernauer Stadtführer* bietet Stadtführungen an (auf Wunsch im historischen Kostüm) sowie Kutsch- und Kremserfahrten.

Tel. (0 33 38) 36 70 88

Auch die Mitarbeiter des Heimatmuseums (▸ Seite 43) führen durch Stadt und Museum. Zum Angebot gehören die „Benutzung“ mittelalterlicher Folterwerkzeuge, das Anprobieren von mittelalterlicher Kleidung und Rüstungen, das Bogenschießen und das Besteigen des Hungerturms.

Tel. (0 33 38) 70 04 96

Gut gebettet

Comfort Hotel Bernau
Das 1993 erbaute 3-Sterne-Hotel hat 48 Zimmer, alle hell möbliert. Sommerterrasse, Fahrradverleih.

Zepernicker Chaussee 39 |
Tel. (0 33 38) 7 02 00 |
www.comfort-hotel-bernau.de | €

Pension & Restaurant Hofgeflüster
Gemütliche Pension in der Nähe vom Steintor. Das alte Fachwerkhaus aus dem 17. Jahrhundert wurde denkmalgerecht saniert, die alten Balken bestimmen als Stilelement die acht großzügig ausgestatteten Zimmer.

Das Restaurant bietet kreative, regional inspirierte deutsche Küche, die auf Frische, Qualität und Herkunft der Produkte achtet.

Brüderstraße 14 | Tel. (0 33 38) 3 38 98 98 |
www.pension-hofgefluester.de | €–€€

Von Suppe bis Torte

Hotel & Gasthof Zum Zicken-Schulze
Restaurant und Hotel in der Altstadt, serviert wird Deftiges nach deutscher

Häuser in der Bernauer Altstadt

Art. Das Innere der Gaststätte ist ganz auf die Figur *Zickenschulze* aus einem Lied des Berliner Komikers Fredy Sieg aus den 1920er-Jahren ausgerichtet.
Brauerstraße 2 | Tel. (0 33 38) 70 45 80 | www.hotel-bernau.de

Restaurant Schwarzer Adler
Gutbürgerliche Küche in historischem Gebäude mit Gewölbedecke. Im Sommer schöner Biergarten.
Berliner Straße 33 | Tel. (0 33 38) 75 18 81 | www.schwarzer-adler-bernau.de

Kaufen & stöbern

Wochenmarkt
Markt im Stadtzentrum mit vielen regionalen Produkten: Obst und Gemüse, Blumen und Pflanzen, Käse, Eier, Wurst, Fleisch und vieles mehr.
Bürgermeisterstraße und Markt | Di/Do 8–18, Sa 8–13 Uhr

Bahnhofs-Passage
Shoppingcenter mit Supermärkten.
Börnicker Chaussee 1 | Mo–Sa 9.30–20 Uhr

Galerien & Kunst

Galerie Bernau
Die *Galerie Bernau* präsentiert zeitgenössische Kunst nationaler und internationaler Künstler.
Bürgermeisterstraße 4 | Tel. (0 33 38) 80 68 | www.galerie-bernau.de | Di–Fr 10–18, Sa 10–16 Uhr

Aktiv & sportlich

Wellness im SportForum Bernau
Day-Spa-Bereich mit Schwimmbecken, Dampfbad und mehreren Saunen. Breites Angebot an Massagen.
An der Tränke 30 | Tel. (0 33 38) 6 05 55 | Mo–Fr 8–23, Sa/So 8–22 Uhr

Rund um Bernau

Die Schönower Heide liegt westlich von Bernau und ist bei Pilzsuchern und Wanderern beliebt. Das alte Rittergut Börnicke im Südosten ist heute ein Stadtteil von Bernau. Kulturell ist hier einiges los.

Schönower Heide

Westlich von Bernau liegt das **Naturschutzgebiet Schönower Heide**. Zwei Rundwege führen durch die eingezäunte Heidelandschaft, in der einst die kaiserliche Armee das Schießen übte. Danach kam die deutsche Wehrmacht, dann die sowjetische Armee. Noch heute ist das 533 Hektar große Gebiet nicht munitionsfrei.

Die militärische Nutzung über die Jahre hat einerseits ausgedehnte Sandflächen hinterlassen, andererseits auch schützenswerte Biotope wie Binnendünen und Feuchtwiesen hervorgebracht. Teppiche aus Heidekraut und Silbergras, Kiefernwald und Wacholdergestrüpp prägen das Gesicht der Landschaft, in der bedrohte Vogelarten wie Schwarzkehlchen und Brachpieper heimisch sind. Hirsche, Rehe und Mufflons sorgen als „Landschaftsgärtner" dafür, dass die offene Heidelandschaft nicht wieder zuwächst. Die Tiere sind übrigens oft sehr gut zu beobachten. Und wenn im Spätsommer das Heidekraut blüht, ist es in der Schönower Heide nicht weniger schön als in der Lüneburger.

Der große Rundweg misst sieben Kilometer und führt entlang des Wildzauns einmal rund um die Schönower Heide. Nach etwa der Hälfte des Weges macht ein Wegweiser auf den nahen **Gorinsee** aufmerksam. Nachdem es gelang, seine allmähliche Austrocknung zu stoppen, ist er wieder zu einem beliebten Badesee mit flachem Sandstrand geworden.

Der kleine Rundweg in der Schönower Heide, den man sowohl aus Gründen des Naturschutzes als auch wegen der noch im Gelände befindlichen Munitionsreste nicht verlassen sollte, hat eine Länge von ca. drei Kilometern. Er führt zu einem Aussichtsturm, von dem man einen herrlichen Blick über die Landschaft hat.

Einen Besuch wert ist auch der **Skulpturenpark,** der schon zu **Hobrechtsfelde** gehört. Das Waldgebiet liegt südlich der Schönower Heide, geht aber direkt in sie über. In der einstigen Rieselfelder-Landschaft stehen weit verstreut über 100 Skulp-

Skulpturenpark bei Hobrechtsfelde

turen aus Holz, Stein und Beton. Von Wind und Wetter gegerbt, sind sie ein Teil der Natur geworden.

Hinkommen

Bus: Ab Busbahnhof Bernau mit dem Bus 868 Richtung Zepernick bis Schönow (Kirche), von dort 1 km Fußweg entlang der Schönwalder Chaussee.
Auto: Mit dem Auto über Autobahn A 11, Abfahrt Bernau-Nord.

Börnicke ▸ C8

Wer Bernau in südöstlicher Richtung verlässt, der kommt ins ehemalige Rittergut Börnicke, heute ein Ortsteil von Bernau. Das idyllische Dorf wurde erstmals in einer Urkunde von 1300 erwähnt. Im Zentrum erhebt sich, umgeben von einem Park, ein schlossähnliches Herrenhaus, das auch schon bessere Tage gesehen hat. Es befindet sich in Privatbesitz. Herrenhaus und Park sind der Öffentlichkeit nur teilweise zugänglich. Die eigentliche Gutsanlage mit Verwalterhaus, Brennerei, Scheunen und anderen Wirtschaftsgebäuden ist teilweise restauriert, eine sinnvolle Nutzung dieses Areals wird noch gesucht.

Das bedeutendste Bauwerk von Börnicke ist die spätromanische Feldsteinkirche aus dem 13. Jahrhundert. Als Wolmir von Wrangel, Kommandeur der Kurfürstlichen Leibgarde zu Berlin, das Rittergut Börnicke 1679 erwarb, ließ er als Patron der Kirche auf das Gestühl im Altarraum Apostelbilder malen. Sie sind heute noch vorhanden und in ihrer Art sehr selten.

1892 erwarb der Bankier Ernst Mendelssohn-Bartholdy, Urenkel des Philosophen Moses Mendelssohn und Neffe des Komponisten Felix Mendelssohn Bartholdy, das Gut. Am Fuße des Kirchturms liegt das Familiengrab der Bartholdys.

Am malerischen Dorfteich von Börnicke steht ein altes Feuerwehrhaus, das im September 2015 eine neue Karriere als Theater begann. Ekkehard und Gabriele Koch, im Hauptberuf Restaurator und Schauspielerin, haben die Ruine aufs Feinste restauriert. Umgeben von einem liebevoll gestalteten Garten ist so ein „Geschichtenreich“ entstanden, in dem kleine Theaterstücke für Kinder und Erwachsene, Konzerte und Lesungen zur Aufführung kommen. In einem Nebengebäude wurde jüngst ein Café nebst Hofladen eröffnet.

via Tipp Geschichtenreich Börnicke
Kleinste Bühne Brandenburgs im alten Feuerwehrhaus. Theaterstücke, Konzerte, Lesungen, Ausstellungen. Im Nebengebäude gibt es ein Café mit Hofladen.
Börnicker Dorfstraße 11a |
16321 Bernau bei Berlin (OT Börnicke) |
Tel. (01 51) 57 89 19 45 |
www.geschichtenreich.com

Dorfkirche Börnicke
Besichtigungen des Innenraums nur nach telefonischer Absprache.
Ernst-Thälmann-Straße 15 |
Tel. (0 33 38) 7 02 20

Hinkommen

Bus: Ab Busbahnhof Bernau mit dem Bus 908 nach Werneuchen bis Börnicke.
Auto: Mit dem Auto über die Autobahn A 11, Abfahrt Bernau-Süd.

Das Strandbad am schönen Wandlitzsee bietet seit 1923 Erholung im Grünen

Wandlitz & Wandlitzsee ▸ B7

Wer heute Wandlitz sagt, meint eigentlich den Ortsteil Wandlitzsee. Doch ist das Dorf Wandlitz die Keimzelle der heutigen Großgemeinde.

Wandlitz liegt auf einer Halbinsel im Wandlitzsee und wurde erstmals 1242 urkundlich erwähnt. Wenig später schon verkauften es die askanischen Markgrafen Johann I. und Otto III. für „150 Mark Silber und drei Züge mit dem großen Netz im Wandlitzsee" an das Kloster Lehnin. **Wandlitz** blieb 300 Jahre ein Klosterdorf der Zisterzienser.

Rund um die spätgotische Kirche aus dem 16. Jahrhundert wuchs der alte Siedlungskern. Das beschauliche Landleben wurde 1827 durch den Bau einer Chaussee „gestört", die Wandlitz mit anderen Orten verband. Einen kräftigen Schub in die Neuzeit brachte die *Heidekrautbahn*, die am 21. Mai 1901 ihren Dienst aufnahm und von Berlin nach Groß Schönebeck dampfte. Durch die Bahn wurde Wandlitz plötzlich für die Reichen und Schönen der Hauptstadt interessant.

Aber nicht das Dorf hatte es ihnen angetan, ein neuer Ortsteil musste her, **Wandlitzsee** am Nordufer des fischreichen Gewässers. Eine Seepromenade entstand, Villen wuchsen empor, bereits 1908 fuhren Kraftomnibusse aus Berlin an den Wandlitz- und Liepnitzsee, um „die luft- und naturhungrigen Großstädter ins Grüne" zu befördern. Der jungfräuliche Wald wurde parzelliert, begehrte Seegrundstücke verkauft. Am Rahmersee unweit von Wandlitz wuchs eine Künstlerkolonie, deren berühmtester Bewohner der Dichter **Carl Zuckmayer** (1886–1977) war.

1923 eröffnete das Strandbad, und sieben Jahre später war „Wandlitz-Wandlitzsee zu einem modernen märkischen Kur- und Erholungsort erblüht". Zahlreiche Restaurants, Cafés, Hotels und Geschäfte bemühten sich um die Kurgäste. Der Zweite Weltkrieg machte dem Kurbetrieb allerdings ein Ende. Heute ist die Gemeinde Wandlitz wieder auf einem guten Weg. Viele junge Paare und Familien aus Berlin sind Wandlitzer geworden.

Sehenswertes

Bahnhof Wandlitzsee

Der 1927 eröffnete Bahnhof des noblen Ortsteils Wandlitzsee wurde von dem Berliner Architekten Wilhelm Wagner (1873–1953) entworfen. Heute zählt er zu den Denkmalen der Bauhaus-Architektur.

Wasserscheidestein

Im Park am Strandbad Wandlitzsee, auf dem sogenannten Schwalbenberg, gibt es seit 2006 den Wasserscheidestein der Künstlerin Annelie Grund zu bewundern. Er symbolisiert die durch Wandlitz verlaufende Wasserscheide zwischen Elbe und Oder, also zwischen Nord- und Ostsee.

via Tipp Barnim Panorama

Beeindruckend ist das *Barnim Panorama* im Dorf Wandlitz. Spannend wie in einem guten Theaterstück wird auf 2000 Quadratmetern Ausstellungsfläche die landwirtschaftliche Geschichte des Barnim inszeniert. Spielerisch lernt der Besucher Landwirtschaft, Natur und Technik kennen. Geschichten zu Traktoren, Kettenschlepper & Co. werden erzählt, ein Bereich beschäftigt sich mit den Traditionen des Landlebens, ein anderer weiß Interessantes zu Feldwirtschaft und Handwerk zu berichten. Auch ein großes, blühendes Freigelände gehört dazu.

Die äußere Hülle des Museums ist eine architektonische Freude. Man merkt den Spaß, den die Architekten dabei hatten, Materialien und Elemente des ländlichen Raums zu benutzen und weiterzuentwickeln. Sie orientierten sich ganz am Dreiseithof mit Haupthaus, Stall und Scheune, Schuppen und „Büdnerhaus", einer im Land weitverbreiteten Bauweise.

Breitscheidstraße 8–9 |
Tel. (03 33 97) 68 19 20 | www.barnim-panorama.de | Tgl. (außer Fr) 10–18 Uhr

Liepnitzsee

Gut 2,5 Kilometer Waldspaziergang vom Bahnhof Wandlitzsee entfernt liegt ein Gewässer, das viele für das schönste Brandenburgs halten: der Liepnitzsee. Er ist umgeben von herrlichen alten Buchen, die im Herbst mit ihrem Farbenspiel eine Reise nach Kanada überflüssig machen. Der See ist 117 Hektar groß und bis zu 22 Meter tief. Sein Wasser ist klar und rein. Am Nordwestufer, dort, wo sich heute das Waldbad Liepnitzsee befindet, lag zu DDR-Zeiten die geheime, von der Armee bewachte Badestelle für die Politprominenz aus der nahen Waldsiedlung.

Man kann im Waldsee natürlich baden oder auch in gemütlichen zwei bis drei Stunden um ihn herumwandern. Eine Insel im Liepnitzsee, der Große Werder, ist nur schwimmend oder mit der Fähre *Frieda* zu erreichen. Dort sorgt saisonal auch eine Ausflugsgaststätte für das leibliche Wohl.

Anlegestellen Ützdorf-Nord und Ützdorf-Süd | www.liepnitzinsel.de |
Apr.–Okt. tgl. ab 10 Uhr stündlich bis eine Stunde vor Sonnenuntergang

Die Waldsiedlung Wandlitz
Kein Glamour fürs Politbüro

Man fand sie auf keiner offiziellen Landkarte: die Waldsiedlung Wandlitz. Von 1960 bis 1989 residierte hier die Polit-Prominenz der DDR.

Walter Ulbricht, Erich Honecker, Otto Grotewohl, Erich Mielke, Kurt Hager – alle 23 Mitglieder des Politbüros mussten samt ihren Familien in den tiefen Wald ziehen, um sicher bewacht zu sein. Immerhin: Die Fürsorge in der geheimen Siedlung war perfekt. Gut 650 Bedienstete kümmerten sich ums leibliche und seelische Wohl der Genossen. Bewacht wurden diese von 200 Soldaten der Staatssicherheit. Die Atmosphäre soll allerdings vergiftet gewesen sein. Jeder saß für sich allein. Erich mit Margot in der Villa Nr. 11, heute Habichtweg 5, die auf dem Bild unten zu sehen ist. die Familie Mittag in der Nummer 6, Mielkes in der 14.

Da war es nur ein schwacher Trost, dass es auf dem 150 Hektar großen Gelände praktisch alles gab, wovon viele DDR-Bürger nur träumen konnten: Westklamotten, Südfrüchte, ein eigenes Kino, Schwimmhalle, große Gartenhäuser, Parkanlagen und die Dienstquartiere der Politbüro-Mitglieder. Die Häuser hingegen waren alle gleich und mehr als bescheiden. Alles war kleinbürgerlich, muffig und bieder.

Heute steht der legendengetränkte Ort unter Denkmalschutz und ist in seiner neuen Funktion als Kurklinik allen zugänglich.

Anfahrt: Von Wandlitz ca. 3 Kilometer nach Osten auf der B 273

Paktische Tipps

Hinkommen

Bahn: Regionalbahn RB 27 (*Heidekrautbahn*) stündlich von Berlin-Karow nach Wandlitz und Wandlitzsee.
Auto: Mit dem Auto über Autobahn A 11, Abfahrt Wandlitz.
Taxi: Frank Schulze | Tel. (01 71) 3 20 84 78

Gut zu wissen

Tourist-Information
Vermittlung von Stadtführungen und Unterkünften, Infos zu lokalen Fahrrad- und Bootsverleihern, Auskünfte zu Gastronomie und Veranstaltungen und vieles mehr.
Im Bahnhof Wandlitzsee | Bahnhofsplatz 2 | Tel. (03 33 97) 6 72 77 | www.barnim-tourismus.de | Mai–Okt. tgl. außer Mo/Mi, Nov.–Apr. nur Di/Do/Fr/Sa

Gut gebettet

Hotel Restaurant Seeterrassen Wandlitz
Elegantes Hotel aus dem Jahr 1905 mit eigenem Strandzugang am Wandlitzsee. Moderne, komfortable Zimmer, sehr geräumig.
Thälmannstraße 93 | Tel. (03 33 97) 76 90 | www.hotel-seeterrassen.de | €€

Hotel Barnimer Hof
29 komfortabel eingerichtete Zimmer, in denen man sich auch bei schlechtem Wetter gern aufhält. Im Restaurant wird Wert gelegt auf Produkte aus der Region.
Am Markt 9 | Tel. (03 33 97) 78 70 | www.barnimerhof.de | €€

Seepark Kurhotel am Wandlitzsee
52 gut ausgestattete Zimmer und Suiten direkt am historischen Dorfplatz Wandlitz. 20 000 m² großes Parkgelände mit eigenem Seeufer, großzügige Saunalandschaft.
Kirchstraße 9 | Tel. (03 33 97) 7 50 | www.seepark-hotel.de | €€

Jugendherberge Wandlitz
Moderne Jugendherberge mit großem Außengelände direkt am Ufer des Wandlitzsees. Alle Zimmer mit Dusche und WC.
Prenzlauer Chaussee 146 | Tel. (03 33 97) 2 21 09 | www.jh-wandlitz.de

Von Suppe bis Torte

Strandrestaurant Wandlitz Ristorante alla Fontana
Terrasse mit Seeblick, manchmal sehr überlaufen. Preise trotz der exquisiten Lage noch nicht abgehoben.
Prenzlauer Chaussee 154 | Tel. (03 33 97) 6 83 03 | www.fontana-wandlitz.de | Tgl. 11–23 Uhr

Aktiv & sportlich

Sport Factory
Fahrradverleih.
Prenzlauer Chaussee 3 | Tel. (03 33 97) 2 27 65 | www.sportfactory-wandlitz.de | Di–Fr 10–18, Sa 9–12 Uhr

Surf-Center Wandlitz
Surfen und Stand-up-Paddeln.
Prenzlauer Chaussee 150 | Tel. (03 33 97) 6 04 80 | www.surfshop-berlin.de | Apr.–Okt. tgl. 10–18 Uhr

Die Kirche von Basdorf trägt eine spätbarocke Schweifhaube

Rund um Wandlitz

Die Gemeinde Wandlitz liegt mitten im Naturpark Barnim. Sie entstand 2003 durch den Zusammenschluss von neun zuvor eigenständigen Dörfern.

Basdorf ▸ B7

Basdorf, 1302 erstmals als „Bartoldisdorp" erwähnt, lag zunächst in der Gerichtsbarkeit des Schlosses Biesenthal, ehe es 1475 durch Kauf an das Kloster Lehnin fiel. Heute gehört es zur Gemeinde Wandlitz.

Eine Eisenbahnschranke der *Heidekrautbahn* nach Groß Schönebeck trennt den langgezogenen Ort. Vor der Schranke, in Höhe des Bahnhofs, ist Basdorf fast ein kleines Städtchen. Hinter der Schranke ist es ein richtiges Dorf. Noch heute ist der Dorfanger erkennbar. Darauf steht, umgeben von einem ummauerten Friedhof, eine kleine spätgotische **Kirche** aus dem 15. Jahrhundert. Im Inneren ist ein filigranes Sternrippengewölbe zu bewundern, der Holzturm trägt eine Schweifhaube von 1737.

1856 lebten in dem verschlafenen Nest genau 275 Einwohner. Von da an ging es bergauf. Leben zog ins Dorf, als sich am heutigen Bahnhof Industrie ansiedelte. Für die Arbeiter der Brandenburgischen Motorenwerke entstand eine kleine Stadt.

Auch die Niederbarnimer Eisenbahn errichtete Werkstätten für die *Heidekrautbahn*, denn 1901 wird der Ort zum Eisenbahn-Knotenpunkt ausgebaut. Der Schienenstrang teilt sich hier in Richtung Liebenwalde und Groß Schönebeck.

Ausgangspunkt für den Bau war die ständig zunehmende Zahl von Ausflüglern, die bequem vom Berliner Häusermeer in die Sommerfrische wollten. Die Rechnung ging auf. Die Ausflügler bekamen frische Luft und ließen dafür Geld in den Dörfern. Zahlreiche Hauptstädter siedelten sich auf der Suche nach Ruhe gleich in Basdorf an.

Nach 1930 änderte sich das schöne Leben. Die Motorenwerke wurden auf die Bedürfnisse der Rüstungsindustrie umgestellt. Nach dem Krieg erfolgte die Demontage des Werks. Die Maschinen durften fortan in Russland weiterarbeiten.

Aus dem Betriebsgelände wurde eine große Kaserne für die Kasernierte Volkspolizei der DDR. Nach der Wende quartierte sich die Landespolizeischule für einige Jahre in Basdorf ein. Heute sucht man noch nach einer positiven Weiternutzung der Gebäude und Flächen.

Da passt es gut, dass Basdorf Baugrund braucht. Die Stadt gehört zum Speckgürtel um Berlin. Viele Berliner haben sich Grund und Boden gekauft, arbeiten in der Hauptstadt und genießen am Wochenende die Ruhe und Betulichkeit in einer von der Natur gesegneten Landschaft. Das prägt eine Stadt.

via Tipp Heidekrautbahn-Museum
Das Museum erinnert mit alten Dampfloks und historischen Personenwagen an die Pionierzeit der Bahnstrecke Berlin–Wandlitz.
An der Wildbahn 2a | 16348 Wandlitz (OT Basdorf) | Tel. (03 33 97) 7 26 56 | www.berliner-eisenbahnfreunde.de | Apr.–Okt. Sa 11–17 Uhr

Dorfkirche Basdorf
Besichtigung und Führungen nach telefonischer Absprache.
Prenzlauer Straße 14 | Tel. (03 33 97) 2 10 46

Hinkommen

Bahn: Die Regionalbahn RB 27 (*Heidekrautbahn*) verkehrt halbstündlich von Berlin-Karow nach Basdorf.
Auto: Von Wandlitz sowie Berlin-Pankow über die B 109.

Lanke ▸ C7

Lanke ist ein landschaftlich bevorzugter kleiner Ort, der nur zwei Sehenswürdigkeiten kennt: das Schloss und die Natur.

Schon von der A 11 aus lockt der kleine Ort mit einer Postkarten-Ansicht: In dem von Buchen gesäumten Obersee spiegelt sich verlockend das *Hotel Seeschloss*. Wer dieser Einladung folgt, erlebt einen reizvoll gelegenen Ort mit etwa 500 Menschen. Lanke ist ein Ortsteil von Wandlitz und kann von sich behaupten, ein Wassergrundstück mit **Schloss** zu sein. Im Westen liegt der Obersee, im Nordosten die Krumme Lanke und der schöne Hellsee plätschert im Südosten.

Lanke wurde 1315 erstmals urkundlich erwähnt, lange Jahre befand es sich in Besitz der Burg Biesenthal. Im Dreißigjährigen Krieg wurde das Dorf völlig zerstört, nur ein Müller soll in dem „wüsten Flecken" noch gelebt haben. 1827 kam Lanke in den Besitz des Kammerherren Graf **Friedrich Wilhelm von Redern**. Der Graf ließ den vorhandenen Lustgarten nach Plänen des Gartenarchitekten **Peter Joseph Lenné** (1789–1866) zu einem Park nach englischem Vorbild wachsen, 1856 wurde das Gutshaus vom Architekten Eduard Knoblauch (1801–1865) im Stil der französischen Renaissance schlossähnlich überbaut. Die spitzen Kegeldächer

Schmuckstück von Lanke: das Schloss

geben seither der Silhouette etwas Unverwechselbares. Erst hieß das Gebäude *Landhaus Redern*. Später wurde volkstümlich *Schloss Lanke* daraus.

Graf von Redern war nicht irgendwer! Er spielte im Geistesleben Berlins als Generalintendant der *Oper Unter den Linden* und des *Schauspielhauses* am Gendarmenmarkt eine ganz besondere Rolle. Außerdem war er einer der bedeutendsten Grundbesitzer des Niederbarnim. Sein Gut Lanke umfasste 4 500 Hektar. Ihm gehörten riesige Wälder, 17 Seen, 14 Ortschaften und das Gut Glambeck in der Schorfheide. 1913 verkaufte er all seinen Besitz an die Stadt Berlin. Die riesigen Wälder sollten den Berlinern als Erholungsstätte dienen. Ende des 19. Jahrhunderts entwickelte sich Fremdenverkehr in Lanke. Für die Berliner Ausflügler entstanden mehrere Gaststätten und Pensionen sowie am Obersee eine Badeanstalt. Nach 1989 stand das Schloss lange Zeit leer. Heute wird es privat genutzt.

Hinkommen

Bus: Ab Bernau mit den Buslinien 890 und 903 ca. stündlich nach Lanke (Dorf).

Auto: Mit dem Auto über Autobahn A 11, Abfahrt Lanke.

Gut gebettet

Hotel Seeschloss

Großes Fachwerkgebäude direkt am Obersee. Die Zimmer sind elegant eingerichtet mit klassizistisch nachempfundenen Möbeln, fast alle haben Seeblick. Mit Sauna sowie Fahrrad-, Ruderboots- und Liegestuhlverleih.

Am Obersee 6 | 16348 Wandlitz (OT Lanke) | Tel. (0 33 37) 20 43 | www.seeschloss-lanke.de | €€

Hotel & Restaurant Jägerheim Ützdorf

Geräumige Zimmer im Landhausstil, Ausblick zur Wald- oder Seeseite, teil-

weise mit Balkon. Das Restaurant bietet saisonal angepasste Speisen mit frischen Zutaten.
Am Liepnitzsee | Wandlitzer Straße 12 | OT Lanke/Ützdorf | Tel. (03 33 97) 75 30 | www.hotel-am-liepnitzsee.de | Restaurant: tgl. ab 11.30 Uhr | €

Von Suppe bis Torte

Restaurant im Hotel Seeschloss
Deutsche Küche, die viel Wert auf Regionaliät legt. Frisches Wildfleisch vom eigenen Hausjäger. Verglaster Wintergarten mit Blick auf den See.
Am Obersee 6 | OT Lanke | Tel. (0 33 37) 20 43 | www.seeschloss-lanke.de | Tgl. 7–22 Uhr

Ulis Fischhaus
Gutes, kleines (Fisch-)Restaurant mit Strandkorbfeeling.
Am Obersee 3 | OT Lanke | Tel. (0 33 37) 45 00 80 | www.ulis-fischhaus.de | Mi–So 12–21 Uhr

Prenden ▸ C7

Schönes Dorf in hügeligem Gelände mit viel Sommerfrische und berühmtem Untergrund.

Auch Prenden gehört – verwaltungstechnisch gesehen – zu Wandlitz. Das Dorf wurde 1306 erstmals als „dorp tu pranden" urkundlich erwähnt.

Im Jahr 1861 besuchte der märkische Wanderer **Theodor Fontane** den Ort, fand das Innere der Kirche „kahl" und den Kirchhof „verödet". Trotzdem lohnt ein Blick auf den verputzten Feldsteinbau aus dem 17. Jahrhundert. Bemerkenswert ist der Altar aus dem Jahre 1611. Mit ihrem mächtigen Fachwerkturm steht die Kirche auf dem höchsten Punkt des Dorfes.

Viele Besucher aber interessieren sich für den tiefsten Punkt, für das Objekt 5001. Gemeint ist der Bunker in der Prendener Bauernheide. In ihm hätten **Erich Honecker** und der Nationale Verteidigungsrat der DDR im Krisenfall Zuflucht gefunden. Der Bunker gilt als technisch vollkommen. Er war nach seiner Inbetriebnahme 1983 bis zum Mauerfall rund um die Uhr mit einer Minimal-Mannschaft besetzt und wäre in kürzester Zeit einsatzfähig gewesen. Bis 2008 konnte die Öffentlichkeit das Objekt 5001 besichtigen. Heute sind seine Eingänge verschlossen, der Bunker steht unter Denkmalschutz.

Auch Anglern ist Prenden ein Begriff. Der schöne **Bauersee,** dessen Ufer romantisch mit Schilf bewachsen ist, gilt als sehr fischreich. Das wissen auch die Fischreiher und Kormorane, die gut zu beobachten sind.

Restaurant van Wachtel
Frische, saisonale Küche im Clubhaus des Golfplatzes.
Waldweg 3 | 16348 Wandlitz (OT Prenden) | Tel. (03 33 96) 87 76 76 | www.golfplatz-prenden.de | Tgl. geöffnet

Golfplatz Prenden
Mit Sandhügeln, Teichen und Baumgruppen kommt der Platz schottischen Vorbildern sehr nahe. Er gehört zu den anspruchsvollsten in Deutschland.
Siehe Restaurant | Tel. (03 33 96) 77 90

Hinkommen

Bus: Ab Bernau mit den Buslinien 890 und 903 ca. stündlich nach Prenden.
Auto: Mit dem Auto über Autobahn A 11, Abfahrt Lanke.

Bogensee
Ladenhüter zum Bestpreis

Am Bogensee harren zwei historische Immobilien ihrer zukünftigen Bestimmung. Beide haben eine politische Vergangenheit.

Zwischen Wandlitz und Ützdorf versteckt sich im Dickicht ein Gebäudekomplex, der mit großer Freitreppe, Portal und Balkon an ein verwunschenes Schloss erinnert. Gestrüpp wuchert die Wände empor, auf Terrassen und Balkonen wachsen Bäume. Hier wurde einst die politische Elite der DDR ausgebildet.

Das Ensemble im Stil des Sozialistischen Klassizismus wurde Mitte der 1950er-Jahre von Hermann Henselmann, dem Architekten der Berliner Stalinallee, entworfen. Seit dem Ende der DDR wartet die ehemalige Jugendhochschule der FDJ auf einen Investor – bislang vergebens.

Nach der Wende fiel das Gelände um den Bogensee mitsamt Hochschule an den ursprünglichen Besitzer zurück, das Land Berlin. Die Hauptstadt hatte 1936 See und Wald dem NS-Propagandaminister Joseph Goebbels geschenkt. Dieser ließ am Ufer des Bogensees eine Villa errichten, die nach mehreren Erweiterungen 30 Privaträume, 40 Dienstzimmer und einen Filmsaal umfasste. Hier traf sich Goebbels mit seinen Filmbekanntschaften, später zog auch seine Familie hierher.

Auch dieser noble Landsitz sucht einen neuen Besitzer.

Anfahrt: Von Wandlitz über B 109 und L 29 Richtung Lanke. Nach ca. 2,5 km links Abzweig nach Bogensee

Klosterfelde ▸ B7

Klosterfelde hat sich vom armen Bauerndorf zu einem lebenswerten kleinen Ort entwickelt.

1242 wurde Closterveld als Besitz des Klosters Lehnin erstmals urkundlich erwähnt. Klosterfelde war ein armes Dorf, Landwirtschaft auf wenig fruchtbaren Böden und Fischfang im zwei Kilometer entfernten Großen und Kleinen Lottschesee sorgten für ein schmales Einkommen.

Die Situation änderte sich, als 1852 der Tischler Louis Bergemann damit begann, mehr aus seinem Handwerk zu machen. Er gründete die Klosterfelder Küchenmöbelfabrik, die bald der größte Arbeitsgeber der kleinen Stadt war. Das Unternehmen existiert heute noch.

Sehenswert ist die im Barockstil umgebaute ursprüngliche Feldsteinkirche mit einem reich verzierten Schnitzaltar von 1719. Die Kanzel stammt aus dem Jahr 1690.

Von der Landwirtschaft lebt heute kaum noch ein Klosterfelder Bürger. Wer nicht bei den für eine kleine Stadt zahlreichen Wirtschaftsunternehmen des Ortes sein Geld verdient, pendelt zwischen Klosterfelde, Berlin, Bernau oder Prenzlau. Ein großes Kapital ist der Naherholungswert der Landschaft. Viele Berliner haben hier ihr Wochenendgrundstück.

Klosterfelder Senfmühle

Etwas ganz Besonderes ist die Klosterfelder Senfmühle, die über 30 Sorten hausgemachten Mostrich herstellt und auch köstliche Saucen, feine Gewürzmischungen feilbietet.

Zerpenschleuser Straße 34 | 16348 Wandlitz (OT Klosterfelde) | www.klosterfelder-senfmuehle.de | Mo–Fr 10–17 Uhr

Hinkommen

Bahn: Regionalbahn RB 27 stündlich von Berlin-Karow nach Klosterfelde.
Auto: Von Wandlitz über die B 109.

Zerpenschleuse ▸ C6

Der kleine Ort Zerpenschleuse entstand im 17. Jahrhundert nach dem Bau des Finowkanals rund um die damalige Hammerdammer Schleuse.

Zunächst Sitz einer Glashütte, siedelten sich in dem Dorf zwischen 1765 und 1774 Kolonisten aus verschiedenen Teilen Deutschlands an. Einkommensquellen waren das Spinnen sowie zu wesentlichen Teilen die Schifffahrt auf dem Finowkanal. 1805 wurden allein für den Ortsteil Alt-Zerpenschleuse direkt am Kanal 50 Schiffer gezählt – ein knappes Fünftel der dortigen Bevölkerung. 1901 erhielt Zerpenschleuse Anschluss an die *Heidekrautbahn*.

Das Dorf zieht sich entlang des „Langer Trödel" genannten westlichen Teilstücks des Finowkanals. Die Schifferhäuser am Wasser und die neue **Zugbrücke** über den Kanal geben dem Ort holländisches Flair. Sehenswert ist die ebenfalls am Finowkanal stehende **Kirche** in Ziegelfachwerk-Bauart aus dem Jahr 1844/45.

Hinkommen

Bahn: Regionalbahn RB 27 ca. alle 2 Stunden von Berlin-Karow nach Ruhlsdorf-Zerpenschleuse.
Auto: Von Wandlitz über die B 109.

Biesenthal ▸ C6

Das kleine Biesenthal ist mit seinen 5 700 Einwohnern für Barnimer Verhältnisse schon eine große Stadt. Und eine schöne obendrein.

Der Ort liegt inmitten des Biesenthaler Beckens, einem Gletscherzungengebiet im Zentrum der Barnimplatte. Laubwälder, Moore und Fließe bestimmen das Landschaftsbild, das Hellmühlen-Fließ etwa oder das Nonnenfließ. In ihrem klaren, sauerstoffreichen Wasser fühlen sich seltene Fischarten wohl.

2004 wurde Biesenthal mit dem Titel **Naturparkstadt** ausgezeichnet. Zahlreiche (Rad-)Wanderer werden von der herrlichen, abwechslungsreichen Landschaft angezogen. Ein Weg durch die Melchower Schweiz nach Eberswalde ist ein sinnliches Vergnügen, ein anderer, genauso schöner Weg startet auf dem Marktplatz von Biesenthal, führt am Hellmühlen-Fließ entlang und landet nach dreieinhalb Stunden wieder auf dem Marktplatz.

Stadtrecht erhielt Biesenthal vermutlich 1265. Das Gebiet war bis zum 10. Jahrhundert durch Slawen besiedelt, dann wurde es von den Askaniern erobert. Sie gründeten die **Burg Bysdal,** die erstmals 1337 erwähnt wurde. Auf dem Schlossberg sind Reste der Anlage neben dem **Kaiser-Friedrich-Turm** (1907) zu bewundern.

Die einzig nennenswerte Einnahmequelle der Bürger war lange Zeit der „Geschäftsverkehr" nach Berlin. Biesenthal war Durchgangsort für uckermärkische Getreidefuhren. „Oft standen 400 bis 500 Pferde in den Ställen der Gasthöfe", heißt es in einer Ortschronik. Dieser Geschäftszweig verödete, als 1842 die Eisenbahnstrecke Berlin–Stettin eröffnet wurde. Heute ist Biesenthal eine lebendige kleine Stadt, die gleichermaßen von ihrer Nähe zu Berlin wie von der Schönheit der sie umgebenden Landschaft profitiert.

Altes und Neues Rathaus

Am Marktplatz von Biesenthal steht, gekrönt von einem kleinen Haubenturm, das Alte Rathaus aus dem Jahre 1760. 2002/03 wurde der Amtssitz von Grund auf restauriert. Ein richtiges Schmuckkästchen ist entstanden, in dem sich die Tourismusinformation, eine kleine Galerie, das Standesamt und eine Heimatstube befinden.

Altes Rathaus in Biesenthal

Im benachbarten Neuen Rathaus von 1874 ist das Amt Biesenthal-Barnim untergebracht. Nicht zu übersehen ist die Jubiläumseiche, die 1868 anlässlich des 25-jährigen Thronjubiläums von Wilhelm I. auf dem Markt gepflanzt wurde.

Stadtkirche

Den Ortskern von Biesenthal dominiert die evangelische Stadtkirche, deren ältester Teil vermutlich aus dem 13. Jahrhundert stammt. Sie wurde 1756 während des großen Stadtbrandes ein Raub der Flammen.

Bald nach der Katastrophe gingen die Menschen daran, ihre geistliche Heimat neu aufzubauen. Auf dem erst spätromanischen, dann frühgotischen Grundriss entstand zwischen 1763 und 1767 ein schlichter spätbarocker Neubau. 1858 erhielt der 42 Meter hohe Turm sein heutiges Aussehen.

Im schönen Innenraum fällt der Kanzelaltar im Stil des Berliner Spätbarocks auf. Die Kirche besitzt eine klangvolle Orgel, die Ferdinand Dinse (1811–1899), ein bedeutender Orgelbauer, seiner Heimatstadt geschenkt hat.

Kirchgasse | Juli/Aug. Sa/So 14–17 Uhr

Kaiser-Friedrich-Aussichtsturm

Seit über 100 Jahren steht er auf dem Schlossberg außerhalb des Stadtkerns. Nach Restaurierung wieder zugänglich, bietet er Besuchern einen fantastischen Rundblick.

Hinkommen

Bahn: Regionalbahn RB 24 stündlich von Berlin-Ostkreuz sowie Eberswalde.

Auto: Autobahn A 11, Abfahrt Lanke, dann über die B 158.

Gut zu wissen

Tourismusinformation Biesenthal

Auskünfte zu Unterkünften, Aktivitäten und Veranstaltungen.

Am Markt 2 | 16359 Biesenthal |
Tel. (0 33 37) 49 07 18 | Di/Do 9–12 und 14–18, Fr 9–14, Sa/So 10–14 Uhr

Gut gebettet

Hotel & Pension am Wukensee

Kinderfreundlich, schön am Wasser gelegen, sauber und komfortabel.

Akazienallee 5 | Tel. (0 33 37) 4 57 70 |
www.hotelpension-am-wukensee.de | €€

Von Suppe bis Torte

Taverna Mykonos

Griechisches Restaurant. Frische Zutaten, gute Portionen, freundliches Personal.

August-Bebel-Straße 29 | Tel. (0 33 37) 43 16 77 | Di–So 11.30–23 Uhr

Baden

Strandbad Wukensee

Anziehungspunkt für Besucher aus Nah und Fern ist das schöne Strandbad am Großen Wukensee, das 1926 eröffnet wurde. Es verbindet den Charme vergangener Zeiten mit zeitgemäßem Badevergnügen. Nicht nur das kristallklare Wasser, auch die Steganlage mit Wasserrutsche und Sprungturm lassen die Herzen der Wasserratten höherschlagen. Ein Boots- und Wasserlaufschuhverleih sowie ein Beachvolleyballplatz bieten weitere Möglichkeiten zur aktiven Freizeitgestaltung.

Ruhlsdorfer Straße 41 |
Tel. (0 33 37) 49 03 80 |
www.strandbad-wukensee.de |
Mai–Sep. tgl. geöffnet

Leuchtendes Rapsfeld in der Barnimer Feldmark

Barnimer Feldmark

Die Schatten der Hochhäuser von Marzahn fallen schon ins Grüne, so dicht ist die Hauptstadt an die Barnimer Feldmark herangerückt.

Der Regionalpark ist einer von insgesamt acht, die sich um Berlin herum verteilen. Typisch für die Feldmark sind Angerdörfer mit Gutshöfen und Herrenhäusern, alte Feldsteinkirchen, schattige Alleen und weite Felder, in denen sich häufig kleine, baum- und strauchgesäumte Teiche befinden. Diese sogenannten Sölle sind Toteislöcher, in denen Kleinstgetier und seltene Amphibien leben.

Ein besonders reizvolles Stück Feldmark ist der **Gamengrund.** Er beginnt südlich von Eberswalde und zieht sich bis nach Hirschfelde hin. Hier reihen sich, umgeben von dichten Laubwäldern und umschlossen von teils schroffen Abhängen, 13 Seen aneinander. Die Landschaft ist ein sehr beliebtes Wandergebiet, die Wege sind gut ausgeschildert.

Blumberg ▸ C8

Der 2 000-Einwohner-Ort Blumberg liegt kurz hinter der Berliner Stadtgrenze – mitten im Grünen.

Die Häuser des von Wiesen und Wäldchen umgebenen Dorfes gruppieren sich rund um die typisch märkische **Feldsteinkirche** von 1237. Sie beeindruckt mit einem mächtigen Turm.

Eine besondere Sehenswürdigkeit ist der 2015 restaurierte **Lenné-Park** am östlichen Dorfrand. Er verzaubert mit der kunstvollen Verbindung von Wasser, weiten Wiesenflächen und altem Baumbestand. Der Park entstand ab 1836 nach Plänen von Peter Joseph Lenné im Auftrag von Friedrich Ludwig von Arnim, der hier außerdem ein Schloss errichten ließ. Von diesem ist heute nichts mehr zu sehen, es brannte 1945 aus und wurde anschließend abgerissen.

Blumberg ist mit der RB 25 ab Ostkreuz stündlich erreichbar.

Werneuchen ▸ D8

Das Märkische Städtchen wirkt unscheinbar, besitzt aber schöne Ecken und sogar einen Flugplatz.

Theodor Fontane besuchte Werneuchen 1861 und wusste nichts Rechtes mit dem zusammengewürfelten Haufen Häuser anzufangen. Er entschied sich schließlich für die Bezeichnung „Städtchen" und setzte entschuldigend hinzu: „Ich sage Städtchen, um dem Lokalpatriotismus einzelner seiner Bewohner nicht zu nahe zu treten, die das Beiwort ‚Stadt' für ironische Übertreibung und die Bezeichnung ‚Flecken' als Mangel an Respekt ansehen möchten". Eine Definition, mit der man auch heute hier noch gut leben kann.

1247 wurde der Ort erstmals urkundlich erwähnt, er taucht in Archiven als Warnowe, Vernoike oder Wernöwchen auf. Im Jahre 1670 erhielt Werneuchen die Stadtrechte.

Das eindrucksvollste Haus des „Städtchens" steht heute direkt an der B 158. Majestätisch begrüßt das **Schloss** die Gäste. Der Neorenaissancebau aus dem Jahre 1913 ist allerdings nur dem Anschein nach ein Adelssitz. Gebaut und bewohnt haben das Schloss Hans und Frieda Müller. Von hier aus bewirtschafteten sie ihr einträgliches Landgut.

Am Markt erhebt sich die **Stadtkirche St. Michael,** ein neogotischer Ziegelbau, der 1875 geweiht wurde. Teile der zuvor abgerissenen Feldsteinkirche aus dem 14. Jahrhundert wurden für den Neubau benutzt. Eine Besonderheit ist der Staffelgiebel, der dem Bau ein interessantes Erscheinungsbild verleiht. Zum Ensemble des Kirchplatzes gehört auch ein Mausoleum in feinstem klassizistischem Stil, die Grabstätte der hugenottischen Familie Petitjean. Sie betrieb in Werneuchen eine der größten Poststationen Brandenburgs mit bis zu 200 Pferden.

Die Stadtkirche St. Michael in Werneuchen

Gleich daneben befindet sich das Grab des berühmtesten Bürgers der Stadt, des Pfarrers **Friedrich Wilhelm August Schmidt** (1764–1838), genannt „Schmidt von Werneuchen". Schmidt hat sich als Heimatdichter und Lokalpatriot einen Namen gemacht. Blumige Zeilen widmete er Orten im Barnim und im Havelland sowie dem bäuerlichen Landleben in der Mark. Während Goethe über seine Gedichte die Nase rümpfte, schrieb Fontane milde: „Schmidt von Werneuchen handhabte Verse und Reim mit großer Leichtigkeit und zählte zu den produktivsten Lyrikern … Sein ganzes Dichten, Kleines und Großes, Gelungenes und Misslungenes, einigt sich in dem einen Punkte, dass es überall die Liebe zur Heimat atmet … Und deshalb ein Hoch auf den alten Schmidt von Werneuchen."

Der Flugplatz wurde in den 1930er-Jahren errichtet und in der Folge zunächst von der deutschen Luftwaffe, nach dem Zweiten Weltkrieg bis 1993 dann von sowjetischen Truppen genutzt. Heute dient er in geringem Umfang als Landeplatz für Kleinflugzeuge.

Zu Werneuchen gehört auch der etwa 10 Kilometer nordöstlich am Rande des Gamengrundes (▸ Seite 63) gelegene Ort **Tiefensee**, der mit dem Gamensee über ein beliebtes Ausflugsziel verfügt.

Hinkommen

Bahn: RB 25 stündlich von Berlin-Ostkreuz nach Werneuchen.
Auto: Autobahn A 10, Abfahrt Blumberg, dann über die B 158.

Gut gebettet

Annenhof

Hotel mit 12 teilweise barrierefreien Zimmern, familienfreundlich.
Freienwalder Straße 46 | 16356 Werneuchen | Tel. (03 33 98) 9 03 76 | www.annenhof.de | Restaurant: Mi–So ab 11 Uhr | €–€€

Hotel-Restaurant Spitzkrug

Im Ortsteil Tiefensee, etwa 10 Kilometer nordöstlich von Werneuchen. Dezent eingerichtete Zimmer. Regional orientiertes Restaurant mit Kamin, Gewölbedecke und sichtbaren, alten Holzbalken.
Adolf-Reichwein-Straße 1 | 16356 Werneuchen (OT Tiefensee) | Tel. (03 33 98) 68 27 63 | www.hotel-spitzkrug.de | €€

Von Suppe bis Torte

Café Gontek

Gemütliches Café, zentral am Marktplatz. Leckere Kuchen und Torten, guter Kaffee, Eis und kleine Speisen.
Am Markt 6 | 16356 Werneuchen | Di–Sa 9–19, So 9–18 Uhr

Aktiv & sportlich

Draisinenbahn

Von Tiefensee aus kann man mit der Draisine durch den schönen Gamengrund (▸ Seite 63) fahren.
Adolf-Reichwein-Straße 2 | OT Tiefensee | Tel. (01 63) 8 63 61 04 | www.draisinenbahn.de | Mai–Sep. Abfahrten jeweils Mi–Fr 10 und 13 Uhr, Sa/So 10, 13 und 16 Uhr

Eberswalde & Umgebung

Eberswalde – Wo man Zukunft studiert ▸ D6

Im Tal der Finow steht die Wiege der brandenburgisch-preußischen Industrie. Noch heute erinnern Namen wie Kupferhammer, Eisenspalterei und Messingwerk an die arbeitsreiche Vergangenheit.

Eberswalde, die Hauptstadt des Landkreises Barnim, hangelt sich elf Kilometer den Finowkanal entlang und fädelt dabei Stadtteil um Stadtteil auf. Mal glaubt man, in einem kleinen Landstädtchen zu sein, dann wieder deuten Reste einstiger Fabrikhallen auf die industrielle Vergangenheit hin, im Brandenburgischen Viertel erzählen Plattenbauten am Straßenrand vom Sozialismus.

Das Stadtzentrum rund um den Marktplatz wird seit Jahren restauriert. Ein paar Häuser standen noch nach dem deutschen Luftangriff im Februar 1945, jetzt ist der Platz wieder so, wie ein Marktplatz zu sein hat. Die moderne, lückenfüllende Architektur des Paul-Wunderlich-Hauses verträgt sich gut mit den beiden Rathäusern und der Löwen-Apotheke aus dem Jahre 1703. Umrahmt von Wald und Wasser hat sich die Stadt in den letzten Jahren mächtig gemausert. Es lebt sich gut in Eberswalde.

Stadt in Erneuerung

Das finden auch die 2500 jungen Menschen, die aus dem In- und Ausland in die „Waldstadt" gekommen sind, um an der **Hochschule für nachhaltige Entwicklung** Zukunft zu studieren. An der HNE werden erneuerbare Energien gelehrt, nachhaltiger Tourismus, Naturschutz, Forstwirtschaft, Ökolandbau, Anpassung an das sich verändernde Klima. Professor Wilhelm Pfeil (1783–1859), der die ehemalige Forstakademie 1830 aus Berlin ins grüne Eberswalde geholt hatte, hätte seine helle Freude am Engagement der klugen jungen Leute gehabt. Sie sind ein Jungbrunnen für die alte Stadt.

Flecken an der Furt der Finow

Eberswalde wurde erstmals 1276 in einer Urkunde erwähnt. Der Marktflecken lag an einer leicht zu passierenden Furt über die Finow. Man lebte nicht schlecht von den Handelsreisenden, die auf dem Weg nach Schlesien waren. Ein Gotteshaus wurde in die slawisch-germanischen Urwälder gesetzt (es steht heute noch als Maria-Magdalenen-Kirche), eine Burg sicherte die Ansiedlung.

Der praktizierende Machtpolitiker **Albrecht III.** (1250–1300) erweiterte den Ort um die Marktflecken Jacobsdorf und Ebersberg und verhalf dem Konglomerat zur rechtlichen Anerkennung als Stadt. Sein Nachfolger **Waldemar** ging noch einen Schritt weiter, er verlieh Eberswalde das Niederlage- und Stapelrecht. Dieses Privileg zwang alle Händler, die von außerhalb kamen und über die Oder wollten, ihren Weg durch Eberswalde zu nehmen. Hier mussten sie für drei Tage ihre Waren zum Verkauf anbieten. Diese frühe Form der Planwirtschaft sorgte dafür, dass Eberswalde eine wohlhabende Stadt wurde.

◂ *Der alte Montagekran „Eber" überragt den Familiengarten Eberswalde*

Eberswalde

Gründung: Die askanischen Fürsten erwarben um 1230 weite Teile des Barnim. Eberswalde selbst wurde vermutlich 1254 als Marktflecken gegründet.
Verwaltung: Eberswalde ist Kreisstadt des Landkreises Barnim.
Einwohner: ca. 41 700
PLZ: 16225, 16227
Telefon-Vorwahl: 0 33 34
Fläche: 93,5 km²
Geografische Lage: Die Stadt liegt im Eberswalder Urstromtal, am nördlichen Rand der Barnim-Hochfläche.
Wirtschaft: Automobilzulieferer, Ernährungswirtschaft, Holzverarbeitung, Kunststoff, Chemie, Logistik, Metall, Papier, Schienenverkehrstechnik, Energie- und Umwelttechnik sowie die Gesundheitswirtschaft sind die starken Wachstumsbranchen in Eberswalde. Dazu profitiert die Stadt von ihrer Lage auf der Wirtschaftsachse Berlin–Stettin.

Natürlich blieb das nicht so. Als 1499 in der Oberstadt ein Feuer ausbrach, wurde (bis auf zwei Fürstenhäuser, Rathaus und Kirche) die gesamte Stadt vernichtet. Eine Unachtsamkeit beim Malzdörren soll die Feuersbrunst ausgelöst haben. 505 Tote waren zu beklagen.

Industrie entwickelt sich

Doch Eberswalde wurde wieder aufgebaut. 1500 entstand eine Walkmühle, 1532 wurde am Ufer der Schwärze eine erste Papiermühle gebaut. Fast zeitgleich entstandenen dort zwei Kupferhämmer. 1605 begann der Bau der ersten schiffbaren Verbindung zwischen Havel und Oder. Als der **Finowkanal** 1620 eröffnet wurde, war der Dreißigjährige Krieg schon zwei Jahre zugange. Eberswalde hatte zu dieser Zeit 1 200 Einwohner. Als zwölf Jahre später die Leiche des schwedischen Königs Gustav Adolf in der Maria-Magdalenen-Kirche aufgebahrt war, zählte man gerade noch sechs Häuser und hundertzehn Menschen. Arbeit gab es keine mehr, der Finowkanal war zerstört und Eberswalde „öd und verlassen".

Als Handel und Wandel nach dem Westfälischen Frieden 1648 wieder in Gang kamen, waren es zugezogene Schweizer Familien und Hugenotten, die sich voller Zuversicht in die Arbeit stürzten. Obwohl Gewandschneiderei und Tuchmacherei zu den wichtigsten Gewerken in der Stadt zählten, setzte der Landesherr auf die metallverarbeitende Industrie.

Die Voraussetzungen für einen gewerblichen Standort waren günstig. Es gab in der Gegend genügend Raseneisenerze und Wasserkraft durch die Finow und die Schwärze. Die Wälder in der Umgebung machten es leicht, Brenn- und Baumaterial zu beschaffen.

Messer, Kessel, Bomben

Mose Aureillon, hugenottischer Unternehmer, erhielt von Kurfürst **Friedrich III.**, dem ersten preußischen König, die Konzession, „eine Eisenspalterei und Drahtzieherei, dergl. noch niemals hiesiger Orten gesehen worden, … auf eigene Kosten anzurichten." Zeitgleich wurde 1698 ein Messingwerk gegründet, 1743 kamen Scheren- und Messerschmiede aus Solingen in die Stadt, 1785 produzierte Eberswalde den Kessel für die erste deutsche Dampfmaschine, 1851 wurde eine Landmaschinenfabrik ans Ufer der Finow gesetzt, 1883 und 1893 Eisengießereien. All diese Investitionen wären undenkbar gewesen ohne den von **Friedrich II.** angeordneten Wiederaufbau des Finowkanals. Bis zum Bau des Oder-Havel-Kanals 1914 war er die Lebensader der Stadt.

Mit Beginn des Krieges 1939 produzierte die Industrie im Finowtal Kanonen und Bomben. 1945 wurde Eberswalde immer häufiger Ziel alliierter Fliegerangriffe. Doch in der Nacht vom 25. auf den 26. April 1945 wurde die Stadt nicht von alliierten, sondern von deutschen Bomben zerstört. Die sowjetische Armee ließ sich in ihrem Marsch auf Berlin durch diese Maßnahme nicht mehr aufhalten. Sie umging die Stadt zunächst im Süden und besetzte sie erst am Tag nach dem zerstörerischen Bombenhagel.

Nach Kriegsende begann die Sowjetunion mit der Demontage der Rüstungsbetriebe. Was übrig blieb, wurde verstaatlicht. Auch in der DDR wuchs die Metallindustrie zu beachtlicher Größe heran. Dem VEB Kranbau Eberswalde gehört die Ehre, größter Betrieb der Stadt gewesen zu sein. Der Montagekran *Eber* ist heute zu Recht mit seinen 30 Metern Höhe Aussichtsturm und Wahrzeichen der Industrielandschaft im Finow-Tal.

Eberswalder Besonderheiten

Eine Überraschung erlebten die Eberswalder 1913, als bei Ausschachtungsarbeiten in der Messingwerk-Siedlung der größte **Goldfund** Deutschlands ausgebuddelt wurde: ein Tonkrug von 2,6 Kilogramm Gewicht aus dem 8. Jahrhundert vor Christus. 81 Goldgegenstände befanden sich in dem Gefäß. Zunächst im Königlichen Museum zu Berlin verwahrt, kam der Schatz 1918 ins Völkerkunde-Museum. Nach 1945 galt

Am Finowkanal in Eberswalde

er als verschollen. 1994 ließ die Direktorin des Puschkin-Museums in Moskau wissen, dass er sich als Beutekunst im dortigen Depot befinde. Die Nachbildung lässt sich heute im Eberswalder Museum bewundern.

Auch die „gleislose" Bahn kann man in Eberswalde fahren sehen. Gemeint ist der Oberleitungsbus, ein Verkehrsmittel, das sonst in Deutschland nur noch in Solingen und Esslingen am Neckar verkehrt. Bereits 1901 experimentierte Eberswalde als erste deutsche Stadt mit diesem Verkehrssystem. Doch der Versuch scheiterte, da es zu viele technische Probleme gab. 1940 schließlich war das System ausgereift und die Straßenbahn wurde durch O-Busse ersetzt.

Außerdem war Eberswalde 1877 Endpunkt der ersten deutschen Fernsprechleitung. 1909 errichtete das Berliner Unternehmen *C. Lorenz AG* am Finowkanal ein Laboratorium, in dem an zukunftsweisenden Entwicklungen auf dem Gebiet der Telegraphie und der Telefonie geforscht wurde. Am 29. Oktober 1923 gingen die ersten Probesendungen über einen 70 Meter hohen Holzgittermast „on air". Die Orchester- und Gesangskonzerte, die live übertragen wurden, waren im In- und Ausland legendär.

Nicht zuletzt wurde in Eberswalde auch die frühe Form der Plattenbauten „erfunden", die „industrielle Fabrikation von Kupferhäusern am laufenden Band". Die von dem Ingenieur Friedrich Förster und dem Architekten Robert Krafft für die *Hirsch Kupfer- und Messingwerke AG* entwickelte Fertigteil-Bauweise beeindruckte selbst den berühmten Walter Gropius. Spontan übernahm er die Leitung des Kupferhausprojekts, entwarf mehrere Gebäudetypen unterschiedlicher Größe und entwickelte die Sache zur Verkaufsreife.

Die tragenden Teile der **Kupferhäuser** bestanden aus Holz, die Außenhaut war wellenförmig ge-

Der Marktplatz in Eberswalde, im Hintergrund die Kirche St. Maria-Magdalenen

presstes Kupferblech, die gute Wärmedämmung beruhte auf Luftkammern, die mit dünnen Aluminiumfolien ausgeschlagen waren. Am Rande der Messingwerksiedlung stehen seit 1931/32 acht verschiedene Musterhäuser nach Entwürfen von Krafft und Gropius. Sie haben nichts von ihrer Faszination verloren.

Und dann ist da noch – sozusagen als letzte Überraschung – Gustav Louis Zietemann, der Konditor, der 1832 den berühmten Eberswalder Spritzkuchen kreierte, einen süßen Kringel aus Brandteig. Als 1842 die Bahnlinie von Berlin nach Stettin eröffnet wurde und in Eberswalde Station machte, stand der geschäftstüchtige Konditor am Zug und verkaufte den Reisenden seine Erfindung. Sie wurde zum Exportschlager der Stadt.

Heute erinnert eine Skulptur von Eckhard Herrmann in der Bahnhofshalle an den Spritzkuchen-Erfinder Zietemann.

Kirche St. Maria-Magdalenen

Sehenswertes

Kirche St. Maria-Magdalenen

Die auf einem kleinen Hügel am Markt stehende Stadtkirche zählt zu den architektonischen Glanzlichtern von Eberswalde. Die frühgotische Backstein-Basilika entstand im 13. Jahrhundert unter dem Einfluss der nahe gelegenen Klosterkirche Chorin. Als einmalig in Brandenburg gelten die drei Portale mit ihrem Figurenschmuck aus Terrakotta. Im Inneren sorgen schmale, hohe Fenster im Chorraum für ein schönes Licht, das warm mit den dunklen Holzeinbauten spielt.

Der Renaissancealtar stammt aus dem Jahr 1606, das Bronzetaufbecken aus dem späten 13. Jahrhundert. Die barocke Orgel vom Wagnerschüler Ernst Marx aus dem Jahr 1783 gehört mit ihrem erstaunlichen Klang zu den Schätzen der Kirche. Der Turm hat vier Balkone in 28 Meter Höhe, von denen man einen weiten Blick ins Land hat. Die Spitze, eine der höchsten gemauerten Kirchturmspitzen Deutschlands, wurde dem Turm 1876 bei Erneuerungsarbeiten aufs Haupt gesetzt. Die Entwürfe stammen vom königlich-preußischen Architekten Friedrich August Stüler.

www.kirche-eberswalde.de | aktuelle Öffnungszeiten auf der Homepage, Führungen nach Absprache mit dem Gemeindebüro

Altstadt-Carrée & Marktplatz

Das Altstadt-Carrée besteht aus einer Ansammlung restaurierter Fachwerkhäuser, die entzückend anzusehen sind und daran erinnern, wie schön das Ackerbürgerstädtchen Eberswalde einmal gewesen ist. Auch am südlichen Ende des Marktplatzes stehen

Schmucke Häuserfassaden in Eberswalde

noch drei Häuser, die mit ihren feinen Fassadenkleidern aus Rokoko-Stuck, Gründerzeit-Pomp und edlem Fachwerk ein wenig aus der Zeit fallen.

Altes & Neues Rathaus

Von der im Krieg zerstörten Innenstadt stehen nur noch die zwei Rathäuser am Markt. Das Alte Rathaus aus dem Jahre 1775, einst als Wohnhaus für den Tuchfabrikanten Heller erbaut, wurde seit 1825 von der Stadt als „Regierungssitz“ genutzt. Seit 1866 ziert ein vom Potsdamer Bildhauer Koch entworfenes Wappen den Haupteingang des Barockbaus.

Daneben steht das Neue Rathaus, 1903–05 nach Plänen der Berliner Architekten Köhler und Kranz im Stil der Neorenaissance erbaut. Aufwendig gearbeitete Sandsteingeländer, Natursteinsäulen mit figürlichen Kapitellen und Wandmalereien geben dem Haus Seriosität und Würde. So hatte um die Jahrhundertwende ein ordentliches Rathaus auszusehen.

Löwenbrunnen & Löwenapotheke

Ein liegender, imposanter Löwe aus Gusseisen (1836) speit an der Südost-Ecke des Marktplatzes frisches Wasser in den Marktbrunnen. Er ist ein Werk von Christian Daniel Rauch (1777–1857), einem der bedeutendsten Bildhauer des deutschen Klassizismus. Dem Löwen gegenüber steht das älteste Haus am Markt. Es wurde 1703 für Bürgermeister Mose Aureillon gebaut, der von 1703 bis 1742 die Geschicke der Stadt lenkte. Nach seinem Tod wurde das giebelständige Gebäude, das im Kern ein Fachwerkhaus ist, zur Apotheke umfunktioniert. 1837 bekam es einen vergoldeten Löwen über die Tür gesetzt und heißt seither Löwenapotheke.

Museum Eberswalde

Vielleicht 300 Meter vom Löwenbrunnen entfernt steht im Altstadt-Carrée das älteste Haus der Stadt, die Adler-

Apotheke aus dem Jahre 1663. Heute gibt es in dem Fachwerkhaus Stadt- und Regionalgeschichte auf zwei Etagen. Inhaltliche Schwerpunkte des Stadtmuseums sind Industrialisierung im 18. sowie forstliche Lehre im 19. Jahrhundert. Auch das Double des berühmten Goldschatzes ist hier zu bewundern. Das Fachwerkhaus, 2014 um einen modernen Anbau erweitert, ist Teil einer Dreiflügelhofanlage mit zwei Hauptflügeln (nach 1663), einer schwarzen Küche mit bis zum Dach offenem Rauchabzug und Tonnengewölbe im Keller. Das Museum ist auch Sitz der Tourist-Information.

In der Adler-Apotheke | Steinstraße 3 | Tel. (0 33 34) 6 45 20 | www.museum-eberswalde.de | Di–Fr 10–13 und 14–17, Sa 10–13, So 13–17 Uhr

Paul-Wunderlich-Haus

Ganz funktional gibt sich das Paul-Wunderlich-Haus, ein durchsichtiges Gebäude-Ensemble aus Beton, Stahl und Glas. Zur Einweihung am 1. Juli 2007 kam sogar die Bundeskanzlerin angereist. Diese hohe Ehre galt auch dem Maler und Bildhauer Paul Wunderlich, der 1927 in Eberswalde geboren wurde, in Hamburg und Südfrankreich lebte und zeichnete. Der Besuch galt aber auch dem Haus, in dem die Kreisverwaltung Barnim samt Plenarsaal ihren Sitz hat. Das Niedrigenergiehaus gilt als Deutschlands modernstes Verwaltungszentrum. Es schmückt sich mit mehr als 300 Originalwerken Paul Wunderlichs. 2008 wurde der Künstler Ehrenbürger von Eberswalde. Als er 2010 starb, zählte er längst zu den Klassikern der Moderne.

Ausstellung im Paul-Wunderlich-Haus | Am Markt 1 | Tel. (0 33 34) 27 92 87 | www.paul-wunderlich-haus.de | Mo–Do 8–18, Fr 8–16, Sa 11–16 Uhr

Stadtpark Am Weidendamm

Im *Stadtpark Am Weidendamm* leistet sich die Schwärze einen kleinen Wasserfall. Alles ist grün, alles blüht, alles ist friedlich. Ein kleines Café am Bach lädt zu Kaffee und Kuchen, im Park selbst fühlen sich auch einige Kunstwerke wohl. Die *Amazone,* eine Bronze des Münchener Bildhauers Franz von Stuck, die Skulptur *Raubvogel,* ein Geschenk von Paul Wunderlich an seine Heimatstadt und das würdige Denkmal für Bernhard Danckelmann, seines Zeichens Königlicher Landforstmeister und Direktor der einstigen Forstakademie.

Zoo Eberswalde

Am südlichen Stadtrand liegt der Zoo Eberswalde. Etwa 1 500 Vertreter von 159 Arten leben gut inmitten märkischen Mischwaldes. Durch einen teil-

Das älteste Haus der Stadt Eberswalde

weise verglasten Tunnel kann man hier mitten in die Löwenanlage hineingehen und den Raubkatzen so ganz nahe kommen. Die Sibirischen Tiger leben hier in einer Landschaft, die jener Tundra nahekommt, die am Ende der Eiszeit für den Barnim typisch war.

Am Wasserfall 1 | Tel. (0 33 34) 2 27 33 | www.zoo-eberswalde.de | Tgl. ab 9 Uhr bis zum Einbruch der Dämmerung geöffnet | Bus 865 stündlich ab Eberswalde Hbf

Forstbotanischer Garten

Der acht Hektar große Forstbotanische Garten im Südwesten der Stadt unweit des Zoos ist etwas Besonderes. Den Grundstein zu der Sammlung legte 1830 der Forstwissenschaftler Friedrich Wilhelm Leopold Pfeil, der schon die Königlich Preußische Höhere Forstlehranstalt nach Eberswalde geholt hatte. Diese lebendige Sammlung beherbergt heute ca. 1 200 Gehölz- und 600 Krautpflanzenarten aus heimischen und fernen Landen. Er dient nach wie vor den Forststudenten als Lehrgarten.

Am Zainhammer 5 | Tel. (0 33 34) 65 74 76 | www.hnee.de/fbg | Tgl. ab 9 Uhr bis zum Einbruch der Dämmerung geöffnet | Bus 865 stündlich ab Eberswalde Hbf bis Forßmann-Krankenhaus und 500 m zu Fuß

Buchtipp: Die Obere Havel und der Finowkanal

von Jörn Lehmann (Verlag Sutton, 2015)

Regionalhistorische Dokumentation zum Bau des ältesten deutschen Kanals.

Messingwerk & Messingwerksiedlung

Die Messingwerksiedlung im Ortsteil Finow ist mit über 300 Jahren Brandenburgs älteste Werkssiedlung. Messing spielte vor dem Kunststoff-Zeitalter eine große Rolle im Alltag der Menschen. Das Werk, ein 1698 vom kurfürstlich-brandenburgischen Tanzmeister und gelernten Messinggießer Gottlieb Schütz im Auftrag Friedrichs III. gegründeter Staatsbetrieb, lieferte nützliche Dinge wie „Kessel, gelben und schwarzen Draht, allerhand Fensterbeschläge, Tee- und Kaffeekannen, Haken, Ketten, Töpfe … und vieles mehr". Im Laufe der Jahre wurde das Werk mal staatlich, mal privat. Unabhängig von den Eigentumsverhältnissen existierte eine Werkssiedlung, von der es heute noch 17 Häuser mit 128 Wohnungen gibt. Das älteste Gebäude, ein Fachwerkbau, stammt aus dem Jahr 1721.

1863 erwarb die jüdische Fabrikantenfamilie Hirsch das Königlich-Preußische Messingwerk. Unter ihrer Ägide expandierte die Produktion, die Belegschaft wuchs von 200 Arbeitern (1872) auf 2400 im Jahre 1918. Die Zufriedenheit ihrer Arbeiter war den Hirschs wichtig. So wurde 1913 auch die Messingwerksiedlung modernisiert. Beauftragt damit war das Berliner Architektenbüro Mebes & Emmerich. Den damaligen Besitzern Aron und Siegmund Hirsch schwebte eine Werkssiedlung vor, die das Holländische Viertel in Potsdam zum Vorbild hatte. Daran erinnern die Häuser rund um den Gustav-Hirsch-Platz.

Paul Mebes war es übrigens auch, der den expressionistischen **Wasserturm** 1917/18 in die Gegend stellte. Die von vier Säulen getragene, 50 Meter hohe Konstruktion versorgte

Familiengarten Eberswalde
Hier blüht die Fantasie

Wo einst das „eiserne Herz" von Eberswalde schlug, lockt heute eine außergewöhnliche Spiellandschaft.

Der Familiengarten hat sich auf dem Areal des abgewickelten Walzwerkes und der Hufeisenfabrik am Finowkanal in die Reste der alten Industriebrache gesetzt. Hier wurden viele Ideen, Fantasie und Geld investiert, um dem Spieltrieb und Wissensdurst von Kindern Rechnung zu tragen. Selbst große physikalische Probleme werden mit leichter Hand angepackt. So kann zum Beispiel in echter Kollektivarbeit durch Luftdruck das Schiffswrack der „Nautilus" vom Grund des Meeres gehoben werden.

Neben den verschiedenen Themengärten – jeder ein bunter Kosmos für sich – ist ein besonderer Höhepunkt die Märchenwelt, die sich in ein Waldstück kuschelt. Zwischen den Bäumen breitet sich ein ungewöhnliches Spielereich mit verschlungenen Pfaden, dunklen Tunneln und Baumhäusern aus, durch die man klettern und in denen man sich verstecken kann. Märchenbücher werden lebendig, Erinnerungen an Elfen, Prinzen und Drachen geweckt. Diese zauberhafte Welt zieht nicht nur Kinder in ihren Bann.

Am Alten Walzwerk 1 | Tel. (0 33 34) 38 49 10 | www.familiengarten-eberswalde.de | Apr.–Okt. tgl. 10–18 Uhr | Bus 861 alle 15–30 Min. ab Eberswalde Hbf

die Siedlung und Werkanlagen mit Trink- und Gebrauchswasser. Sehenswert sind auch das 1736 in Fachwerkbauweise errichtete Alte Hüttenamt, die Fabrikantenvilla Hirsch (1916), das 1916 erbaute Torbogenhaus, die 1930/31 errichteten Kupferhäuser und die in England gebaute Teufelsbrücke über den Finowkanal. Sie ist der Rest der ersten (1826) gusseisernen Weidendammbrücke über die Spree, die 1895 dem Berliner Verkehr nicht mehr gewachsen war, abmontiert und gekürzt wurde, um zuerst nach Liepe, dann 1913 an ihren heutigen Standort versetzt zu werden. Zu DDR-Zeiten sollte sie abgerissen werden. Zahlreiche Proteste verhinderten ihre Verschrottung.
Wasserturm Finow | Am Wasserturm 2 | OT Finow | Tel. (0 33 34) 23 78 46 | www.wasserturm-finow.de | Apr.–Okt. Fr–So 10–17 Uhr

Wasserturm Finow

Praktische Tipps

Hinkommen

Bahn: RE 3 und RB 24 jeweils stündlich von Berlin nach Eberswalde.
Auto: Autobahn A 11, Abfahrt Finowfurt, weiter auf der B 167 parallel zum Finowkanal bis Eberswalde.

Gut zu wissen

Tourist-Information
Im Museum in der Adler-Apotheke.
Steinstraße 3 | Tel. (0 33 34) 6 45 20 | www.tourismus-eberswalde.de | Di–Fr 10–13 und 14–17, Sa 10–13, So 13–17 Uhr

Gut gebettet

Hotel Am Markt
Ruhig gelegenes Hotel in der Innenstadt. Stilvoll eingerichtete Zimmer mit Klimaanlage, modernes Design in Naturtönen.
Friedrich-Ebert-Straße 17 | Tel. (0 33 34) 81 89 00 | www.hotel-am-markt-eberswalde.de | €€

Hotel & Restaurant Wilder Eber
Ländliches Holzblockhaus nahe Hauptbahnhof, umgeben von einem großen Garten. 2011 erbaut, Zimmer im Landhausstil, teilweise mit Balkon. Im Restaurant deutsche Küche und saisonal Wildgerichte.
Heegermühler Straße 16 | Tel. (0 33 34) 2 45 51 | www.wilder-eber.de | Restaurant tgl. ab 11.30 Uhr | €

Von Suppe bis Torte

Kaffeehaus Gustav
Trendiges Kaffeehaus direkt am Markt, gute Kaffee-Auswahl und le-

ckere Kuchen und Torten, aber auch Frühstück und herzhafte Speisen.
Am Markt 2d | Tel. (0 33 34) 38 96 62 60 | www.wiese-brot-gustav.de | Tgl. 7–18 Uhr

Alte Brauerei
Urige Bier-Kneipe mit elf Sorten aus dem Hahn. Gewürzt mit Deftigem aus Topf und Pfanne. Große Auswahl an Flaschenbieren.
Eisenbahnstraße 29 | Tel. (0 33 34) 2 23 87 | www.alte-brauerei-eberswalde.de | Di–So ab 11 Uhr

Aktiv & sportlich

Freizeitbad baff
Freizeitbad mit Sport- und Kinderbecken, Riesen-Wasserrutsche, Gegenstromanlage, Außenbecken und Whirlpools. Dazu ein Saunabereich und diverse Wellnessangebote.
Heegermühler Straße 69a | Tel. (0 33 34) 2 33 22 | www.baff-bad.de | Tgl. geöffnet | Tageskarte ab 12 € / 10 € / Kinder unter 6 Jahren 2 €

Marina Park Eberswalde
Kanu-, Tretboot- und Ruderbootvermietung.
Am Kanal 36 | Tel. (0 33 34) 21 22 08 | www.marinapark-eberswalde.de

RAD-HAUS Kattanek
Verleih von Tourenrädern, Tandems und E-Bikes.
Eisenbahnstraße 87 | Tel. (0 33 34) 21 21 19 | www.radhaus-online.de

Ladestationen für E-Bikes
Am Zoo, am Familiengarten und an der Tourist-Information.

Finowfurt ▸ C6

Finowfurt ist 1929 aus den Orten Schöpfurth und Steinfurth entstanden, die beide 1375 erstmals erwähnt wurden. Genau genommen ist der junge Ort also ziemlich alt.

Und obwohl er die Finow im Namen trägt, ist Finowfurt Amtssitz der Gemeinde Schorfheide, die mit ihrem wald- und seenreichen Gebiet bis an den Werbellinsee heranreicht.

Mitten durch den Ort führt die kanalisierte Finow, auf der seit Menschengedenken geflößt wurde. Und auch heute noch wird. Die Flößerei ist ein Teil der regionalen Geschichte. Früher wurden Lasten per Floß transportiert, heute sind es Touristen. Extra für sie verkehrt im Sommerhalbjahr die *Schippelschute,* ein überdachtes Ausflugsfloß, täglich zwischen Finowfurt, Hubertusmühle und Zerpenschleuse. In der Flößergasse erzählen 13 Schautafeln die Geschichte der Flößerei. Das jährlich am 1. Juliwochenende stattfindende Flößerfest zählt zu den großen Veranstaltungen der Region.

In Finowfurt kann man sogar in die Luft gehen, seitdem 1939 südlich vom Ort ein Flughafen gebaut wurde. Während des Krieges waren hier Kampfbomber und Nachtjäger stationiert, 1945 bis 1993 war das Rollfeld fest in sowjetischer Hand. Heute ist aus der Militärbasis der Verkehrslandeplatz Finow geworden, der auch Nachtflüge erlaubt.

Luftfahrtmuseum
Am westlichen Ende des Flugplatzes, schon in Sichtnähe von Finowfurt, hat sich ein privates Luftfahrtmuseum niedergelassen. In Freilicht-

Am Finowkanal in Niederfinow

anlagen und alten Hangars kann man hier viel Technik und vor allem über 25 Original-Flugzeuge bewundern.
Museumsstraße 1 | 16244 Finowfurt | Tel. (0 33 35) 72 33 | www.luftfahrtmuseum-finowfurt.de | Apr.–Okt. tgl. 10–17, Nov.–März Mi–So 10–15 Uhr

Spieß-Burger
Amerikanische Esskultur, serviert mit Rock-'n'-Roll-Musik. Große Kinderspielecke, freundlicher Service.
Bauernstraße 8a | Tel. (0 33 35) 3 39 05 60 | Di–So 12–20 Uhr

Schippelschute
Ausflugsfahrten mit dem Floß auf dem Finowkanal.
Anlegestellen Hubertusmühle und Schöpfurther Schleuse | Tel. (01 72) 3 83 20 74 | www.schippelschute.de | 1. Mai bis Mitte Okt. tgl. | Ab 7 € / 3,50 €

Hinkommen

Bus: Buslinie 910 alle 1–2 Stunden ab Eberswalde Hbf nach Finowfurt.
Auto: Autobahn A 11, Abfahrt Finowfurt.

Niederfinow ▸ D7

Der kleine Ort liegt in hügeligem Gelände zwischen Finowkanal und dem Südhang des Choriner Endmoränenbogens.

Die Gegend um Niederfinow war zunächst slawisch besiedelt. 1220 ließen die Askanier hier eine Burg errichten, in deren Schutz sich der Ort entwickelte. 1421 ging das Dorf in den Besitz des Klosters von Chorin über. Wirtschaftlich prägten der Finowkanal und später der Oder-Havel-Kanal den Ort. Eine schöne Kirche aus dem Jahr 1732 und die romantische Klappbrücke über den Finowkanal ändern nichts an der Tatsache, dass das Schiffshebewerk für rund 150 000 Besucher jährlich die Hauptattraktion des Ortes ist.

Hinkommen

Bahn: RB 60 alle 1–2 Stunden von Eberswalde Hbf.
Auto: Autobahn A 11, Abfahrt Finowfurt, dann über die B 167 via Eberswalde.

Schiffshebewerk Niederfinow
Wo Schiffe Fahrstuhl fahren

Oben kommt man von der Havel und will nach unten, 36 Meter tiefer, in die Oder. Wie kommt man da hinunter? Und wie kommt man wieder hinauf? Dieses Problem des Oder-Havel-Kanals löst das Schiffshebewerk Niederfinow.

Wie ein stählerner Dinosaurier steht es in der märkischen Landschaft. Eröffnet wurde dieses älteste der heute in Deutschland noch aktiven Hebewerke im Jahre 1934. Es ist 52 Meter hoch, 94 Meter lang und 27 Meter breit. Der geniale Fahrstuhl für Schiffe hebt bzw. senkt mit seinem wassergefüllten Trog Schiffe von bis zu 1 000 Tonnen Tragfähigkeit in nur fünf Minuten über eine Höhendistanz von 36 Metern. Und das mithilfe von nur vier lächerlichen Gleichstrommotoren von jeweils 55 Kilowatt Leistung, die lediglich den Reibungswiderstand der Seilscheiben überwinden. Zwei Personen sind erforderlich, um das Schiffshebewerk zu bedienen.

Doch seine Tage sind gezählt. In Kürze wird das neue Schiffshebewerk Niederfinow-Nord in elegantem Beton-Design seinen Probebetrieb aufnehmen. Ab 2025 soll es das alte Hebewerk ersetzen. Das neue Schiffshebewerk wird 55 Meter hoch, 133 Meter lang und 46 Meter breit. Und die Fahrt dauert nur noch drei Minuten. Der alte Fahrstuhl, der ja noch voller Saft und Kraft ist, wird sich dann ganz dem Tourismus widmen.

Infozentrum Niederfinow | Hebewerkstraße 70a | Tel. (03 33 62) 61 91 26 | Mai–Okt. tgl. 9.30–17.30, Nov.–Apr. tgl. 10–16 Uhr

Biosphärenreservat Schorfheide-Chorin

Schafe im königlichen Forst

Mit ca. 130 000 Hektar ist das 1990 gegründete Biosphärenreservat Schorfheide-Chorin heute eines der größten Schutzgebiete in Deutschland.

Das Gebiet nördlich des Finowkanals, zwischen Havelniederung im Westen und Parsteiner See im Osten, wurde erst im 17./18. Jahrhundert durch Kolonisten zivilisiert, vorher lebten nur Teer- oder Kohlenbrenner in den abgeschiedenen Wäldern. Immer mehr Orte entstanden unter Friedrich Wilhelm, dem „Großen Kurfürsten", und Friedrich II. Besonders gern bewarben sich altgediente Soldaten um des Königs Land. Erhalten geblieben ist das Gesuch eines Soldaten namens Christian Friedrich Leist aus dem Jahre 1753. Sein Bewerbungsschreiben hatte die Form eines Gedichts von 58 Zeilen. Die entscheidenden sechs lauteten: „ich will es jtzo wagen / Dich großer König vor zutragen / ich bitte um ein stück wüstes Land / Es wird das Hirthen-Bruch genannt. / Es liegt im Grimnitzschen Refier, / Liebster König schenk es mir."

Der Wald wird Chefsache

Dabei war der heute so dichte Wald schon Anfang des 18. Jahrhunderts in keinem guten Zustand mehr. Allein was die Glasmanufakturen der Region an Holz schluckten, überstieg jedes Maß. Hinzu kam der Holzhandel. Selbst England kaufte Eichen, um Whisky-Fässer daraus zu machen.

Als von den Wäldern fast nichts mehr übrig war, zog Friedrich II. die Notbremse und befahl aufzuforsten. Höchstpersönlich kümmerte er sich um die Sache. Nach einer Inspektionstour 1745 monierte er: „Es ist mir zwar Euer Bericht v. 3ten … zugekommen. Ich muss Euch aber sagen, daß die vielen Tabellen, die Sache nicht aus machen: Ich weiss es schon, wie die Forstbediente es machen; an die Wege, wo sie wissen, dass ich durch passire, da geben sie sich etwas Mühe … dahinter hingegen ist alles leer und kahl und wird nichts gethan; das gefällt Mir gar nicht …"

Schaf, Schorf, schürfen?

„Magna merica Werbellin", „große Werbelliner Heide", wird die Schorfheide in den alten lateinischen Schriften genannt. Im Märkischen wird der Wald oft als Heide bezeichnet. Der Begriff „Schorff Heyde" taucht in den Akten des Forstamtes Grimnitz erstmals im Jahre 1713 auf:. Was aber bedeutet der Namensteil „Schorf"?

Die einen leiten ihn vom gemeinen Hausschaf ab. Diese Tiere wurden im 18. Jahrhundert in großer Zahl durch die Wälder getrieben, um dort zu weiden. Im „Generaltableau der königlichen Forsten" aus dem Jahre 1784 sind allein für das Revier Grimnitz 15 320 Schafe vermerkt. Also vom Schafwald zur Schorfheide …? Andere wieder meinen, dass Schorf nichts weiter bedeutet als „raue Rinde". Und dann gibt es Experten, die das Wort von „schürfen" ableiten, vom Aufsammeln der Eicheln im Wald, mit denen man früher das Vieh fütterte.

◂ *Die Schorfheide: einst Jagdrevier der Mächtigen, heute Naturparadies*

Groß Schönebeck ▸ C6

Groß Schönebeck an der südwestlichen Grenze des Biosphärenreservats ist Endstation der Heidekrautbahn, Tor zur Schorfheide und Geburtsort eines Aufsteigers.

Eine wirkliche Stadt in der Schorfheide zu benennen, fällt schwer. Denn eigentlich sind Groß Schönebeck und auch Joachimsthal mehr Dörfer denn Städte. Aber immer schon besaß Groß Schönebeck eine gewisse Bedeutung als Verwaltungszentrum.

Im Jahre 1210 vermutlich vom askanischen Fürsten Albrecht II. als Burg gegründet, um die Mark Brandenburg vor den Pommern zu schützen, wuchs mit der Zeit ein Dorf heran, das die Menschen „Schone Beke" nannten, schöner Bach. Heute: Groß Schönebeck. 1313 wird der Ort erstmals urkundlich erwähnt. 1634, im Dreißigjährigen Krieg, brannten dänische Truppen das Dorf nieder.

Erst 1663 wurde es wieder aufgebaut. Schon allein, um das **Jagdschloss,** das 1660 im Auftrag des Großen Kurfürsten Friedrich Wilhelm in den Wald gesetzt wurde, nicht so „nackt" dastehen zu lassen. In der Ortschronik von 1935 heißt es, dass das „kurfürstliche, dann königliche Jagdschloss" die kleinen, strohgedeckten Häuser des Dorfes „imponierend überragte". Das adlige Haus diente den preußischen Herrschern und ihren Gästen während der alljährlichen Hofjagden als „Fünf-Sterne"-Unterkunft. Das schlichte, quadratische, zweigeschossige Schlösschen verlor jedoch stark an Bedeutung, als 1849 König Friedrich Wilhelm IV. (1795–1861), der „Romantiker auf dem Thron", sich in der Nähe des Werbellinsees das Jagdschloss Hubertusstock (▸ Seite 95) im Stil eines bayerischen Landhauses bauen ließ.

Das Jagdschloss Groß Schönebeck beherbergt heute das Schorfheide-Museum

Sehenswertes

Schorfheide-Museum

Das Schorfheide-Museum im Jagdschloss vermittelt viel Wissenswertes über jagdliche Sitten und Bräuche. Wer an einer Trophäensammlung Spaß hat, kommt auf seine Kosten. Eine interessante Ausstellung widmet sich dem Thema *Jagd und Macht*. Und auch **Max Schmeling** (1905–2005) ist im Museum zu Hause. Der leidenschaftliche Jäger und Box-Weltmeister, geboren in der Uckermark, vermachte seinen gesamten Nachlass dem Schorfheide-Museum. Im „Natur-Raum" kann man nun den Naturliebhaber bewundern, im „Box-Raum" den Sportler.

Schloßstraße 6 | Tel. (03 33 93) 6 52 72 | www.schorfheide-museum.de | Mai–Sep. tgl. 10–17 Uhr, Okt.–Apr. tgl. 10–16 Uhr (im Januar geschlossen) | 6 € / 4 € / Kinder bis 14 Jahre 1,50 €

Dorfkirche & Schulhaus

Sehenswert ist auch die Dorfkirche aus dem 17. Jahrhundert. Ihr mächtiger Westturm stammt aus dem 15./16. Jahrhundert. Gleich neben der Kirche, am ehemaligen Schulhaus, erinnert eine Tafel an den erfolgreichsten Bürger Groß Schönebecks, an **Karl Friedrich Wilhelm Reyher.** Der Sohn des Dorfschullehrers und Küsters brachte es in seinem Leben zu beträchtlichem Ruhm. Geboren am 21. Juni 1786, trat er 1802 freiwillig in den Militärdienst ein. Dort machte er eine atemberaubende Karriere: vom einfachen Soldaten zum Chef des Generalstabs der Preußischen Armee im Jahre 1850.

via Tipp Wildpark Schorfheide

Wenn man Groß Schönebeck auf der B 109 in Richtung Uckermark verlässt, so führt gleich hinter dem Ortsausgang der erste Abzweig in den Wildpark Schorfheide. In einer für die Biosphäre typischen Wald- und Wiesenlandschaft werden einheimische Großsäugetiere, die in der Schorfheide heimisch sind oder waren, auf 100 Hektar in großzügigen, artgerechten Gehegen gehalten.

Fischotter, Rot- und Damhirsche, Wildschweine, Mufflons, Wölfe, Wisente, Przewalski-Pferde, Elche – die Tiere lassen sich (beinahe) wie in freier Wildbahn beobachten. Auch alte Haustierrassen wie Konik-Pferde, Wollschweine oder Heckrinder kann man hier bewundern. Ein sieben Kilometer langes Wanderwegesystem mit Rast- und Picknickplätzen führt von Tier zu Tier.

Prenzlauer Straße 16 | Tel. (03 33 93) 6 58 55 | www.wildpark-schorfheide.de | Tgl. 9–19 Uhr (Einlass Mo–Fr bis 17, Sa/So bis 18 Uhr) | 7 € / 4,50 € / Kinder unter 4 Jahren frei

Hinkommen

Bahn: RB 27 (*Heidekrautbahn*) alle 2 Stunden von Berlin-Karow nach Groß Schönebeck.
Auto: A 11 bis Abfahrt Finowfurt, weiter über B 167 und B 109 in Richtung Prenzlau bis Groß Schönebeck.
Nahverkehr vor Ort: Der *HeideLiner* (Buslinie 904) pendelt (abgestimmt mit der *Heidekrautbahn*) als Shuttle in der Hauptsaison von Freitag bis Sonntag zwischen 9 und 19 Uhr alle 2 Stunden vom Bahnhof Groß Schönebeck via Wildpark Schorfheide und Kletterwald zum *Feriendorf Groß Väter See*.

Informationen: BBG Barnimer Busgesellschaft mbH | Tel. (0 33 34) 23 50 03 | www.bbg-eberswalde.de

Gut zu wissen

Tourist-Information Groß Schönebeck
In der Remise des Jagdschlosses erhält man Urlaubs- und Freizeittips und Hilfe bei der Planung von Ausflügen oder Fahrradtouren.
Schloßstraße 6 | 16244 Groß Schönebeck | Tel. (03 33 93) 6 57 77 | Mai–Sep. tgl. 10–17, Okt.–Apr. tgl. 10–16 Uhr

Von Suppe bis Torte

Restaurant & Hotel Gut Sarnow
Stilvolles, inhabergeführtes Haus inmitten von Wald und Wiesen gelegen. Helle, liebevoll mit eleganten Landhausmöbeln eingerichtete Zimmer, von denen keines dem anderen gleicht. Das Restaurant mit Blick auf die Pferdekoppeln bietet saisonal wechselnde regionale Spezialitäten und Wildgerichte aus der hauseigenen Jagd.
Eichhorster Chaussee 5 | Tel. (03 33 93) 6 58 25 | www.gut-sarnow.com | Restaurant März–Dez. Mi/Do ab 17, Fr–So ab 12 Uhr | €€

Aktiv & sportlich

Kletterwald Schorfheide
Unmittelbar neben dem Wildpark Schorfheide liegt ein Hochseilgarten zwischen lichten Kiefern. Die sieben Kletterrouten mit unterschiedlichen Schwierigkeitsgraden eignen sich für Erwachsene und Kinder ab etwa fünf Jahren.
Prenzlauer Straße 16 | Tel. (0 33 38) 33 08 41 | www.kletterwald-schorfheide.de | Apr.–Okt. (genaue Öffnungszeiten siehe Website) | Ab 16 € / 13 € / 10 €

Im Wildpark Schorfheide fühlen sich auch Przewalski-Wildpferde wohl

Jagd in der Schorfheide
Hohe Tiere auf der Pirsch

Nicht Honecker ist der Erfinder vergitterter Wälder, Kurfürst Johann Georg war es, der 1590 als erster ein Gatter gegen Wilderer bauen ließ. Fünfzig Kilometer lang soll der Wildzaun aus „Stacken und Stäben" gewesen sein. Reichlich viel Tierisches galt es zu schützen. Die Wälder der kurfürstlichen Heide waren voll.

Kaiser Wilhelm II. in Jagduniform

Dem „Hirsch und Wilt Prats Register von Michaelis 1583 bis Ostern 1584" entnehmen wir folgende Zahlen: „Gepirschtes Wildpret 41, Wildpret so in der Schweinejagd gefangen 308, Hirsch so in der Schweinejagd gefangen 84, Wildkalb so in der Schweinejagd gefangen 1, Schweine mit dem Jagen 809, Rehe in der Schweinejagd 210, 1 Bär am 15. Dezember in der Grimnitzschen Heide."

Penibel notierten die Förster jeden Abschuss, sie kannten die Tiere und Bäume, die Hecken und Sträucher im Revier. Das war eine Frage der Ehre. Förster sein war mehr als ein Job, zum Grünen Rock war man berufen. Und da die Schorfheide immer bedeutender war als andere Forste, waren auch ihre Förster bedeutender.

Spätestens seit dem 20. September 1898, an dem der kaiserliche Vielschießer Wilhelm II., geführt von seinem Leibförster Balduin von Hövel, „Allerhöchst Seinen 1000. edel Hirschen von XX Enden" in der Schorfheide erlegt hatte, wusste ganz Berlin: „Zuerst kommt der liebe Gott. Dann Seine Majestät. Und dann der Förster in der Schorfheide."

Nach dem Ende der Monarchie vergnügten sich statt König und Kaiser Staatsoberhäupter und Wirtschaftsführer bei prunkvollen Jagden. Die einen hatten den Titel, die anderen das Geld. Und beiden Hoheiten diente der grüne Rock. Er war die einzig feste Größe im Revier.

Ihre Nase so vornehm im Gesicht tragen konnten die Grünröcke nur, weil die Schorfheide, der sie dienten, über die Jahrhunderte hinweg die Geliebte von Kaisern und Königen war. Nur der „Alte Fritz" hielt nicht viel von der Jagd. Für ihn war sie, wie er sagte, „eben so unangenehm, und nicht viel nützlicher, als das Ausfegen eines Camines".

Tour 1: Unterwegs zur dicken Silkebuche

Zwei Wege führen zur „dicken Silke". Man kann die Buche von Eichhorst am Werbellinkanal aus besuchen oder von Groß Schönebeck, der Endstation der Heidekrautbahn.

Karte: ▸ Seite 90–91

Charakteristik: Leichter bis mittelschwerer Weg (bei Regen teils rutschig) ohne nennenswerte Steigungen

Start & Ziel: Bahnhof Groß Schönebeck

Strecke: Groß Schönebeck – Wärterhaus – Pinnowseen – Silkebuche – Groß Schönebeck

Entfernung: 14 Kilometer

Dauer: ca. 4 Stunden

Einkehrtipp: *Steak- und Schnitzelhaus* in Groß Schönebeck

Vom Bahnhof in **Groß Schönebeck** (▸ Seite 82) läuft man 200 Meter vor bis zur Eichhorster Chaussee, biegt dann in die Mühlenstraße und anschließend in die Alte Joachimsthaler Straße. Anfangs zeigt sich der Weg als Sandteppich, später, ab Dorfausgang, wird er ruppig. Ein Kopfsteinpflaster aus Kaisers Zeiten spielt Berg- und Talfahrt, rutscht ab in den Boden, bildet Buckel, Querrinnen, Abbruchkanten, wirft sich in die Höh und versackt im nächsten Moment im Modder. Ein wahrhaft abenteuerlicher Weg. Für ein Mountainbike wie geschaffen, für Sonntagsfüße eher gewöhnungsbedürftig. Nach ca. 3 Kilometern (vom Bahnhof aus gesehen) erreicht man die Waldgrenze. Aus dem kaiserlichen Pflasterweg ist ein DDR-Betonplatten-Weg geworden. Den laufen wir noch ca. einen Kilometer weiter bis zu einem alten Parkplatzschild mitten im Wald. Am Ende des zugewucherten Parkstreifens zweigt ein Weg rechts ab. Den nehmen wir.

Der Wald, durch den wir wandern, ist das einstige kaiserliche Hofjagdrevier und spätere Staatsjagdgebiet der DDR. Etwa 600 Meter hinter dem Parkplatz an der Alten Joachimsthaler Straße öffnet sich der Wald und gibt das **Wärterhaus Wildfang** frei. Das Fachwerkhaus gehörte zu einem Elchgehege, das Hermann Göring als Reichsforstmeister der Nationalsozialisten 1933 an den Pinnowseen anlegen ließ. Später nutzte es Erich Honecker als Jagdsitz.

Das Haus, noch gut in Schuss, ist verlassen, kein Mensch weit und breit. Das Eingangstor trägt ein Namensschild mit Klingel. Doch das Schild ist namenlos, und die Klingel – man kann's ja mal probieren – klingelt nicht. Aber was war das? War da nicht eben jemand am Fenster? Nein. Nur ein Schatten.

Am 8. November 1989 war Honecker das letzte Mal in der Schorfheide. Schon entmachtet ging er zur Jagd. Gegen 16 Uhr erlegte er seinen letzten Hirsch. Am nächsten Tag fiel in Berlin die Mauer ... Nein, nein, das Haus ist Geschichte. Hier ist keiner mehr. Zuletzt wurde es von der Naturwacht genutzt.

Wir wandern weiter. Halten uns links. Der Weg führt zwischen den beiden **Pinnowseen** hindurch, links

Mächtiger Baumriese: die Silkebuche in der Schorfheide

liegt der Kleine, rechts der Große Pinnowsee. Der Waldweg überquert einen trockenen Graben, am Ende der beiden Seen treffen wir links und gleich wieder rechts abbiegend auf den Pfad, der uns zu Silke führt.

Die Gemeine Buche (Fagus sylvaticus) steht etwa acht Kilometer ostnordöstlich von Groß Schönebeck im Jagen 144. Es geht an Kiefern und Buchen vorbei, knorrige Eichen stehen am Rande. Immer wieder trifft man auf Totholz, den Lebensraum von Mikroorganismen, Insekten, Pilzen und Käfern. Am Ende des Weges steht rechts die **Silkebuche.**

Der Stamm des Baumriesen, der in einer Höhe von 1,50 Meter den beeindruckenden Umfang von 6,50 Meter hat, sieht aus, als wären da in frühester Jugend mehrere kleine Bäume zusammengewachsen und miteinander eins geworden. Man steht da, staunt ehrfürchtig über Mutter Natur und fühlt sich klein und nichtig. Die Buche ist etwa 25 Meter hoch und ungefähr 300 Jahre alt. Im Herbst, wenn der Baum sich entblättert hat, sieht man erst richtig, was für eine gewaltige Masse Holz da vor einem steht.

Eine Sage hilft, den Namen Silke zu entschlüsseln. Angeblich hatte der Förster des Reviers den Geburtstag seiner Frau Silke vergessen. Nun war er ohne Geschenk, ratlos und verzweifelt. Plötzlich stand ein kleines Männchen vor ihm. „Mach diese schöne Buche deiner Liebsten zum Geschenk", sprach es und verschwand. Der Förster tat, wie ihm geraten. Er eilte nach Hause, nahm seine Frau an die Hand und führte sie zur Buche. Als er ankam, stand – wie im Märchen – eine festlich gedeckte Tafel unter dem grünen Dach der Buche. Der Förster feierte mit seiner Silke bis tief in die Nacht.

Wir feiern nicht. Noch nicht. Das können wir nach dem Rückweg in Groß Schönebeck tun. Den Weg kennen wir jetzt ja.

Tour 2: Von Groß Schönebeck zum Werbellinsee

Eine sehr schöne Radtour, die man auch als ausgedehnte Wanderung unternehmen kann, führt von Groß Schönebeck nach Altenhof am Werbellinsee.

Karte: ▸ Seite 90–91

Charakteristik: Einfache Radtour über Waldwege, teilweise asphaltiert

Start & Ziel: Groß Schönebeck

Strecke: Groß Schönebeck – Eichhorst – Werbellinsee – Altenhof & zurück

Entfernung: 32 Kilometer hin & zurück

Dauer: ca. 3–4 Stunden

Einkehrtipp: Restaurant und Imbiss *Alte Fischerei* in Altenhof (▸ Seite 97)

Groß Schönebeck (▸ Seite 82) ist die Endstation der *Heidekrautbahn* – und gilt als Tor zur Schorfheide. Wer dort am Bahnhof zum ersten Mal ankommt, den empfängt erst einmal Ruhe – und etwas Ratlosigkeit: Wo geht es zum Ortszentrum, wo beginnen Rad- und Wanderwege? Doch bald ist der Weg zur Hauptstraße gefunden und dort sorgen Wegweiser für Orientierung in alle Richtungen. Bevor man aber den Weg in Richtung Eichhorst einschlägt, lohnt sich ein Abstecher in die andere Richtung, zum nahen Schloss. Schon bald steht man vor dem hübschen **Jagdschloss** im alten Ortskern. Seine Ursprünge gehen ins 13. Jahrhundert zurück, die heutige Anlage entstand im frühen 18. Jahrhundert. Das zweistöckige Gebäude mit dem markanten Walmdach diente den Hohenzollern bis 1846 als Jagdschloss. Danach verlor es durch den Bau von Schloss Hubertusstock seine Bedeutung und wurde nur noch als Forsthaus genutzt. Heute ist hier das **Schorfheide-Museum** (▸ Seite 83) untergebracht.

Wer die Ausdehnung der Schorfheide erahnen will, dem sei nun eine Radtour empfohlen. Eine schöne Route führt nach Altenhof am Werbellinsee. Also radelt oder läuft man einfach wieder ein Stück Richtung Bahnhof, aber nur bis zur Kreuzung, an der das Bürgerhaus *Alte Schmiede* steht. Schräg gegenüber zweigt links die Rosenbecker Straße von der Berliner Straße ab, auf der man gemütlich Richtung Südosten radelt. Nach dem Bahnübergang verlässt man Groß Schönebeck, immer weiter geradeaus fahrend. Zunächst geht es durch Wiesen und Felder, bald folgen Wäldchen und schließlich dichter Wald. Wo die Teerstraße endet, weist ein Schild links Richtung **Eichhorst** (▸ Seite 93), das man nach einer halben Stunde über gut befahrbare Waldwege erreicht.

Von Eichhorst, einer Ansiedlung von Datschen und Imbissen, führt ein Asphaltweg am linken Ufer des Werbellinkanals entlang durch den Wald Richtung **Werbellinsee** (▸ Seite 92). Bevor dieser erreicht ist, wechselt man über eine Brücke auf die andere Seite des Kanals, und weiter geht's über einen Waldweg.

Wenn man hier geradeaus weiterfährt und nicht die Kanalseite wechselt, kommt man in die kleine Ansiedlung **Wildau** (▸ Seite 94) am westlichen Ende des Werbellinsees – und kann dort das schöne *Café Wildau* besuchen. Von dort muss man aber wieder zurückfahren zur Brücke über den Werbellinkanal, um weiter auf dem Waldweg Richtung Altenhof zu gelangen. Bald ist der **Süße Winkel** erreicht, wo sich eine herrliche Aussicht auf den Werbellinsee bietet.

Weiter führt der Weg am See entlang vorbei an einem Campingplatz mit Badestelle und Kiosk bis nach **Altenhof** (▸ Seite 96). Über die Altenhofer Dorfstraße gelangt man in das Zentrum des Ortes, wo bald links eine Seitenstraße zum See mit der Promenade, der Schiffsanlegestelle und der *Alten Fischerei* führt. In Letzterer kann man sich direkt am See niederlassen und fangfrischen oder geräucherten Fisch genießen.

Von hier aus gibt es nun mehrere Möglichkeiten: Entweder den Weg durch den Wald zurück nach Groß Schönebeck radeln, oder das im Sommer verkehrende Schiff nach **Joachimsthal** (▸ Seite 98) besteigen. Wanderer können auch den schönen Uferweg am Werbellinsee entlang nach Joachimsthal nehmen. Für Radfahrer ist der teils schmale Pfad nicht geeignet. Ihnen bleiben nur die leider verkehrsreiche Landstraße oder im Sommer die Buslinie 917, die mit Fahrradanhänger zu den Bahnhöfen Joachimsthal und Eberswalde fährt.

Uferpromenade am Werbellinsee in Altenhof

Prenzlauer Straße
Wildpark Schorfheide
Kleiner Pinnowsee
Großer Pinnowsee
Silkebu
Wärterhaus Wildfang
Tour 1
Meelake
Groß Schönebeck
Eichhorster Chaussee
Schorfheide-museum im Jagdschloss
Groß Schönebeck
Tour 2
Klandorf
Klandorf
Rosenbeck
Werbellinkanal

NSG Kienhorst/
Köllnseen/
Eichheide
N
500 m
Jagdschloss
Hubertusstock
Altenhof
Werbellinsee
Wildau
Werbellin
A11
Eichhorst
Großer
Buckowsee
A11
Üdersee

Der Werbellinsee ▸ C6

Schon Theodor Fontane war begeistert von dem wohl bekanntesten See der Schorfheide. Da sein Wasser noch immer kristallklar ist, fühlt sich auch ein chinesischer Fisch in ihm besonders wohl, die Kleine Maräne.

Der Werbellinsee ist schmal, lang und tief. Stellenweise verengt er sich auf 600 bis 700 Meter Breite, dann wieder ufert er bis zu 1 300 Meter aus. 13 Kilometer ist er lang und 54 Meter tief an seiner tiefsten Stelle. Der oberhalb liegende Grimnitzsee ist das genaue Gegenteil, flach und oval. Und doch sind die beiden Gewässer wie märkische Magneten. Sie ziehen Touristen, Naturliebhaber und Wassersportler unwiderstehlich an.

Auch gefiederte Gäste entspannen hier

Sehr zur Freude der Segler, Paddler und Motorjacht-Besitzer ist der Werbellinsee über den Werbellinkanal und den Oder-Havel-Kanal mit zahlreichen Wasserschönheiten im Norden und Westen Brandenburgs verbunden.

Das Wasser des Werbellinsees ist klar und von hoher Qualität. Aal, Blei, Hecht, Quappe, Barsch, auch Welse, fühlen sich in dem sauerstoffreichen Wasser wohl, und auch die Kleine Maräne, eine ostasiatische Lachsart, die jedes Jahr als Brut in den See gegeben wird. Vier Jahre brauchen die Zöglinge, um erwachsen zu werden. Zwanzig Zentimeter groß ist der Fisch dann. Und wiegt achtzig bis hundert Gramm. Dieser zarte Schwarmfisch lebt ganz tief in der Dunkelheit des Sees. Mit der Angel lässt er sich nicht fangen. Nur dem geübten Fischer geht die Kleine Maräne ins Netz. In den letzten Jahren waren es immerhin an die zehn Tonnen jährlich.

Die Sage von Werbellow

Laut Legende gab es einst dort, wo sich heute der Werbellinsee befindet, eine Stadt mit Namen Werbellow. Märchenhaft reich soll sie gewesen sein. Aber kein Mensch kam mehr gerne in die Stadt, da ihre Bürger überheblich geworden waren und ein hartes Herz bekommen hatten. Eines Tages verirrte sich ein Bettler nach Werbellow. Er ging von Tür zu Tür und bat um eine milde Gabe. Alles, was er erhielt, waren Fußtritte. Nur im letzten Haus am Platze fand er einen Mann, der noch Mensch geblieben war. Der gab ihm reichlich zu essen und zu trinken. Dankbar machte sich der Bettler wieder auf den

Blick auf Wildau am Werbellinsee

Weg. Der letzte gute Mensch von Werbellow aber legte sich schlafen. In der Nacht befahl ihm eine geheimnisvolle Stimme, sofort die Stadt zu verlassen. Schnell zog er sich an und verließ sein Haus. Eine Stunde war er schon gegangen, da befahl ihm dieselbe geheimnisvolle Stimme, noch einmal umzukehren. Er tat dies und sah, dass dort, wo einst die Stadt gestanden, nur noch Wasser war. Sein Gesicht spiegelte sich in einem wunderschönen, klaren See.

Schleuse & Büffel

Mehrere kleine Orte liegen am Werbellinsee. Da ist zunächst **Eichhorst,** die Schleuse am Südufer des Sees. Sie gleicht das Gefälle zwischen dem See und dem Finowkanal aus. Die paar Häuser des Ortes sind ganz auf Gäste eingestellt. Man macht gerne hier Rast, da es in der Schleuse immer etwas zu sehen gibt. Interessant ist die Entstehungsgeschichte des Ortes, der auf eine Papiermühle zurückgeht. König Friedrich I. schrieb im Februar 1709 an das Amt Liebenwalde: „Wir haben resolviert, eine Papiermühle auf holländische Art allhier anlegen zu lassen …" Bald darauf wurde sie von 40 abkommandierten Soldaten unter Leitung eines holländischen Baumeisters erbaut. 1865 brannte sie nieder. Der Versuch, eine Schneidemühle vom See speisen zu lassen, scheiterte am niedrigen Wasserstand des Werbellinsees. Ab 1761 wurde das Werbellinfließ in Stein gefasst, 1766 konnte der Kanal eingeweiht werden.

Am Platz neben der Schleuse steht ein lebensgroßer Wisent in Form einer aus Ton gebrannten Halbplastik. Das Wisent-Denkmal stammt von dem Berliner Bildhauer Max Esser (1885–1945) und stand einst am Eingang des Waldgeheges, in dem Wisente, die in Mitteleuropa lange ausgestorben waren, gezüchtet wurden. Dieses ehrgeizige Unterfangen ging auf Hermann Göring zurück, seines

Der Askanierturm in Wildau

Zeichens Reichsjägermeister. Kein Wunder also, dass ihm ein Teil der Wisent-Herde zum Abschuss zur Verfügung stand. Aber das nur nebenbei. Da auf der Rückseite des Denkmals ein Hakenkreuz war, wurde es nach dem Sieg über den Faschismus abgebaut und 1958 im Wald vergraben. 1990 holte man das Teil wieder ans Tageslicht, säuberte es ideologisch und stellte den Wisent ohne Hakenkreuz neben die Schleuse. Seither ist „der Büffel" so etwas Ähnliches wie das Wappentier von Eichhorst.

Märchenhaftes in Wildau

In **Wildau,** da, wo der Werbellin-Kanal in den See mündet, erhebt sich seit 1879 der aus Feldsteinen gemauerte Askanierturm, den Prinz Karl von Preußen, ein Bruder von Wilhelm I., hat errichten lassen. Der Turm soll an eine Burg erinnern, die hier einmal in grauer Vorzeit im Dienste der deutschen Ostexpansion gestanden haben soll. Es gibt keinerlei Belege dafür. Und doch geht ein gewisser Zauber von dem Turm aus. Das ist auch den Filmleuten aufgefallen, denn hier fanden sie genau die Szenerie, die sie brauchten, um den Märchenfilm *Rapunzel* zu drehen. Den Schlüssel, um den Turm zu besteigen, gibt es in der Tourismusinformation von Eichhorst.

Tourismusinformation Eichhorst
Neben Infos zu Unterkünften und Aktivitäten gibt es hier den Schlüssel für den Askanierturm in Wildau.
Am Werbellinkanal 13b |
Tel. (0 33 35) 33 09 34 |
Juni/Juli/Aug. tgl. 10–18,
Apr./Mai, Sep. Do–So 10–18,
Okt. Do–So 10–16 Uhr

Café Wildau
Elegantes Restaurant mit exklusivem Hotel. Komfortable, behagliche Zimmer. Das Restaurant bietet einen raffinierten Mix aus mediterranen Einflüssen und klassischer Kochkunst. Köstliche Kuchen, Eisspezialitäten und Desserts, Terrasse mit Seeblick.
Wildau 19 | Tel. (03 33 63) 5 26 30 |
www.cafe-wildau.de |
Restaurant: Mi–Sa 12–14.30 und 10–20.30, So 12–14.30 Uhr |
€€–€€€

Hinkommen

Bus: Im Sommerhalbjahr fährt an Wochenenden und Feiertagen der „Werbellinseebus" Linie 917 ab Joachimsthal bzw. ab Finowfurt alle 2 Stunden nach Eichhorst und Wildau.
Auto: Autobahn A 11, Abfahrt Finowfurt, dann via B 167 und L 220.

Hubertusstock ▸ C6

Das Jagdschloss ist das bekannteste Anwesen am Werbellinsee. Und das toleranteste. Hier traf sich Erich Honecker mit so unterschiedlichen Zeitgenossen wie Franz Josef Strauß, Herbert Wehner und Bundeskanzler Helmut Schmidt.

Nur wenige Kilometer hinter Wildau weist ein Hinweisschild auf die adlige Unterkunft in den Tiefen des Waldes hin.

Im Frühjahr 1843 ließ sich hier der preußische König **Friedrich Wilhelm IV.** eine Erdhütte herrichten, um das Wild aus der Nähe beobachten zu können. Dabei kam ihm eine Idee, wie Oberforstmeister von Pachelbel-Gehag seinem Kollegen von Zychlinski mitteilte. „S. Majestät", schrieb er, habe „jetzt den Bau eines Jagdhauses in der Schorfheide zu genehmigen geruht. Und wird dasselbe noch in diesem Jahr ausgeführt werden. Majestät haben den Bauplatz festgesetzt, wo im vorigen Jahr gefrühstückt wurde." So wurde der Ort Mittelpunkt manch jagdlichen Vergnügens.

Auch als Seine Majestät längst im niederländischen Exil weilte, ging das Vergnügen weiter. Generalfeldmarschall Paul von Hindenburg, Otto Braun, der sozialdemokratische Ministerpräsident der Preußischen Regierung, Hermann Göring – sie alle waren ebenfalls begeisterte Jäger in Hubertusstock.

Mit der Gründung der DDR wurde die Schorfheide zum Politbüro-Wald. Erich Honecker nahm sich die engere Schorfheide als Jagdrevier und ließ sich eine eigene Jagdhütte bauen. Hubertusstock überlebte als Betriebsferienheim des DDR-Innenministeriums. 1971, als der Bau morsch und gebrechlich war, wurde er abgetragen. Originalgetreu wiederaufgebaut stieg er zum Gästehaus der DDR-Regierung auf. Leonid Bresh-

Das Jagdhaus Hubertusstock hat schon viele illustre Gäste beherbergt

new und Fidel Castro betteten ihr müdes Haupt in Hubertusstock zur Nacht.

Heute ist aus dem Jagdschloss ein Hotel geworden. Während Hubertusstock nur noch zu besonderen Anlässen Gäste empfängt, verrichtet ein Hotel-Neubau in unmittelbarer Nähe die Alltags-Arbeit.

Ringhotel Schorfheide
Feines Tagungshotel auf dem Gelände des Jagdschlosses Hubertusstock. Die 80 Zimmer sind mit naturbelassenen Materialien ausgestattet. Das zugehörige Restaurant *Von Hövel* serviert gehobene saisonale Küche.
Hubertusstock 2 | 16247 Joachimsthal | Tel. (03 33 63) 5 05 | www.ringhotel-schorfheide.de | Restaurant Mo–Sa 12–14 und 18–21.30 Uhr | €€–€€€

Hinkommen

Auto: Autobahn A 11, Abfahrt Finowfurt, dann via B 167 und L 220.

Altenhof ▸ C6

1748 als Büdnerdorf am Werbellinsee angelegt, lebt Altenhof davon, nah am Wasser gebaut zu sein.

Denn dieser Umstand zieht vor allem im Sommer Großstädter an, die sich nach Wald und Wasser sehnen. Schon 1936 wurde eine Ausflugs-Buslinie von Berlin eingerichtet.

Im 13. Jahrhundert stand hier der markgräfliche Wirtschaftshof Breten. Eine Pfahlsetzung unter Wasser, etwa 25 Meter vom Ufer des Werbellin entfernt, wird ihm zugerechnet.

Altenhof hat eine Marina und eine kurze, schöne Strandpromenade. Man kann hier im See baden, in den tiefen Wäldern wandern, rund um den Werbellinsee radeln, sich ein Ruderboot mieten oder eine zünftige Dampferfahrt unternehmen. Eine große Liegewiese gibt es natürlich auch. Und sollte sich bei all dem Tun

Ein Miniatur-Leuchtturm schmückt einen Bootssteg in Altenhof

Im Restaurant Alte Fischerei kann man Fisch aus dem Werbellinsee genießen

ein gesunder Hunger einstellen, so locken mehrere Gaststätten im Ort. Aber nur eine kann man schon von Weitem erschnuppern, das ist die *Alte Fischerei*, die täglich frisch räuchert.

Zu DDR-Zeiten lag nördlich von Altenhof das Gelände der *Pionierrepublik Wilhelm Pieck*. Tausende von Kindern aus der ganzen sozialistischen Welt machten hier Urlaub und trafen sich zu internationalen Sommerlagern. Heute hat sich hier die *Europäische Jugenderholungs- und Begegnungsstätte (EJB)* etabliert, eine der schönsten und größten Kinder- und Jugendferienanlagen in Deutschland.

Alte Fischerei

Fischräucherei und Fischrestaurant mit Seeblick. Beliebtes Ausflugslokal.

Am See 3 | 16244 Altenhof | Tel. (03 33 63) 31 41 | www.altenhof-werbellinsee.de | Tgl. ab 11.30 Uhr

Boots- und Fahrradverleih Am Breten

Hier kann man Fahrräder sowie Ruder-, Motor- und Tretboote leihen.

Am See 4 | Tel. (01 70) 4 84 35 16 | Juli/Aug. tgl. 10–19 Uhr, Mai/Juni und Sep./Okt. Di–Do, Sa/So 10–18 Uhr

Schifffahrten auf dem Werbellinsee

Die beiden Schiffe der *Reederei Wiedenhöft* pendeln mit Zwischenstopps am *Café Wildau* und am *Süßen Winkel* zwischen Altenhof und Joachimsthal.

Tel. (03 33 61) 4 74 | www.werbellinsee-schorfheide.de | Apr.–Okt. mehrmals täglich | Ab 6 € / 3 €

Hinkommen

Bus: Die Buslinie 915 verkehrt alle 1–2 Stunden von Eberswalde Hbf nach Altenhof.

Auto: Über die Autobahn A 11, Abfahrt Werbellin.

Joachimsthal ▸ D5

Das kleine Joachimsthal gilt als Hauptstadt der Schorfheide. Diese Ehre hat auch etwas mit der Bequemlichkeit des letzten deutschen Kaisers zu tun.

Mitten im Forst, direkt zwischen dem Werbellinsee und dem Grimnitzsee gelegen, gründete der **Kurfürst Joachim Friedrich** einen Ort, den er 1604 zum „Stedlein" erhob und namentlich sich selbst widmete: Joachimsthal. Diese Geburt hatte unter anderem den Grund, Glas herzustellen. Hier gab es reichlich Sand, Wiesenkalk, Pottasche und Holz zur Fütterung der gefräßigen Schmelzöfen. Zwar arbeitete bereits eine Glashütte, aber sie stellte nur grünes Gebrauchsglas her. Joachim Friedrich wollte weißes.

Also begab sich der Berliner Münzmeister Heinrich von Rehnen mit kurfürstlicher Order nach Böhmen, um dort nach erfahrenen Glasmachern zu suchen. Nachdem er genug kunstfertige Handwerker angeworben hatte, machte er sich mit den neuesten Apparaturen zur Herstellung von „allerley schön, künstlich und gut Glaswerk" im Gepäck auf den Rückweg. Kaum angekommen, wurde den böhmischen Spezialisten eine Glashütte gebaut, die um 1602 mit der Fertigung von weißem Glas begann.

Bald lief die Produktion auf vollen Touren. Kurfürst Joachim erließ noch im gleichen Jahr ein Gesetz, das jegliche Einfuhr, besonders aber die von böhmischem Glas, unter Strafe stellte. Fünf Jahre später wurde die Hütte „wegen übermäßiger Verwüstung der Wildbahnen und Heyden" geschlossen. Was vom gläsernen Traum blieb, war Joachimsthal.

Ein zweiter Herzenswunsch des Kurfürsten ging besser in Erfüllung. Im Jahre 1607 gründete Friedrich Joachim in Joachimsthal ein Gymna-

Der Kaiserbahnhof in Joachimsthal wurde für Wilhelm II. errichtet

sium für 120 Adels- und Bürgerknaben, die in der Abgeschiedenheit märkischer Wälder auf ein Theologie- und Jurastudium an der Viadrina zu Frankfurt an der Oder vorbereitet werden sollten. Spitzennachwuchs für kurfürstliche Behörden.

Humanistische Gelehrsamkeit prägte den Unterricht im „Stall", wie das Gymnasium von den Schülern liebevoll genannt wurde. Dort, wo heute das Rathaus der kleinen Stadt steht, befand sich das Schulgebäude. Dahinter gab es die Lehrerhäuser, die klosterähnlichen Zellen der Schüler, die Obst- und Gemüsegärten sowie ein gemeinsames Badehaus.

Während des Dreißigjährigen Krieges wurde die Lehranstalt zerstört. Schüler und Lehrer zogen nach Berlin. Dort blieben sie bis 1928. Dann ging es in die Uckermark, nach Templin (▸ Seite 115). Dort befindet sich die Schule, ein großer, schlossähnlicher Bau, noch heute. Allerdings ist das Joachimsthalsche Gymnasium nur noch eine funktionsleere Hülle. Langsam verfällt sie.

Sehenswertes

Kaiserbahnhof

Der Kaiserbahnhof liegt an der Regionalbahn RB 63 von Eberswalde nach Joachimsthal. Der letzte deutsche Kaiser Wilhelm II. war es, der 1898 den *Kaiserpavillon* einrichten ließ, um schnell und komfortabel zu seinem geliebten Jagdschloss Hubertusstock (▸ Seite 95) zu gelangen.

Der Kaiserbahnhof wurde nach der Wende lange Jahre majestätisch restauriert. Im Inneren ist wieder das alte Tonnengewölbe des Kaisersaals zu bestaunen, der Kamin funktioniert und Langeweile kommt auch

Das BIORAMA-Projekt

nicht auf: Während der Sommerferien wird der kaiserliche Bahnhof nämlich zum ersten *Hörspielbahnhof* Deutschlands. Die Idee stammt vom emsigen Heimatverein Joachimsthal, der seit 2005 mit stetig wachsendem Erfolg den Bahnhof zu einem Kultur-Haltepunkt in der „Wildnis" machte. Neben Hörspielen für Kinder und Erwachsene stehen Lesungen und Konzerte auf dem Programm.

BIORAMA-Projekt

Nicht weit vom Kaiserbahnhof entfernt steht ein anderes Kunstprojekt: der Alte Wasserturm aus dem Jahr 1960. Seit einigen Jahren sieht er gar nicht mehr alt aus, sondern futuristisch. Eine markante Stahlgittertreppe hat sich um seinen steinernen Leib geschlungen, an dem ein zweiter Turm angedockt hat. Das Ganze, das sich *BIORAMA-Projekt* nennt, er-

Herbst in der Schorfheide

Es ist still geworden im großen Wald. Nur die Luft ist erfüllt von den Rufen ziehender Wildgänse, Flugenten und Kraniche, ab und zu röhrt ein Hirsch. Früh hängt der Nebel in den Niederungen, Tau liegt auf dem Gras und das Morgenlicht spielt mit den kunstvoll gezogenen Fäden der Spinnen. Die Sonne braucht schon Kraft, den Nebel zu vertreiben. Es ist Herbst in der Schorfheide.

Jede Baumart prunkt nun mit ihrer eigenen Laubfärbung. Birken und Zitterpappeln werden intensiv gelb, Eichen goldbraun. Der Spitzahorn wird zuerst gelbgrün, dann gelb, dann orange. Am Ende flammt er in leuchtendem Rot. Auch die Buchenwälder beginnen goldgelb und rotbraun zu werden.

Spätestens Anfang Dezember ist das farbige Spektakel vorbei. Kahl stehen die Bäume. Und die ersten Schneeflocken tanzen durch den licht gewordenen Laubwald.

innert an eine Abschussrampe für Weltraum-Raketen. Ist es aber nicht. Vielmehr steckt in dem zweiten Turm ein Lift, der es allen Besuchern, auch den nicht so beweglichen, erlaubt, von der Höhe des Wasserturms aus einen weiten Blick über die Schorfheide zu werfen. Die *Weiße Villa,* die am Fuße des Wasserturms steht, gehörte ursprünglich einem gewissen Rudolf Protz. Der kam 1879 zu Geld und architektonischem Ruhm, als er für Berlin die öffentlichen Toiletten entwerfen und aufstellen durfte.

Am Wasserturm 1 | Tel. (03 33 61) 6 49 31 | www.biorama-projekt.org | Apr.–Okt. Do–So/Fei 11–18 Uhr

Stadtzentrum

Im Stadtzentrum von Joachimsthal ist seit 2006 Kurfürst Joachim Friedrich in Form eines **Denkmals** anzutreffen. Er steht auf einem Brunnen und schaut durch ein Stück Glas in den Himmel. In seiner Nachbarschaft erhebt sich die **Kreuzkirche** mit gotischen Elementen. Ein Stadtbrand 1814 hatte den Vorgängerbau aus Fachwerk zerstört. In den Neubau schaltete sich auch Karl Friedrich Schinkel (1781–1841) ein, über dessen Schreibtisch als Mitglied der Oberbaudeputation Preußens alle Neubauten gingen. Wie es heißt, geht vor allem die Form des Giebels auf seine Anregung zurück. Die spitzbogigen Portale und die Maßwerkfenster sind in ihrer Schlichtheit beeindruckend. 1817 wurde die Kreuzkirche geweiht. Ihren Namen verdankt sie ihrem Grundriss.

Hinter dem unscheinbaren Rathaus am Markt befindet sich ein interessanter **Skulpturengarten** mit ständig wechselnden Ausstellungen verschiedener Bildhauer.

Praktische Tipps

Hinkommen

Bahn: RB 63 alle 2 Stunden von Eberswalde nach Joachimsthal oder Joachimsthal-Kaiserbahnhof (Bedarfshalt).
Auto: Autobahn A 11, Abfahrt Joachimsthal oder Chorin.

Gut zu wissen

Schorfheide-Info
Informationen zu Unterkünften und Sehenswürdigkeiten sowie Tipps für Wanderungen und Radtouren.
Töpferstraße 1 | 16247 Joachimsthal | Tel. (03 33 61) 6 46 46 | www.schorfheide.de | Apr.–Sep. Mo–Sa 10–16, Okt. Mo–Fr 10–16, Nov.–März Fr 10–16 Uhr

Gut gebettet

Fahrradpension Joachimsthal
Ruhige Zimmer, großer Garten mit Grillplatz. Fahrrad-Verleih und -Service, Gepäcktransfer, abschließbarer Fahrradraum.
Töpferstraße 4 | Tel. (01 70) 9 33 78 51 | www.fahrradpension-joachimsthal.de | €

Von Suppe bis Torte

Gaststätte & Pension Zum Kaiserbahnhof
Die Gaststätte liegt dem historischen Bahnhofsgebäude direkt gegenüber. Auf der Karte stehen deftige Speisen aus der Region, Fisch aus dem Werbellinsee, Wild aus der Schorfheide.
Bahnhof Werbellinsee 4 | Tel. (03 33 61) 7 10 27 | www.zum-kaiserbahnhof.de

Skulptur vor dem Giebel der Kreuzkirche

Aktiv & sportlich

Hörspielbahnhof
Seit 2006 werden im Kaiserbahnhof während der Sommersaison Hörspiele für Kinder (Sa/So 15 Uhr) und Erwachsene (Fr–So 18 Uhr) aufgeführt. Das Programm ist vielfältig, am Freitag ist Krimiabend. Auch Autorenlesungen finden hier gelegentlich statt.
Bahnhof Werbellinsee 2 | Tel. (03 33 61) 6 46 46 | www.hoerspielbahnhof-joachimsthal.de

Kaufen & stöbern

Lyrikhaus
Buchhandlung, Antiquariat, Lesecafé.
Glockenstraße 23 | Tel. (01 72) 7 01 71 97 | Fr/Sa 13–19 Uhr

Rund um Joachimsthal

Kraniche in Parlow, ein Taubenturm in Glambeck. Im Hugenottendorf Groß Ziethen dreht sich heute alles um die Eiszeit.

Parlow ▸ D5

Das winzige, stille Dorf ist nur über eine Straße von Joachimsthal zu erreichen. Gerade seine Abgeschiedenheit allerdings hat es zum „Kranichdorf" werden lassen. Zahlreiche Vögel brüten jedes Frühjahr in den Feldern und Feuchtwiesen rundherum. Mehr über die riesigen Vögel erfährt man im Kranich-Informationszentrum. Von einem hölzernen Beobachtungsturm östlich des Dorfes bietet sich ein weiter Blick über ein Feuchtgebiet mit Erlenbrüchen und Söllen – die Kinderstube der Kraniche.

Neben dem Aussichtsturm hält ein eisernes Friedhofskreuz die Erinnerung an das Dorf **Mellin** wach. Seine Einwohner sind nach Amerika ausgewandert. Der Ort verfiel bis auf Reste des Friedhofs und jenes rostige Kreuz. Aus Mellin stammte übrigens **Franz Neumann** (1798–1895), der in Joachimsthal zur Schule ging, in Berlin studierte und es zum Professor der Mathematik brachte. Er gilt als Begründer der mathematischen Physik und war Mitglied zahlreicher wissenschaftlicher Akademien Europas. Die Entspiegelung von Brillengläsern geht auf seine Berechnungen zurück.

Kranich-Informationszentrum

In einem schön sanierten Getreidespeicher aus dem Jahre 1860.

Hof 25b | Parlow | Tel. (03 33 61) 64 90 64 | www.kranichdorf.de | Apr.–Sep. Sa/So 12–16 Uhr sowie nach Vereinbarung

Hinkommen

Bus: Vom Bhf. Joachimsthal mehrmals täglich mit der Buslinie 921.

Auto: Am nördlichen Ortsausgang von Joachimsthal Richtung Glambeck (L 239) und gleich wieder links nach Parlow.

Glambeck ▸ D5

Der kleine Ort liegt östlich von Parlow. Sein Wahrzeichen ist ein Taubenturm, wie man ihn aus Südfrankreich kennt. Er wurde um 1880 errichtet, nachdem **Friedrich Wilhelm Graf von Redern,** Königlich Preußischer Kammerherr und Generalintendant der Königlichen Schauspiele, das Gut Glambeck erworben hatte. Ihm ist heute das Museum im Turm gewidmet. Im Dorfmuseum gleich nebenan wird die Geschichte Glambecks erzählt.

Eine wichtige Rolle spielt dabei die **Kirche,** eher das Kirchlein, das wahrscheinlich kleinste Gotteshaus Brandenburgs, errichtet 1708. Trotz ihrer geringen Größe ist sie Bethaus, Konzertsaal, Ausstellungsraum und Fahrrad-Kirche. Während der DDR-Zeit drohte mehrmals der Abriss, nach der Wende setzte sich der Förderverein *Denkmale Glambeck e. V.* das Ziel, die Kirche zu retten. Im Jahre 2000 konnte Bischof Huber das sogenannte „Kirchlein am Welsetal" erneut weihen.

2007 wurden die *Glambecker Claviermusiken* ins Leben gerufen. Gespielt wird auf einem Steinweg-Konzertflügel aus dem Jahre 1860/65. Im Sommer reichen die Plätze in der Kirche selten aus, dann lagern die Musikfreunde draußen auf der Wiese vor der Kirche und lauschen andächtig den Klängen des Klaviers. Heute finden jährlich fast 20 Konzerte statt.

Taubenturm Glambeck
Einst nur um seines schönen Anblicks willen erbaut, beherbergt er heute ein Museum.
Wolletzer Weg | Glambeck | Tel. (03 33 61) 7 15 21 | www.glambeck-schorfheide.de | Tgl. 10–18 Uhr

Glambecker Claviermusiken
Glambecker Dorfkirche | Glambeck | www.glambeck-schorfheide.de | Tel. (03 33 67) 7 02 03

Hinkommen

Bus: Vom Bhf. Joachimsthal mehrmals täglich mit der Buslinie 921.
Auto: Von Joachimsthal über L 23 und L 239.

Der Glambecker Taubenturm

Groß Ziethen ▸ D6

Die Eiszeit lässt grüßen – aus dem 2007 ins Leben gerufenen **Nationalen Geopark Eiszeitland** am Oderrand. Mit 3 500 Quadratkilometern Fläche umfasst er große Teile der Landkreise Barnim und Uckermark. Er erzählt die geologische Biografie einer Region, die vor Zehntausenden von Jahren entstand. Alle Elemente der „glazialen Serie" eines Gletscherrandes – Grundmoräne, Endmoräne, Sander und Urstromtal – sind hier erhalten. Der Werbellin-, der Grimnitzsee und viele andere sowie die zahlreichen Findlinge, Sölle und nicht zuletzt die sanften Hügel der Region – sie alle sind Zeugen der Eiszeit.

Das kleine Dorf Groß Ziethen war während des Dreißigjährigen Krieges so gut wie ausgelöscht, elf Hugenottenfamilien brachten erst wieder Leben ins Dorf. Noch heute sind die Häuser nach deutscher und französischer Bauart zu unterscheiden. Bis 1813 fand der Gottesdienst in französischer Sprache statt.

Besucher- und Informationszentrum Nationaler Geopark Eiszeitland
Informiert über den Geopark und unsere Erdgeschichte in den Räumen der historischen Dampfmühle in Groß Ziethen.
Zur Mühle 1 | 16247 Ziethen (OT Groß Ziethen) | Tel. (0 15 73) 1 35 90 23 | www.geopark-eiszeitland.de | Apr.–Okt. Mi–So 10–16 Uhr

Hinkommen

Bus: Vom Bhf. Joachimsthal mehrmals täglich mit der Buslinie 920.
Auto: Über die Autobahn A 11, Abfahrt Joachimsthal, und B 198.

Tour 3: Entdeckungen am Schulseerundweg

Natürlich ist es reiner Zufall, dass das Gewässer, um das herum wir laufen, Schulsee heißt. Aber der Rundgang erinnert tatsächlich an eine interessante, kurzweilige Schulstunde, die 8,2 Kilometer lang dauert.

Charakteristik: Leichter Rundweg, Pflaster-, Feld- und Waldwege, familienfreundlich

Start & Ziel: Bahnhof in Joachimsthal

Strecke: Rundweg um den Schulsee

Entfernung: 8 Kilometer

Dauer: ca. 3 Stunden

Einkehrtipp: Restaurant & Café *Schmalfeld* in Joachimsthal

Am Bahnhof in **Joachimsthal** (▸ Seite 98) wenden wir uns nach rechts und folgen der Bahnhofstraße, bis diese auf die Templiner Straße stößt. In diese links und dann an der Schulstraße rechts abgebogen, erreichen wir den Joachimsplatz mit dem Rathaus und der **Kreuzkirche.** Sie wurde von Karl Friedrich Schinkel im neugotischen Stil entworfen und 1817 eingeweiht. Insbesondere die kunstvoll gestalteten Giebel und das Südportal mit seinen filigranen Spitzbögen und Türmchen sind sehenswert.

Weiter geht es die Mühlenstraße entlang bis zur Kreuzung. Hier biegen wir rechts in die Schönebecker Straße ein. Vorbei an gepflegten Einfamilienhäusern erreichen wir am Ende des Ortes eine Weggabelung, an der die eigentliche Wanderung beginnt.

Wir orientieren uns nach links und laufen die kopfsteingepflasterte Obstbaumallee entlang, die links und rechts von Apfel-, Birn- und Kirschbäumen gesäumt ist. Unter den Apfelbäumen gibt es hier Sorten, die heute beinahe vergessen sind. Sie tragen klangvolle Namen wie *Wintergoldparmäne, Großer Rheinischer Bohnapfel* oder *Grüner Winterstettiner.* Die Allee wurde 1898 mit Fördergeldern der königlichen Regierung angelegt. 2010/11 wurden 90 Bäume alter Apfelsorten nachgepflanzt.

Die Obstbaumallee führt bis an die Waldkante und biegt nach rechts in einen unbefestigten Waldweg ein. Ein gelber Punkt gibt uns die Gewissheit, dass wir auf der richtigen Fährte sind.

Schon nach 300 Metern treffen wir auf die erste von elf **Informationstafeln,** die uns mit den Zeidlern bekannt macht. Die Imker, wie wir sie heute nennen, schlugen Hohlräume in die Bäume und hofften, dass Wildbienen-Schwärme dieses Wohnungsangebot nutzen würden. Mehrmals im Jahr wurden dann Honig und Wachs aus den Baumhöhlen entnommen. Stets zündete man vorher ein Feuer am Fuße des Baumes an. Der Qualm vertrieb für kurze Zeit die wilden Bienen und ermöglichte es dem Zeidler, sich gefahrlos zu bedienen.

Auch das Harzen gehörte einst zu den typischen Waldberufen. Noch heute fallen die fischgrätenartigen

Einschnitte an den Kiefern auf. Die Lachten, so nennt man diese Gräten, dienten der Harzgewinnung. Die Bäume geben bei Verletzung ihrer Rinde Harz ab, ein Gemisch von Terpentin und Kolophonium. Es dient ihnen dazu, die Wunde zu schließen.

Bis zum Jahre 1990 wurde in der DDR noch geharzt. Die Ausbeute eines Harzers betrug pro Jahr etwa 8,5 Tonnen. Er ritzte dazu ungefähr 4500 bis 5000 mindestens 80 Jahre alte Kiefern.

An den geharzten Kiefern vorbei führt der Weg bis zu einem **Rastplatz** mit herrlichem Ausblick in die abwechslungsreiche Offenlandschaft. Spätestens jetzt wird einem klar, dass der Wald eine ganz andere Rolle im Leben unserer Vorfahren spielte, als bei uns heute. Er versorgte die Bevölkerung mit Bau- und Brennmaterial. Es gab typische Gewerke wie Teerschwelereien, Köhlereien und Glashütten, die Unmengen von Holz verbrauchten. Ganze Berufszweige, heute zum größten Teil vergessen, lebten vom Wald.

Die Schautafeln berichten über Hofjagden und Wildzäune, Eichelmast und Streunutzung. In der Nähe von Tafel 7, die zur alten Steingrube führt, bemühen sich zwei Figuren sogar darum, so zu tun, als würden sie Steine schlagen. Dieses Handwerk war eine körperlich sehr anstrengende Kunst, die heute kaum noch jemand beherrscht.

Bei den Steinhauern haben wir die Hälfte des Weges absolviert. Der Rest führt aus dem Wald heraus in eine mit zahlreichen Kleingewässern versehene Acker- und Weidelandschaft. Leider ist der **Schulsee** nicht darunter. Den ganzen Rundweg über hielt er sich hinter Weidengebüsch und Erlen versteckt. Am Ende des Weges führt uns eine verwilderte Pflaumenallee zurück in die Schönebecker Straße.

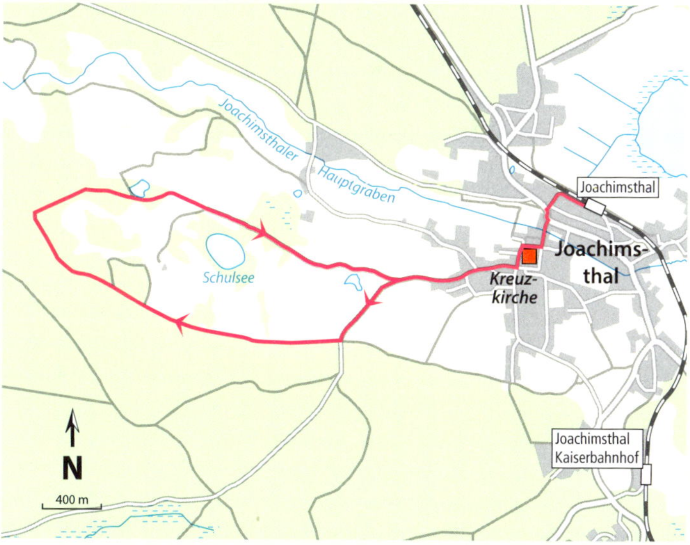

Holzschuhmacher aus Holz

Friedrichswalde ▸ C5

Friedrichswalde wurde 1748 auf Erlass Friedrichs II. als Kolonistendorf gegründet.

Die dreißig Aussiedlerfamilien aus der Pfalz und Rheinhessen waren dem König für die geschenkte neue Heimat so dankbar, dass sie ihr Dorf nach ihm benannten. Aber auch Friedrich war zufrieden, da er nun die durch den Dreißigjährigen Krieg verwaisten Ländereien in guten Händen wusste.

Die Neubürger mussten allerdings trotz allen Fleißes schnell erkennen, dass selbst die ihnen zugestandenen Privilegien nicht ausreichten, um aus der märkischen Streusandbüchse eine blühende Landschaft zu machen. Also musste ein Nebenerwerb her. Da viele der Migranten flandrische Wurzeln hatten und sich in der Kunst des Holzschuhmachens auskannten, fingen sie an, Klompen herzustellen. Holz war ja reichlich vorhanden.

Was sie nicht bedachten, war die Tatsache, dass Friedrich die Herstellung von Holzschuhen verboten hatte, um die einheimischen Schuhmacher zu schützen. Aber wie das manchmal so ist mit Gesetzen, keiner hält sich daran. Bald war jeder zweite Bewohner von Friedrichswalde mit der Herstellung von Holzschuhen befasst. 1940, während des Zweiten Weltkrieges, wurde sogar eine Fabrik im Dorf errichtet, die bis 1954 Holzschuhe in großen Mengen produzierte. Seit 2013 gehört der Namenszusatz Holzschuhmacherdorf zur offiziellen Ortsbezeichnung.

Holzschuhmacher-Schauwerkstatt des Heimatvereins „Pfälzer Erbe" e.V.
Auch heute lebt die Tradition des Holzschuhmachens noch. Zumindest in der historischen Holzschuhmacher-Schauwerkstatt. Hier kann man eine original Holzschuhmaschine aus der Zeit vor über 100 Jahren arbeiten sehen und Holzpantinen kaufen. Man muss sich allerdings rechtzeitig anmelden, sonst steht man vor verschlossener Tür.
Reiersdorferstraße 6 |
16247 Friedrichswalde |
Anmeldung unter Tel. (03 33 67) 3 71 |
www.friedrichswalde.de

Hinkommen

Bahn: RB 63 alle 2 Stunden von Eberswalde und Templin.
Auto: Von Joachimsthal über die L 23.

Kloster Chorin ★ ▸ D6

Kloster Chorin ist ein stiller, ein magischer Ort. Als hätten die Pfeiler, die Türme und Giebel aus „gebackenem roten Stein" eine Seele, so verändern Licht und Schatten das ehrwürdige Gesicht des Klosters.

Immer wieder versinken Menschen in der Bewunderung der reich verzierten Fassade des Westgiebels. Ihr Blick klettert die Wände empor, spaziert durch Gebäudefalten und setzt sich mutig auf den höchsten Punkt des Daches. 1545 verließ der letzte Mönch Chorin. Seither steht die Abtei verlassen.

Dem Zauber hat das keinen Abbruch getan. Mehr als 100 000 Menschen kommen jährlich, um die Klosteranlage am Rande der Uckermark zu bewundern. Ursprünglich sollte die Abtei, gestiftet von den Brüdern **Johann I.** und **Otto III.**, als zweites Begräbniskloster der brandenburgischen Markgrafen (nach Kloster Lehnin) auf der Halbinsel Pehlitzwerder im Parsteiner See (▸ Seite 110) ihren geweihten Platz finden. Doch dessen steigender Wasserspiegel zwang die Mönche, den Standort aufzugeben. Mit einer Urkunde vom September 1273 wurde die Verlegung des Klosters an seinen heutigen Ort unter dem Namen „Koryn" bestätigt. Nun konnte gebaut werden. Es sollte über sechzig Jahre dauern, ehe der Schlussstein gesetzt war.

Wunder in Backstein

Heute wissen wir, dass den Baumeistern ein Wunder gelungen ist. Ein Kloster von vollendeter Schönheit, schlicht und rein, wie die strengen Ordensregeln es verlangten. Nicht nur Prunksucht und Geschwätzigkeit waren bei den Zisterziensern verboten, auch Skulpturen, Bilder und far-

Kloster Chorin ist eines der schönsten Backsteinensembles Deutschlands

bige Fenster. Kein „eitel Beiwerk“ sollte vom stillen Gebet und fleißiger Arbeit ablenken.

Doch strenge Regeln sind bekanntlich dazu da, umgangen zu werden. So findet man in der Abtei doch allerlei kunstvolles Maßwerk inmitten der fast schmucklosen Architektur. Fein gearbeitete Konsolen mit plastischen Darstellungen von Blättern, Ranken, Rosetten, Tierfriese und farbige Wandbemalungen.

Segensreiches Wirken

Die Mönche haben viele Spuren in Brandenburg hinterlassen. Sie waren erfolgreiche Imker, verstanden sich auf die Kunst des Bierbrauens, legten Sümpfe trocken. Bis heute ist ihr segensreiches Tun erkennbar.

Doch schon 1500 musste das Mutterkloster Lehnin einen Mönch nach Chorin delegieren, um die kanonische Zahl von zwölf Brüdern gewährleisten zu können. Nach der Reformation zerbröckelte der Reichtum. 1542 wurde das Kloster aufgehoben, 1543 für 20000 Taler als Kammergut an den Amtmann zu Potsdam verpfändet. Zwei Jahre später verließ der letzte Abt mit den verbliebenen Mönchen Chorin in Richtung Böhmen.

Ohne Sinn standen die heiligen Hallen, bald schon wurden sie als Schweinestall und Scheune benutzt. Selbst Mauern riss man nieder, um die Steine für eigene Zwecke zu verwenden. Es dauerte nicht lange, da war das Kloster zur Ruine verkommen.

Schinkels Kunstverstand

Wahrscheinlich wäre nicht viel mehr als die Erinnerung daran übrig geblieben, hätte nicht 1817 **Karl Friedrich Schinkel** die „Merkwürdigkeit“ (sprich: Bedeutung) des Baus erkannt und seinen Verfall gestoppt. Er erkannte in dem gotischen Backsteinbau „des Landes schönsten Schmuck“. 1823 besuchte die königliche Familie Chorin. Der Kronprinz und spätere König **Friedrich Wilhelm IV.** war fasziniert von der Architektur und entsetzt über den Zustand des Klosters. Damit hatte Schinkel einen mächtigen Verbündeten an seiner Seite. Chorin war gerettet.

Heute ist das Kloster eines der wichtigsten Backsteindenkmäler Deutschlands. Umgeben von einem großzügigen Park mit uralten Bäumen, den **Peter Joseph Lenné** angelegt hat, geht ein „Zauber des Unfertigen“ von der Ruine aus. Man hat den Eindruck, als erhielte das Kloster dadurch eine weitere, eine vierte Dimension. Die der Zeitlosigkeit.

Touristeninfo Schorfheide-Chorin
Im Bahnhofsgebäude. Zimmervermittlung sowie Fahrrad- und E-Bike-Verleih.
Bahnhofstraße 2 | 16230 Chorin |
Tel. (03 33 66) 53 00 53 |
www.schorfheidechorin.info |
Apr.–Okt. Mo–Sa 10–16 Uhr

Hotel Haus Chorin
Mittelklasse-Hotel auf einer Anhöhe über dem Amtssee, gepflegte Atmosphäre. Das Spezialitäten-Restaurant *Immenstube* bietet raffinierte Gerichte mit Honig aus der hauseigenen Imkerei. Weitere Spezialität: Fleisch vom Gartzer Wasserbüffel.
Neue Klosterallee 10 |
Tel. (03 33 60) 5 00 | www.chorin.de |
Restaurant: tgl. 12–21 Uhr | €€

Hinkommen

Bahn: RE 3 stündlich von Berlin Hbf nach Chorin.
Auto: Autobahn A 11, Abfahrt Chorin.

Choriner Musiksommer
Klassik im Kloster

Seit 55 Jahren gibt es die Konzertreihe in Chorin. Sie begann 1964 mit zusammengeborgten Stühlen und Bänken sowie genau 258 Zuhörern als Betriebsfeier des Instituts für Forstwissenschaften Eberswalde.

Prof. Gunther Wolff, seinerzeit Oberassistent von Prof. Albert Richter in Eberswalde, und die Kartografin Irene Vahl organisierten damals das erste Konzert – und in der Folge noch zahlreiche weitere.

Längst hat sich der Ruf des *Choriner Musiksommers* in alle Himmelsrichtungen ausgebreitet, Orchester und Solisten aus der ganzen Welt sind erpicht darauf, in der denkmalgeschützten Wallfahrtsstätte für Musikliebhaber auftreten zu dürfen. Heute füllen 1 400 Menschen das große, halboffene Kirchenschiff. Und wer keinen Platz im Inneren findet, lagert im Freien. Die grüne, idyllische Wiese verführt dazu, mit Familie, Freunden und Picknickkorb unter freiem Himmel der Musik zu lauschen. Ob südamerikanische Tangoklänge, klassische Sinfonien, eine Kindermatinee oder ein stimmgewaltiger A-capella-Chor – der Choriner Musiksommer bietet musikalische Erlebnisse für Jung und Alt. Und es geht ohne Krawatte. Auch in kurzen Hosen kann man hier ergriffen der Musik lauschen.

Choriner Musiksommer e. V. | Eisenbahnstraße 3 | 16255 Eberswalde | Tel. (0 33 34) 81 84 72 | www.choriner-musiksommer.de

Parsteiner See ▸ E6

Vom Kleinen Rummelsberg aus hat man den besten Überblick über den Parsteiner See. Weit blickt man von oben ins Land. „... etwas Auge braucht das Herz zum Gefühl unendlicher Weite", schrieb der Schriftsteller Alfred Polgar.

Man muss schon ins Lexikon der Geowissenschaften schauen, um zu begreifen, worauf man da steht. Auf einem Hügel von „tropfenförmigem Grundriss, dessen Längsachse in der Eisbewegungsrichtung eines Gletschers" lag. Ein Drumlin – der 81 Meter hohe Kleine Rummelsberg ist so einer. Und die Sicht auf den **Parsteiner See** ist ausgezeichnet. Man kann sogar erkennen, dass sein Wasser klar und rein ist.

Seine vielen kleineren und größeren Buchten lassen vermuten, dass die letzte Eiszeit gewaltig an ihm herumgezerrt hat. Der Boden des Sees, so haben Taucher herausgefunden, fällt an einigen Stellen steil in die Tiefe. Auf seinem Grund wachsen riesige Krautfelder, alles scheint für Raubfische wie geschaffen. Darum ist der Parsteiner See bei Anglern so beliebt. Hechte von über einem Meter sind keine Seltenheit, auch Barsche, Zander und Aale gehen prächtig an die Angel.

Die Ausdehnung des „Parsteiners", so nennt die Bevölkerung den See, beträgt von Nordwest nach Südost 6,8 Kilometer, seine maximale Breite beläuft sich auf 4 Kilometer. Damit ist er der größte See im Barnim.

Der Parsteiner besteht aus mehreren Becken und großen Buchten. Im Wesentlichen gliedert er sich in ein südliches Hauptbecken und einen hufeisenförmigen Nordteil. Da man ihn nicht mit Motorbooten befahren darf und auch kein Ausflugsdampfer das klare Wasser kräuselt, sind Abgeschiedenheit und Ruhe seine hervorstechenden Eigenschaften.

Kein Wunder, das sich hier auf der Halbinsel Pehlitzwerder inmitten uralter Bäume ein Zeltplatz niedergelassen hat. Genau dort, wo einst das **Kloster St. Mariensee,** das 1273 von den Choriner Mönchen aufgegeben wurde, hätte stehen sollen. Wenige Reste sind davon sogar noch zu sehen.

Campingpark Parsteiner See
Ferienbungalows, Gaststätte, Imbiss, Mini-Markt, große Badewiese, Ruder- und Tretbootverleih.
Seestraße 1 | 16248 Parstein | Tel. (03 33 65) 3 62 | www.camping-parsteiner-see.de | Apr.–Okt.

Brodowin ▸ D6

Fein gebettet zwischen dem Parsteiner See und sechs weiteren Seen betreibt das Ökodorf Brodowin seit Jahren erfolgreich biologisch-dynamische Landwirtschaft. Hier lebt eine vielfältig engagierte Dorfgemeinschaft.

Das 400-Seelen-Dorf war schon zu DDR-Zeiten ein unangepasster Ort mit ökologisch orientierter Einwohnerschaft. Als man 1991 dann vor der Frage stand „Was tun?", gründete man den Verein *Ökodorf Brodowin* und beschloss, auch weiter gegen den Strom zu schwimmen. Und zwar kräftig. Man machte aus der LPG, der Landwirtschaftlichen Produktionsgenossenschaft, einen Demeter-Öko-Betrieb. Auch aus Eigennutz, denn die vorhandene Bodenfläche

Blick vom kleinen Rummelsberg auf den Parsteiner See

hätte traditionell bearbeitet gerade einmal drei Bauern ein Auskommen gesichert.

Zwischen den Getreidefeldern ist Platz für Ackerwildkräuter, lange Mähabstände erlauben den Feldlerchen, ihre Küken ungestört großzuziehen. Es gibt Lebensraum für Rotbauchunke, Moorfrosch und Knoblauchkröte. Und neu errichtete „Wohnhecken" für Falter, Vögel und Feldhasen.

Im Hofladen des Ökodorfes Brodowin kann man sich überzeugen, ob und wie das Konzept funktioniert. Wer den eigenen Augen und dem eigenen Geschmack nicht traut, kann sich einer Hofführung anschließen oder auch im Frühsommer das Hoffest besuchen (▸ Seite 36).

Ökodorf Brodowin
Hofführungen im Sommerhalbjahr auf Anfrage.
Weißensee 1 | 16230 Brodowin |
Tel. (03 33 62) 2 46 | www.brodowin.de

Landgasthaus „Schwarzer Adler"
Dorfgaststätte mit Tradition. Einfache, aber gute Küche. Außenterrasse.
Dorfstraße 80 | Tel. (03 33 66) 7 12 40 |
www.schwarzer-adler-brodowin.de |
Mo 11–14, Di–Do 11–20, Fr–So 11–22 Uhr

Hofladen Brodowin
Im Angebot: umfangreiches Bio-Vollsortiment, alle Brodowiner Produkte, Salami, Honig, Säfte, Öle, Gemüse nach Saison. Dazu gibt es eine kleine Landküche mit Tagesangebot, Eistheke und Terrasse.
Brodowiner Dorfstraße 89 |
Tel. (0 33 34) 8 18 13 00 |
Tgl. 9–18 Uhr

Hinkommen

Bus: Von Chorin und Eberswalde Hbf verkehrt werktags die Buslinie 912 nach Brodowin.

Auto: Über Autobahn A 11, Abfahrt Chorin, via Chorin nach Brodowin.

Oderberg ▸ E6

Das kleine Städtchen an der Alten Oder hängt an einem Berghang, der rund hundert Meter in die Tiefe stürzt. Eine für Brandenburger Verhältnisse erstaunlich gebirgige Tatsache.

An der Grenze zur Uckermark, reizvoll von Wäldern und Seen umgeben, liegt am Hang der Oder die kleine Stadt Oderberg. Die Eiszeit formte hier überraschend schroffe, über 100 Meter hohe Berge in der ansonsten flachen Landschaft. Um der Wahrheit die Ehre zu geben, nicht die Oder fließt durch Oderberg, sondern das, was von ihr nach der großen Entwässerung Mitte des 18. Jahrhunderts übrig geblieben ist: die Alte Oder.

Als die Askanier im Verlauf der zweiten Ostexpansion 1210 bis an den Fluss vorstießen, ließ Markgraf **Albrecht II.** 1214 auf dem steilen Hang eine Burg errichten, die als erstes Bollwerk gegen Pommern diente. Zur gleichen Zeit entstand im Schatten der Burg neben dem slawischen Dorf Barsdyn eine deutsche Siedlung, die 1259 erstmals urkundlich als „civitas Oderbergensis" bezeichnet wurde. Die Burg fiel 1349 feindlichen Kanonenkugeln zum Opfer. Sie wurde nicht wieder aufgebaut.

Eine neue Feste, im Volksmund „Bärenkasten" genannt, ersetzte sie auf einer Oderinsel vor der Stadt. Sie bewachte den Flussübergang und sicherte die Zolleinnahmen für den Landesherrn. Diese Festung trotzte im Dreißigjährigen Krieg 1637/39 den Schweden, allerdings brannte fast die gesamte Stadt dabei ab. 1736 wurde die Besatzung der Festung abgezogen, 1754 der Bärenkasten bis auf die heutige Ruine geschleift.

Die von vielen Menschen bewunderte Großtat Friedrichs II., der mit der Trockenlegung des Oderbruchs ohne Waffen eine neue Provinz erobert hatte, brachte Oderberg nur Probleme. Mit der Begradigung und Versandung des Flusses erlitt die Schifffahrts- und Fischereiwirtschaft ihren Untergang. Die Stadt, durch die einst die „Via regia" führte, die Handelsstraße von Frankfurt am Main über Leipzig nach Polen und Russland, war nur noch ein Schatten ihrer selbst. Erst mit dem Bau eines Sägewerkes setzte 1842 ein erster Wirtschaftsaufschwung ein. 1871 sorgte die waldreiche Umgebung für Arbeit in elf Sägewerken und 15 Schiffswerften, die in der Hauptsache Kähne herstellten.

Das Oderberger **Binnenschifffahrtsmuseum** hat viele Zeugnisse aus jener Zeit gesammelt und lädt seine Besucher ein, auf eine Schiffsreise durch die Geschichte zu gehen. Ein besonderer Anziehungspunkt des Museums ist der Seitenraddampfer *RIESA,* der 1897 vom Stapel lief und als Eildampfer der Sächsisch-Böhmischen Dampfschifffahrts-Gesellschaft die Elbe befuhr.

Wie sehr die christliche Flussschifffahrt in Oderberg verankert war, erkennt man sogar an dem schlanken, achteckigen Turm der frühgotischen **Nikolaikirche.** Auf der Kirchturmspitze zeigt ein Boot als Wetterfahne die Windrichtung an. Die Kirche, eine dreischiffige Basilika mit halbrunder Apsis und einem seitlich aufgesetzten Turm, ist ein Neubau von Friedrich August Stüler aus dem Jahre 1853–55. Der Turm bestimmt die Silhouette der Stadt und wirkt in der Fernsicht wie ein bewusst in die

Das Städtchen Oderberg liegt an einem schroffen Steilhang

Oderlandschaft gestelltes Ausrufezeichen. Die Innenausstattung der Kirche ist von hoher künstlerischer Qualität. Interessant sind die Bleiglas-Fenster. Mit ihrer Netzstruktur schaffen sie eine Verbindung zur Fischerei.

Neben der Nikolaikirche führt eine steile Treppe hinauf auf den **Albrechtsberg.** Hier sind nur noch wenige Spuren der mittelalterlichen Burg des Markgrafen Albrecht II. zu erahnen. Aber man hat einen schönen Blick über die Stadt. Bei gutem Wetter kann man sogar ins Nachbarland Polen schauen.

Binnenschifffahrtsmuseum
Zahlreiche Exponate erzählen die Geschichte der Stadt. Den Mittelpunkt der Darstellungen nimmt die Schifffahrt im Oderraum ein.
Herrmann-Seidel-Straße 44 | Tel. (03 33 69) 53 93 21 | www.bs-museum-oderberg.de | Apr.–Okt. tgl. 10–17, Nov.–März tgl. 10–15 Uhr

Tourismusinformation Oderberg
Im Binnenschifffahrtsmuseum, Info über kulturelle und touristische Angebote.
Herrmann-Seidel-Straße 44 | 16248 Oderberg | Apr.–Okt. tgl. 10–17, Nov.–März tgl. 10–15 Uhr

Kanu Verleih Oderberg
Verleih von Kajaks und Kanadiern, geführte Kanutouren entlang der Alten Oder und dem Finowkanal oder durch das Oderbruch.
Herrmann-Seidel-Straße 62a | Tel. (01 74) 5 31 54 52 | www.kanu-oderberg.de

Hinkommen

Bus: Von Eberswalde Hbf verkehrt die Buslinie 916 mehrmals täglich nach Oderberg.
Auto: Mit dem Auto über die Autobahn A 11, Abfahrt Finowfurt, dann via Eberswalde nach Oderberg.

Naturpark Uckermärkische Seen

Templin – Im Schutz der alten Mauern ▸ C4

Templin ist die ungekrönte Schönheit der Uckermark. Die vom Wasser verwöhnte Stadt hat ein historisches Zentrum, das jeden Menschen ohne Zauberstab ins Mittelalter zu versetzen vermag.

2020 wurde Templin 750 Jahre alt und kann auf eine bewegte Geschichte zurückblicken. 1270 taucht der Name „Templyn" erstmals in einer Urkunde auf, doch Experten sind sich einig, dass die Stadt schon vorher existierte. Durch Seen, Sümpfe und Urwälder geschützt, lag die Stadt am Schnittpunkt strategisch wichtiger Handelsstraßen. Bereits 1314 begann man mit dem Bau massiver Festungsanlagen in Richtung Pommern und Mecklenburg.

Zu den zahlreichen Privilegien der Stadt gehörten die oberste Gerichtsbarkeit und das Münzrecht. Ein einträgliches Geschäft, da die Münzen nur ein Jahr Gültigkeit hatten, dann umgetauscht werden mussten. Für 20 alte Münzen gab es 15 neue. Templin war eine wohlhabende Stadt.

Eine, die man schützen sollte, dachte sich **Markgraf Waldemar** (1281–1319) und gab eine sechs bis sieben Meter hohe Wehrmauer aus Feldsteinen in Auftrag, die sich wachsam um die Stadt legen und den Feinden Paroli bieten sollte. Die Mauer war noch lange nicht fertig, als Waldemar 1319 starb. Mit seinem Tod starb die Linie der askanischen Markgrafen aus. An der Mauer wurde noch hundert Jahre weitergebaut. Sie steht bis heute.

Wirren, Kriege, Katastrophen

Die Mark geriet in die Wirren eines Nachfolgestreites, doch gelang es den Templiner Ratsherren, sich von den Pommernherzögen die alten Privilegien bestätigen zu lassen. Vielleicht deshalb blieb die begüterte Stadt im Mittelalter Streitobjekt. Mit den Machtkämpfen gingen Hunger, Seuchen und Gräueltaten einher. Der Dreißigjährige Krieg erreichte Templin 1627. Am Ende waren von 413 Familien gerade mal noch dreißig übrig.

Kaum war die Stadt wieder mit Leben gefüllt, brach die nächste Katastrophe über sie herein: 1735 brannte sie innerhalb von vier Stunden fast völlig nieder. Alle 271 Bürgerhäuser, mehr als 70 mit Getreide gefüllte Scheunen, alle öffentlichen Gebäude, die Mühlen, die Tortürme, der hölzerne Wehrgang – alles wurde ein Opfer der Flammen. Nur die Stadtmauer, die Sankt-Georgen-Kapelle, ein kleines Haus am Prenzlauer Tor und die gemauerten Keller der Häuser überlebten das Inferno.

Begradigter Wiederaufbau

Es glich einem Wunder, aber in aller Schnelle wurde Templin wieder aufgebaut. Regelmäßig wie eine Kolonialstadt, mit einem Grundriss aus sechzig rechten Winkeln. Er ist noch heute erkennbar. Die Straßen wurden verbreitert und begradigt, die einheitlichen Fachwerkhäuser zu Zeilen zusammengefasst und mit Ziegeldächern versehen. Schon 1740 zählte man 306 aufgebaute Häuser und 113 Scheunen. Die neu erbau-

◂ *Im Naturpark Uckermärkische Seen bei Fürstenwerder*

Das Templiner Rathaus thront auf dem weitläufigen Marktplatz

te Maria-Magdalenen-Kirche konnte bereits 1749, das Rathaus 1751 eingeweiht werden. Für den Wiederaufbau der Stadt hatten König Friedrich Wilhelm I. und sein Sohn Friedrich II. umfangreiche Mittel bereitgestellt. Hilfe kam auch von außen. So spendete Hamburg, durch den Holzhandel mit Templin verbunden, 611 Taler und 23 Silbergroschen.

Das Haus Am Markt 4 ist ein ehemaliges Ackerbürgergehöft mit Wohnhaus und Tordurchfahrt, das die typische Architektur der Templiner Marktrand-Bebauung nach dem Stadtbrand von 1735 dokumentiert.

Beamten- & Bildungsstadt

Nach den Befreiungskriegen wurde Templin Kreisstadt und Verwaltungszentrum. Beamte, Handwerker und Ackerbürger bildeten das Gros der Bevölkerung. Leider fuhr die Eisenbahn von Berlin nach Stettin in weitem Bogen um Templin herum. Erst 1888 erhielt die Stadt einen Bahnhof, 1900 kam mit „Templin-Vorstadt" ein zweiter hinzu. Der Ausbau des Eisenbahn- und Straßennetzes fördert einen neuen Wirtschaftszweig, den Fremdenverkehr. Templin wird als Urlaubsort entdeckt.

Anfang des 20. Jahrhunderts entwickelte sich die Beamtenstadt Templin zu einem wichtigen Bildungsstandort in der Uckermark. 1906 entstand die Forstschule, die heutige Waldschule, 1910 die Bürgerschule am Eichwerder, 1911 die städtische Gymnasial- und Mädchenschule. Als dann noch das traditionsreiche Joachimsthalsche Gymnasium von Berlin nach Templin übersiedelte, war man glücklich.

Leider setzten Weltwirtschaftskrise und Zweiter Weltkrieg dieser positiven Entwicklung ein Ende. Durch einen Bombenangriff am 6. März 1944 um 13.32 Uhr wurden 60 Prozent der Innenstadt zerstört. Es waren so viele Tote zu beklagen, dass der Waldfriedhof neu angelegt werden musste.

Industrie & Tourismus

Nach dem Ende des Zweiten Weltkrieges begann der Wiederaufbau. Er dauerte viel länger als der nach dem großen Stadtbrand 1735, dafür wurde endlich auch Industrie angesiedelt. Neben der traditionellen Land- und Forstwirtschaft nahm 1975 das neu erbaute Bekleidungswerk seine Produktion auf. Es folgten das Möbelwerk, die Binnenfischerei, das Traber-Gestüt. Erst 1980 widmete man sich wieder dem Stadtgesicht. In Anlehnung an den historischen Grundriss wurden noch vorhandene Kriegslücken beseitigt. Außerdem wurde der Ruf Templins als Ferienort durch den Bau des größten FDGB-Ferienheims der DDR am **Lübbesee** gestärkt. Die Bettenburg hatte rund 700 Zimmer und konnte 1 700 Gäste verkraften. 1985 wurden die Bemühungen der Stadt mit dem Titel „Staatlich anerkannter Erholungsort“ gewürdigt. Mit dem Bau der *NaturThermeTemplin* im Jahre 2000 hat sich Templin als zertifiziertes Thermalsolebad etabliert.

Sehenswertes

Stadtbefestigungsanlagen ★

Den Rundgang durch das historische Templin beginnt man am besten immer an der Wand entlang. Und zwar an der vollstänig erhaltenen 1 735 Meter langen **Stadtmauer** aus Feldsteinen, die aus einem mörtellosen, akkurat geschichteten Fundament sechs bis sieben Meter in die Höhe wächst. Interessant ist, mit wie viel Sorgfalt geschichtet wurde. Eine Reihe von größeren Findlingen wurde mit kleineren Steinen aufgefüllt, um Stabilität zu erreichen. Unterbrochen wurde die Mauer von drei Stadttoren und 54 Wiekhäusern, von denen noch fünfzig stehen. Darunter versteht man eine feldseitige Ausbuchtung der Mauer. Der Abstand zwischen den einzelnen Ausbuchtungen beträgt 25 bis 30 Meter. Die Schießscharten in den oberen Etagen sind so konstruiert, dass sowohl das freie Feld als auch das Gelände am Mauerfuß beschossen werden konnte. Es gab keinen toten Winkel.

Zwei Wiekhäuser sind zu Rundtürmen hochgemauert: Im Pulverturm lagerte früher das Schießpulver, der Eulenturm diente als Stadtgefängnis.

Die drei Stadttore – Berliner Tor, Mühlentor und Prenzlauer Tor – entstanden in ihrer heutigen Form in der ersten Hälfte des 14. Jahrhunderts. Das **Mühlentor** ist das kleinste und älteste. Es entlässt die Bürger in Richtung Lychen. Es trägt einen zweigeschossigen Backsteinturm, spitzbogige Maßwerkblenden und einen Wehrgang an der Feldseite. Ein Ornamentenfries wurde nach dem Vorbild der Klosterkirche zu Chorin gestaltet und schmückt den Bau zur Stadtseite.

Im **Berliner Tor** zeigt die *Arbeitsgemeinschaft Altes Handwerk* Ausstellungen, lädt zu Schau-Vorführungen und Workshops ein. Das **Prenzlauer Tor** wiederum ist Sitz des **Museums für Stadtgeschichte,** welches das Leben in der Stadt und im Land rund um Templin dokumentiert.

Tel. (0 39 87) 2 00 05 26 | www.museum-templin.de | Tgl. außer Mo, im Winter verkürzte Öffnungszeiten

Rathaus

Der barocke Bau wurde von 1746 bis 1751 nach dem großen Stadtbrand 1735 mit einem Walmdach und mittigem Dachtürmchen wieder aufgebaut. Der preußische Adler auf der Spitze des Turms überdauerte unverändert auch die DDR.

Sankt-Georgen-Kapelle

Die kleine gotische Backsteinkapelle aus dem 14. Jahrhundert wurde niemals völlig zerstört. Das Spitzbogenportal mit Giebel, die Maßwerkfenster, die spitzbogigen Maßwerkblenden, die Fialen an den Dachschrägen, alles ist noch im Original vorhanden. Im Inneren gibt es einen spätgotischen Schnitzaltar (16. Jahrhundert) und prächtig geschnitzt den Heiligen Georg zu Pferde.

Berliner Straße 3–5 | Tel. (0 39 87) 71 42

St.-Maria-Magdalenen-Kirche

Die barocke Stadtkirche steht auf den Fundamenten ihrer 1735 abgebrannten Vorgängerin von 1492 und damit auf dem ursprünglichen Begräbnisplatz der Stadt. König Friedrich II. setzte sich sehr für den Wiederaufbau ein. Innen eine dreischiffige Umgangshalle mit flacher Holzdecke auf quadratischen weißen Pfeilern, zeigt sich die Kirche von außen als barocker Putzbau. Die Südseite ist wie eine große Portalnische gestaltet. Der Turm erhielt einen mehrgeschossigen Aufbau mit kupferbeschlagener Laterne und Haube. 1994 wurde eine neue Orgel mit 38 Registern eingebaut. Das ganze Jahr über finden Konzerte in einer herrlichen Akustik statt.

Martin-Luther-Straße 24 |
Tel. (0 39 87) 71 42 |
Apr.–Okt. Mo–Sa 10–16.30 Uhr |
Informationen zum Konzertprogramm unter www.kantorei-templin.de

Altstadtpassagen

Zwischen Ernst-Thälmann- und Pestalozzistraße hat sich die Stadt eine kleine Bummelmeile gegönnt. Nach der Sanierung 2010/11 sind hier Wohnungen, ein Café und Ladengeschäfte entstanden. Die alten Grenzen der Innenhöfe sind noch erkennbar, die typischen Toreinfahrten, ehemalige Stallungen und Werkstätten. Man sitzt gerne hier, trinkt seinen Kaffee oder ein Glas Wein und schaut der Erde zu, wie sie sich dreht.

Fachwerkhäuser und die Stadtmauer prägen das Stadtbild Templins

Praktische Tipps

Hinkommen

Bahn: RB 12 stündlich von Berlin-Ostkreuz nach Templin.
Auto: Aus Richtung Berlin und Prenzlau über die B 109.

Gut zu wissen

Tourist-Information
Im historischen Rathaus.
Am Markt 19 | 17268 Templin | Tel. (0 39 87) 26 31 | www.templin.de | Mai–Sep. tgl., Okt.–Apr. Mo–Fr 9–17 Uhr

Gut gebettet

Ahorn Seehotel Templin
Wer hier bucht, wohnt in einem der größten Fassadenkunstwerke Europas. 2015/16 zauberte der international bekannte Künstler Michael Fischer-Art hier aus einer tristen Sichtbetonfassade ein bemaltes Fassadengesicht. Hoteleigenes Kino, Biergarten, Strandbar, umfangreiches Sport- und Freizeitangebot.
Am Lübbesee 1 | Tel. (0 39 87) 49 00 | www.ahorn-hotels.de | €

Ferienpark Templin
Zweigeschossige Neubausiedlung aus 52 Ferienhäusern oder -apartments direkt neben der Therme, alle mit Balkon oder Terrasse. Restaurant und Fahrradverleih.
Am Kurpark 1 | Tel. (0 39 87) 40 16 10 | www.ferienpark-templin.de | €€

Von Suppe bis Torte

Gourmet Flammerie Templino
In den Altstadtpassagen. Angenehmes Interieur, im Sommer kann man gut im Freien sitzen. Riesenauswahl an Flammkuchen, durch die Bank weg schmackhaft.
Pestalozzistraße 21 | Tel. (0 39 87) 2 35 95 16 | www.templino.com | März–Okt. Di–Sa 11–22, So 11–18 Uhr, Nov.–Feb. Mi–Sa 11.30–21 Uhr

Gaststätte Grünling
Rustikales, gemütliches Lokal in der Templiner Altstadt. Einfache, aber gute und frische Speisen.
Pestalozzistraße 20 | Tel. (0 39 87) 5 40 50 | www.gaststätte-grünling-templin.de | Mo–Fr 10.30–23, Sa 11–24, So 11–21.30 Uhr

Aktiv & sportlich

NaturThermeTemplin
Das salzhaltige Thermalwasser wird aus 1 650 Metern Tiefe in die Becken gepumpt. Dazu gibt es Whirlpools, Riesenrutsche, Wellenbecken, verschiedene Saunen und einen Wellness-Bereich vom Feinsten.
Dargersdorfer Straße 121 | Tel. (0 39 87) 20 12 00 | www.naturthermetemplin.de | Tgl. 9–21 Uhr | Ab 10 € / 4,50 €

Aufs Wasser

Reederei Ziem
Rundfahrten vom Stadthafen aus über Templiner, Bruch-, Gleuen-, Fähr- und Zaarsee.
Abfahrt vom Anleger Eichwerder | Seestraße | Tel. (0 39 87) 20 27 18 | www.dampfer-templin.de | Apr.–Okt. tgl. 10.30, 13 und 15.30 Uhr

Fahrgastschifffahrt Herbon
Rundfahrten auf dem Röddelinsee mit der *Uckerperle*.
Abfahrt vom Anleger Am Kanalwall (Nähe Mühlentor) | Tel. (0 39 87) 33 84 | www.uckerperle.de | Apr.–Okt. tgl. 11, 13.30 und 15.45 Uhr

Wildwest in der Uckermark
Freizeitpark für Revolverhelden

Seit 2006 kann man in Hammelspring nahe Templin den Wilden Westen live als Spaß für die ganze Familie erleben. Brachte man dem artistischen Klamauk anfangs noch Skepsis entgegen, so ist heute klar, dass aus der Idee ein großer Erfolg geworden ist.

Ein Überfall am hellichten Tag. Bewaffnete Reiter preschen durch die Mainstreet, werfen Dynamit in die Nationalbank und stürmen in das Geldinstitut. Eine riesige Explosion erschüttert das Gebäude, eine wilde Schießerei beginnt. Ein Gangster sinkt zu Boden, die Banditen werfen sich auf ihre Pferde und sprengen davon. Zurück bleibt die zerstörte Bank. Und mehrere Tote.

Beifall brandet auf, die Toten erheben und verbeugen sich. Die Show, die täglich in der Goldgräberstadt *El Dorado* über die Bühne geht, ist vorüber.

Das Konzept beruht auf einer Mischung aus Augenspaß, Fantasie und aktiver Mithilfe. Es gibt wirklich viel zu sehen: Indianer vollführen kultische Tänze, die Postkutsche wird überfallen, in der Missionskirche werden Westernfans getraut. Es kann auch passieren, dass sich im Saloon, wo man gerade sein Bier trinkt, zwei Männer in die Wolle kriegen und den verdutzten Gästen eine handfeste Schlägerei vorführen. Passend dazu liegt über allem der Klang von verschlissener Countrymusik. Ein äußerst vergnügliches Abenteuer!

Westernstadt El Dorado | Am Röddelinsee 1 | 17268 Templin | Tel. (0 39 87) 2 08 40 | www.eldorado-templin.de | Apr.–Okt. Sa/So/Fei und in den Ferien 10–18 Uhr | 14 € / 12 € / Kinder unter 1,20 Meter frei

Rund um Templin

Ein paar Kilometer westlich von Templin finden sich zwei echte Schmuckstücke: das malerische Dorf Annenwalde und die bezaubernde blaue Kirche von Alt Placht

Annenwalde ▸ B4

An einem kurzen Stück Straße zwischen Densow und Beutel, ganz in der Nähe von Templin, liegt eines der schönsten Dörfer der Uckermark.

1754 wurde Annenwalde vom mecklenburgischen Amtsrat und Glasmacher Johann Friedrich Zimmermann gegründet, der eine „Porcellaine-Fabrique" nebst grüner Glashütte in unberührter Natur anlegen wollte. Huldvoll genehmigte Friedrich II. mit Schreiben von 1753 diesen untertänigsten Wunsch. „Wie nun dieses angelegte Dorf fertig war", so lesen wir im Kirchenbuch, „bekam es zu Ehren seiner Miterbauerin, der Frau Amtsrätin Anna Margaretha Zimmermann, geborene Erbachin, und weil es im Walde angelegt war, den Namen Annenwalde."

Lange Jahrhunderte war Annenwalde ein reines Glasmacherdorf. 1865 dann, als sich die zerbrechliche Kunst nicht mehr rentierte, wurde die Glashütte stillgelegt. Die Zeit der Schiffer begann. Um 1900 zählte man elf Schiffseigner und mindestens doppelt so viele Bootsleute, die ihr täglich Brot damit verdienten, Holz und Ziegel auf der Havel nach Berlin zu schippern. Der letzte Flusskapitän gab erst 1955 seinen Beruf auf. Während mit ihm die Schifferei in Annenwalde endgültig unterging, begann die Tradition der Glasmacher erneut zu leben. Leider ist diese Tatsache schon wieder Vergangenheit. Die Glashütte schloss 2020. Damit steht auch das Schicksal des nördlichsten Weinbergs in Brandenburg in den Sternen. Selbst die Zukunft des Verlorenen Gutsparks, in dem der Künstler Werner Kothe einen Teil seiner Glasarbeiten zeigt, ist ungewiss. Aber so ist das Leben, alles ist in Bewegung.

Unberührt davon nimmt Annenwalde die Veränderungen zur Kenntnis. Das Dorf ruht in sich selbst. In der Stille und Beschaulichkeit des Ortes liegt ein besonderer Reiz. Er wird umso größer, je mehr man die Tatsache genießt, dass trotz aller Idylle ein reges Dorfleben herrscht. Schlafmützigkeit hat hier nichts zu suchen, in dem kleinen Dorf ist immer etwas los. Dafür sorgt schon eine Reihe von interessanten Menschen, die es aus den großen Städten in die Stille zog.

Ein Komponist ist darunter, eine Grafikerin, ein Schweizer Atomphysiker, ein Holzbildhauer, ein Restaurator und der wunderbare Maler Peter Westphal, der schon 1992 die Hauptstadt verließ und aufs Land zog. Es gibt in Annenwalde eine gute Dorfgaststätte, riesige Pilzwälder, den Densow-See, die alte Schinkelkirche, ein stolzes Pferdegestüt, 13 verschieden gestaltete Sonnenuhren, einen Hofladen, ein Gutshaus, eine Dorfkatze, die auf einem Auge blind ist, und ein Rätsel.

Warum nur hat er Annenwalde verlassen, der Elbebiber? Jahrelang musste das Dorf mit seinen nächtlichen Heldentaten leben, mit präzise gefällten Bäumen, gestauten Bachläufen, abgenagter Baumrinde, über-

Brandenburgs nördlichster Weinberg

fluteten Seeufern. Mit einem riesigen Knüppeldamm hatten die tierischen Landschaftsarchitekten das Niveau des Densowsees um fast einen Meter gehoben. Es glich einem Wunder, dass der Biber, der um 1900 schon ausgerottet schien, sich wieder erholt hatte. Heute leben mehr als 2000 Exemplare in Brandenburg. Nur in Annenwalde lebt keiner mehr. Eines Nachts hat er den Densowsee und das Dorf ganz unbemerkt und ohne Grund verlassen.

Restaurant Kleine Schorfheide
Romantischer Landgasthof. Feine Speisen der Saison mit raffinierten Zutaten, uckermärkische Spezialitäten, alles leicht, frisch und delikat.
Annenwalde 13 | 17268 Templin (OT Densow) | Tel. (0 39 87) 5 40 74 | www.kleineschorfheide-annenwalde.de | Mi–Sa 11.30–21, So 11.30–16 Uhr

Pferdehof Annenwalde
Reiten lernen – Hofladen – Ferienwohnungen – Wanderritte
Annenwalde 27 | 17268 Templin (OT Densow) | Tel. (0 15 20) 3 80 35 50 | www.pferdehof-annenwalde.de

Hinkommen

Bus: Von Templin ZOB mehrmals täglich mit der Buslinie 517.
Auto: Über die L 23.

Alt Placht ▸ B4

Alt Placht ist ein winziger Ort mit einem noch winzigeren Kirchlein. Doch gerade dieses ist eine ganz besondere Schönheit.

Acht Kilometer von Templin entfernt, zwischen den Dörfern Annenwalde und Gandenitz, steht inmitten des Waldes das **Kirchlein im Grünen,** umgeben von 500 Jahre alten Linden. Man steht vor den Riesen und ist starr vor Ehrfurcht. Ganz allmählich dämmert es einem, dass die Linden zu einer Zeit gepflanzt wurden, da Kolumbus gerade Amerika entdeckte.

Die kleine Gutskapelle wurde um 1700 erbaut. Wir wissen nicht allzu viel über sie. Nur, dass sich die Gemarkung ab 1608 in wechselndem Lehnsbesitz befand. 1758 vernichtete ein Großfeuer das ganze Dorf. Nur die kleine Kirche überstand das Inferno. 1773 wurde das Gut in Alt Placht und Neu Placht geteilt. 1899 kaufte dann der preußische Staat das Anwesen auf, Alt Placht wurde Sitz einer Oberförsterei, bald wuchsen Kiefern auf den einstigen Weide- und Ackerflächen.

Um 1970 herum schien es, als hätte dem Kirchlein die letzte Stunde geschlagen. Verwahrlost und verwüstet stand die Kirche unter den Linden. Alles von Wert war geraubt, selbst die alten Kastenschlösser und schmiedeeisernen Türbeschläge hatte jemand mitgehen lassen. Die Bronzeglocke von 1721 war schon vorher nach Berlin verkauft worden. Ein Gutachten des kirchlichen Bauamtes empfahl, „den Schandfleck baldmöglichst zu beseitigen". Dafür jedoch fehlte Geld. 1989 drohte die Kirche endgültig einzufallen. Aber nicht sie fiel, sondern die Berliner Mauer. Und ein Wunder geschah.

Es fanden sich Menschen aus Ost und West, die den besonderen Reiz dieses Fachwerkbaus erkannten und einen Förderverein zur Rettung des Kleinods gründeten. Maßgeblich beteiligt daran war Pfarrer Horst Kasner, der Vater der Bundeskanzlerin Angela Merkel. 1993 konnte mit der Restaurierung begonnen werden. 1994 zum Erntedankfest war es dann soweit, in der kleinen Kirche wurde wieder Gottesdienst gefeiert.

Kirchlein im Grünen ★

In der winzigen, ganzjährig geöffneten Kirche finden Gottesdienste, Lesungen und Konzerte statt.

17268 Templin (OT Alt Placht) | Anmeldung zu Führungen unter: Tel. (03 98 88) 5 20 63 | www.kirchlein-im-grünen.de | Ganzjährig geöffnet

Hinkommen

Bus: Von Templin mit der Buslinie 517 bis Densow und 3 km zu Fuß, oder mit dem Fahrrad (▸ Tour 4, Seite 124).
Auto: Über die L 23.

Das Kirchlein im Grünen schmiegt sich unter 500 Jahre alte Lindenbäume

Tour 4: Uckermärkische Seen

Eine besonders schöne Radtour durch die uckermärkische Seenlandschaft führt von Templin aus über den sehr gut ausgebauten Radweg „Tour Brandenburg" in die Flößerstadt Lychen und nach Fürstenberg.

Karte: ▸ Seite 127

Charakteristik: Radtour mit wenigen Steigungen über gut ausgebaute Radwege und wenig befahrene Straßen

Start: Bahnhof Templin Stadt

Ziel: Bahnhof Fürstenberg

Strecke: Templin – Alt Placht – Lychen – Fürstenberg

Entfernung: 35 Kilometer

Dauer: ca. 3 Stunden

Einkehrtipp: *Mühlenwirtschaft & Kaffeemühle* in Lychen (▸ Seite 132)

Vom Bahnhof **Templin Stadt** fährt man mitten durch die Altstadt (▸ Seite 117) bis zum Mühlentor. Stadtauswärts geht es ein kleines Stück entlang der Lychener Straße. Bald zeigt das Radtour-Symbol, ein roter Adler, nach links. Durch ein Wohngebiet gelangen wir auf eine von Obstbäumen gesäumte Fahrradstraße.

Nach ca. 7 Kilometern erreicht man das Dorf **Gandenitz.** Mitten auf dem denkmalgeschützten Anger steht die Feldsteinkirche Peter und Paul aus dem 13. Jahrhundert, drum herum einige Fachwerkhäuser.

Weiter führt uns der rote Adler in das 3 Kilometer entfernte **Alt Placht** (▸ Seite 122). Am Rand des winzigen Ortes, 200 Meter abseits von unserem Radweg, steht hier zwischen Linden das **Kirchlein im Grünen.** Um 1700 wurde es von Hugenotten im nordfranzösischen Fachwerkstil erbaut. Mit den leuchtend hellen Lehmwänden und blauen Holzbalken passt diese Bauweise ganz hervorragend in die grüne Uckermark.

Gleich nach Alt Placht führt der Radweg entlang des Moränenwanderwegs. Am Platkow- und Zenssee vorbei sind es weitere 6 Kilometer bis Lychen. Am Ende des Waldes liegt das ehemalige Kurviertel von **Lychen** (▸ Seite 131). Breite Straßen führen vorbei an Gebäuden im Fachwerkbäderstil. 1902 wurde hier eine große Lungenheilanstalt eröffnet und Kurgäste bevölkerten das Städtchen. Der Zweite Weltkrieg setzte dem Betrieb der „Volksheilanstalt" jedoch ein Ende. Nach 1945 wurde Hohenlychen als Militärhospital von den sowjetischen Streitkräften genutzt. Mit Abzug der Russen verfiel das Ensemble aus Villen und einzelnen Gebäuden. 2009 kaufte ein Dresdener Architekt das Gelände am Zenssee, die Parkresidenz „Kaiserin Auguste Victoria" entstand. Inzwischen sind rund 40 Prozent der denkmalgeschützten Gebäude saniert.

Vom Kurviertel geht es den Berg hinunter in die **Altstadt.** Dabei hat man einen herrlichen Blick auf Seen und Stadt. Unten angekommen empfiehlt sich eine Rast an der Seepromenade am Oberpfuhl.

Lychen ist wie eine Insel von sieben unterschiedlich großen Seen umgeben. Die vielen Gewässer und Wälder der Umgebung und die schiffbare Verbindung zur Havel machten es zur Flößerstadt. Noch bis 1968 wurden hier Flöße als Transportmittel für Holz eingesetzt. Über die Arbeit auf dem Wasser informiert das Flößereimuseum. Wer lieber praktische Erfahrungen macht und keine Angst vor nassen Füßen hat, kann sich auch selbst aufs Floß begeben.

Die Altstadt selbst liegt etwas oberhalb der Seen und wirkt wie eine kleinere Ausgabe von Templin. Teile der Stadtmauer sind erhalten, auch wenn die drei historischen Tortürme nicht mehr stehen. Das barocke Rathaus von 1747 befindet sich wie in Templin in der Mitte des lindengesäumten Marktplatzes. Dahinter steht eine imposante Feldsteinkirche mit einem mächtigen Turm: **St. Johannes** wurde in der zweiten Hälfte des 13. Jahrhunderts als Wehrkirche aus massiven Granitblöcken gebaut und widerstand allen Brandkatastrophen.

Weiter geht es Richtung Himmelpfort, zunächst entlang der Hauptstraße. Bald hinter den letzten Häusern von Lychen unterquert der gekennzeichnete Radweg die Landstraße und führt kurz darauf in einen hügeligen Mischwald. Parallel zur Draisinenstrecke verläuft er weiter bis zum Moderfitzsee, der bald linker Hand durchs Geäst schimmert.

An der nächsten Gabelung folgt der Wegweiser nach **Himmelpfort** (▸ Seite 132). Durch das äußere Dorf führt die Straße zum Klosterbezirk. In einer Parkanlage am Haussee stehen die Überreste des **Klosters.** Es wurde 1299 von Zisterzienser-Mönchen als Ableger des Klosters Lehnin gegründet. Von der einst prächtigen Anlage sind heute nur noch romantische Ruinen erhalten.

Bereits Ende des 19. Jahrhunderts entwickelte sich der Fremdenverkehr, begünstigt durch den Bau der Preußischen Nordbahn. Im Jahr 1925 wurde Himmelpfort zum Luftkurort ernannt,

Der Große Lychensee ist einer von sieben Seen rund um die Flößerstadt Lychen

Sankt Johannes in Lychen ist eine mächtige mittelalterliche Wehrkirche

2002 zum staatlich anerkannten Erholungsort. Das kleine Dorf mit dem besonderen Namen beansprucht auch, der Sitz des Weihnachtsmannes zu sein. Deshalb gibt es ein **Weihnachtspostamt,** das die Briefe von Kindern aus aller Welt beantwortet.

Zur Schleusenbrücke hin steht die Ruine des stattlichen, zweigeschossigen **Brauhauses** mit seinem auffälligen Blendengiebel. Gegenüber liegt der **Klosterkräutergarten.** An der Klosterstraße sind einige Gaststätten in die Backsteingebäude eingezogen.

Weiter geht es Richtung Fürstenberg: Wir fahren zurück bis zur Kreuzung außerhalb des Klosterbezirks, wo wir links abbiegen und bald das Dorf verlassen. Auf dem Rad- und Fußweg erinnern Infotafeln an das Konzentrationslager im Fürstenberger Ortsteil Ravensbrück. Es war das größte Frauen-KZ Deutschlands. Heute befindet sich auf dem Gelände die **Mahn- und Gedenkstätte Ravensbrück** sowie eine Jugendherberge. Vorbei an Ravensbrück erreicht man bald das Zentrum von **Fürstenberg an der Havel.**

Die Kleinstadt, die schon im Landkreis Oberhavel liegt, ist wie Lychen und Templin stark vom Wasser geprägt. Gleich drei Seen umringen den Stadtkern, durch den auch die Havel führt. Vorbei am derzeit ungenutzten **Schloss** gelangt man entlang der Bundesstraße zum Marktplatz im Zentrum der **Altstadt.** Hier steht die eindrucksvolle neobyzantinische **Stadtkirche.** Rund um den Platz bestimmen kleine Gassen das Bild.

Von Marktplatz gelangt man über die Pfarrstraße zur Bahnhofstraße, die zum Bahnhof Fürstenberg führt. Wer von hier zurück nach Templin möchte, muss über Berlin fahren.

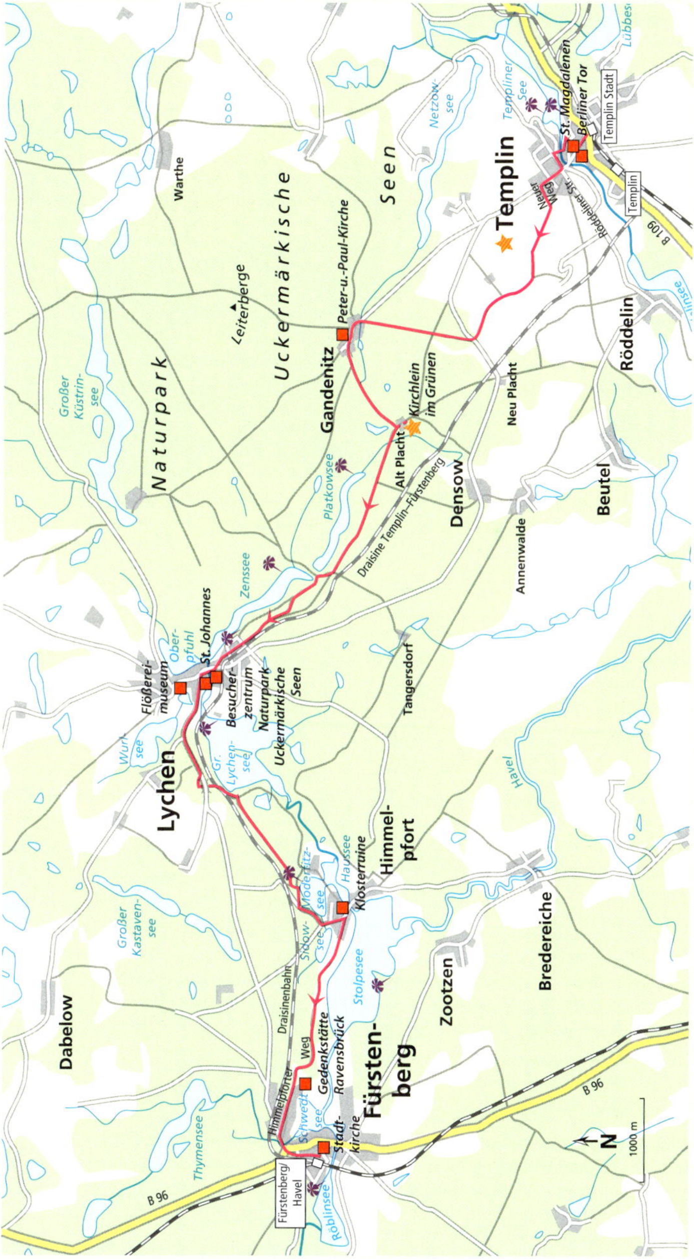
Templin
St. Magdalenen
Berliner Tor
Templin Stadt
Templiner See
Netzowsee
Neuer Weg
Röddeliner Str.
B 109
Röddelin
Uckermärkische Seen
Naturpark
Warthe
Leiterberge
Peter-u.-Paul-Kirche
Gandenitz
Kirchlein im Grünen
Alt Placht
Neu Placht
Densow
Beutel
Annenwalde
Draisine Templin–Fürstenberg
Platkowsee
Großer Küstrinsee
Zenssee
St. Johannes
Oberpfuhl
Flößereimuseum
Besucherzentrum Naturpark Uckermärkische Seen
Tangersdorf
Wurlsee
Lychen
Gr. Lychensee
Havel
Himmelpfort
Haussee
Klosterruine
Moderfitzsee
Sidowsee
Stolpsee
Großer Kastavensee
Bredereiche
Zootzen
Dabelow
Draisinenbahn
Gedenkstätte Ravensbrück
Weg
Fürstenberg
Himmelpforter
Schwedtsee
Stadtkirche
Thymensee
Fürstenberg/Havel
Röblinsee
B 96
N
1000 m

Lychen mit seiner wehrhaften St.-Johannes-Kirche ist ganz von Wasser umgeben

Lychen ▸ B4

Würde man mit einem riesigen Zirkel einen Kreis im Radius von fünf Kilometern um Lychen schlagen und alle Seen zählen, man käme auf die stattliche Zahl von vierzig. Tümpel und kleine Teiche nicht mitgerechnet.

In Lychen führen alle Wege ans Wasser. Der Erholungsort ruht auf einer Landzunge zwischen dem Nesselpfuhl, Oberpfuhlsee und dem Stadtsee. Als wäre damit nicht schon genug Feuchtigkeit in der Luft, umgeben auch noch der Wurl-, Zens- sowie der Große Lychensee die Stadt. Doch genau das macht den Reiz aus. „Lychen ist ein schöner Ort", dichtete denn auch der Humorist Otto Reutter (1870–1931), „liegt zwischen Fegefeuer und Himmelpfort." Fegefeuer gibt es wirklich, das Wort gebrauchte der Dichter nicht nur des Reims wegen. Der Ortsteil von Lychen liegt am Küstriner Bach. Genau dort, wo die Mönche des nahen Klosters Himmelpfort (▸ Seite 132) einst ihre Strafarbeiten verrichten mussten.

Fremdbestimmte Stadt

Im Gegensatz zu vielen Städten der Region, die nur in etwa wissen, wann sie gegründet wurden, kann Lychen mit exakten Fakten aufwarten. Am 23. Januar 1248 erblickte die Stadt auf Geheiß des askanischen Markgrafen Johann I. in der „terra Lychen" das Licht der noch slawisch geprägten Welt. Schon bald nach der Gründung wurden die Siedler angehalten, ihre Stadt durch Mauern, Türme und Tore zu schützen. Da Lychen auf einer Halbinsel liegt, ließ der Ort sich nicht erweitern. Und auch die Böden waren mager. Keine guten Voraussetzungen für eine gedeihliche wirtschaftliche Entwicklung. Hinzu kam die Tatsache, dass die Mönche des

1299 gegründeten Klosters Himmelpfort den Lychenern die Fischereirechte auf den vielen Seen streitig machten. Als im Verlauf der Reformation das Kloster aufgelöst wurde, weinten die Lychener den Zisterziensern keine Träne nach. Hans von Arnim erhielt 1542 das Kloster als Pfand von Kurfürst Joachim II., 1551 übernahm der kurfürstliche Rat Adam Trotte die Anlage. Und – o Schreck – alle Rechte und Besitztümer. Wieder einmal hatten die Lychener das Nachsehen.

Flößerei in Lychen

Am Ende des Dreißigjährigen Kriegs standen von ehemals 244 Häusern gerade noch 17. Die Stadt brauchte lange, um sich zu erholen. Erst als das 19. Jahrhundert anbrach, ging es aufwärts. Ein Haupterwerbszweig war und blieb aber die **Flößerei**. Lychen genoss die besten Bedingungen, Wälder im Überfluss und ein Netz miteinander verbundener Gewässer.

Was die Gäste der Stadt heute als vergnüglichen Touristenspaß erleben, war Anfang des 20. Jahrhunderts noch körperliche Schwerstarbeit. Und eine höchst gefährliche dazu. Mit Seilwinden wurden die Stämme ins Wasser gerollt, nebeneinander bugsiert und mit quer darüber genagelten Brettern verbunden. Das Ganze nannte man „Tafel“. Da die Männer nach der Anzahl der transportierten Tafeln bezahlt wurden, hängten sie in der Regel mehrere Einheiten hintereinander. Es gehört nicht viel Fantasie dazu, sich vorzustellen, wie viel Mut, Geschick und Kraft nötig war, einen solchen Holzverbund durch die Flüsse und Seen zu steuern.

Die Fahrt von der Oberen Havel nach Berlin-Spandau dauerte auch später, mit dem Einsatz von Dampf-

Ein Windstoß verändert die Welt

Zu den vielen nützlichen Dingen, die von Brandenburg aus ihren Weg in die weite Welt fanden, zählt in aller Bescheidenheit die Reißzwecke – erfunden von Johann Kirsten, einem Uhrmacher aus Lychen. Den ganzen Tag saß er in seiner Werkstatt in der Fürstenberger Straße Nr. 13 und füllte die Uhren mit Stunden, Minuten und Sekunden. Noch lieber aber dachte er sich Dinge aus, die die Welt noch nicht gesehen. Überall in der Werkstatt lagen Zeichnungen mit seinen Ideen herum.

Aber jedes Mal, wenn ein Kunde die Werkstatt betrat, griff sich der Wind die Zettel und blies sie zum Fenster heraus. Und der Uhrmacher rannte den Papieren hinterher. Bis Kirsten es eines Tages satt hatte. Und die so genannte „Pinne“ austüftelte. Die Reißzwecke war geboren.

Leider brachte die Weltidee unserem Uhrmacher kein Glück. All seine Versuche, die Erfindung zu vermarkten, scheiterten kläglich. Anfangs stellte er einige Tütchen Pinnen am Tag her, 1903 dann zwang ihn schnöde Geldnot zur Aufgabe. Er verkaufte für wenige Mark seine Rechte an Otto Lindstedt, der das Produkt patentieren ließ und Millionär wurde. Johann Kirsten dagegen blieb, was er immer war: ein kluger Tüftler und armer Schlucker.

maschinen, in der Regel noch sechs Tage. Nach Hamburg brauchte man drei Wochen. Geschlafen wurde in einem kleinen Zelt auf dem Floß, vor Nässe schützten hüfthohe Spezialstiefel, in die wasserdichte Schweinsblasen eingenäht waren. Unter die Sohlen schnallten sich die Männer Eisenkrampen, um Halt auf den glitschigen Stämmen zu finden. Arbeitsunfälle waren an der Tagesordnung. Ende der 1960er-Jahre ging das stolze Flößer-Handwerk unter. Heute wird jedes Jahr am ersten Wochenende im August der Mythos dieses Floß- und schweißtreibenden Berufs mit einem großen Fest gepflegt.

Das Kapitel Tourismus begann 1891 mit dem Bau der Chaussee zwischen Lychen und Templin. Sieben Jahre später hielt dann sogar die Eisenbahn im Lychener Seenkreuz, eine EInladung für unternehmungslustige Berliner. Langsam mauserte sich die Stadt zu einem lebendigen Erholungs- und Luftkurort – und das ist sie heute noch.

Sehenswertes

Rathaus

Das Rathaus am Markt ist bereits das dritte Gebäude an gleicher Stelle. Das erste Rathaus (1637) von Lychen, ein Holzbau, ging 1747 in Flammen auf. 1748 wurde ein neuer städtischer Regierungssitz Stein auf Stein gemauert. Der repräsentative barocke Putzbau versank gegen Ende des Zweiten Weltkrieges – wie sechzig Prozent der Lychener Innenstadt – in Schutt und Asche. Der Wiederaufbau 1957 fiel nach historischem Vorbild, aber schlicht aus, auf den Turm des Vorgängerbaus verzichtete man. Hübsch anzusehen ist es dennoch.

St.-Johannes-Kirche

Hinter dem Rathaus thront auf dem Stadthügel die St.-Johannes-Kirche, mit deren Bau 1250 begonnen wurde. Sie zählt zu den ältesten Gebäuden der Stadt und ist noch weitgehend im Originalzustand erhalten. Baumaterial ist Feldstein, damit ist der „Heilige Johannes" ein typischer Uckermärker. Sein Turm allerdings, der ihm im 15. Jahrhundert aufgesetzt wurde, ist schon aus gebrannten Ziegelsteinen. Mit einer Wandstärke von bis zu zwei Metern wurde die größte Feldsteinkirche der Uckermark als Wehrkirche errichtet. Im Inneren überrascht eine feine Ausstattung mit geschnitztem Altar (um 1698), handgetriebenen Messingkronleuchtern, einer Orgel aus dem Jahre 1768 und einer umlaufenden Holzempore aus dem 17. Jahrhundert.

Vogelgesangstraße 25 |
Tel. (03 98 88) 47 96 46 |
Mai–Sep. Mo–Sa 10–16 Uhr

Malerwinkel

Von der Kirche ist es nur ein kurzer Weg zur Kurpromenade am Oberpfuhl. Hier liegt mit dem Malerwinkel ein herrlich verträumtes Plätzchen, von dem aus man einen weiten Blick über den fischreichen See hat. Die Anlage zeugt vom Wirken des einstigen städtischen Verschönerungsvereins, der vor über hundert Jahren alles tat, um den Gästen ein „angenehmes Wandeln im Schatten von Linden und Ulmen" zu ermöglichen.

Flößereimuseum

Das Museum präsentiert anschaulich die Vergangenheit Lychens als Zentrum der Holzflößerei.

Clara-Zetkin-Straße 1 | Tel. (03 98 88) 49 99 73 | www.floesserverein-lychen.de | Juni–Okt. Di–So 10–18 Uhr

Volksheilstätten Hohenlychen

Mit dem Beginn des 20. Jahrhunderts entdeckte die Stadt die wirtschaftlichen Möglichkeiten, die sich aus ihrer einzigartigen Lage zwischen Wald und Wasser ergaben. Dieser günstige klimatische Umstand führte 1902 zur Errichtung von „Volksheilstätten" im Stadtteil Hohenlychen.

Daraus wurde ein in ganz Deutschland bekanntes, renommiertes Gesundheitszentrum für Lungenkrankheiten. Getragen vom Volksheilstättenverein des Roten Kreuzes übernahm Professor Gotthold Pannwitz (1861–1926) die Leitung der Heilstätten Hohenlychen am Zenssee. Dies wurde sein Lebenswerk.

Der einstige Militärarzt widmete sich mit ganzer Kraft dem Kampf gegen die Volkskrankheit Tuberkulose. Zunächst ließ er eine Heilstätte für erkrankte Kinder armer Familien errichten, dann kamen eine Badeanstalt (1907), ein Sanatorium für weibliche Lungenkranke und eines für knochen- und gelenktuberkulöse Kinder hinzu. Nach und nach entstand eine richtige Gesundheitsstadt in historisierendem Landhausstil, die sich auch um die chirurgische Tuberkulosebehandlung verdient machte.

In der Zeit des Nationalsozialismus begann ein dunkles Kapitel für die Heilstätten: Ab 1935 missbrauchten der SS-Arzt Karl Gebhardt und andere Mediziner die Einrichtung für grausame medizinische Versuche an Kindern und Frauen aus dem nahen Konzentrationslager Ravensbrück.

Nach Ende des Krieges wurde der Komplex von den Streitkräften der Sowjetischen Armee als Lazarett benutzt. Danach stand Hohenlychen lange ungenutzt und verfiel. Seit zehn Jahren wird der Komplex edel restauriert.

Heute dienen Flöße in Lychen nur noch dem Vergnügen

Praktische Tipps

Hinkommen

Bus: Linie 517 alle 2 Stunden von Fürstenberg/Havel oder Templin. **Auto:** Aus Richtung Fürstenberg und Prenzlau über die L 15, von Templin über die L 23.

Gut zu wissen

Tourist-Information
Informationen zu Unterkünften und Aktivitäten.
Am Markt 12 | 17279 Lychen | Tel. (03 98 88) 22 55 | www.tourismus-lychen.de | Mai–Sep. Mo–Fr 9–18, Sa/So 10–13 Uhr, Okt.–Apr. Mo–Fr 9–12 und 13–17 Uhr

Gut gebettet

Seehotel Lindenhof
Ruhiges Hotel auf einer bewaldeten Halbinsel am Ufer des Wurlsees. Die gemütlichen Zimmer sind eigentlich Apartments mit getrenntem Wohn- und Schlafzimmer. Teils mit Küchenzeile und/oder Seeblick. Das Restaurant bietet feine kreative Speisen.
Lindenhof 1 | Tel. (03 98 88) 6 43 10 | www.seehotel-lindenhof.de | Restaurant Mai–Sep. tgl. ab 12, Okt.–Apr. Di–Fr ab 17, Sa/So/Fei ab 12 Uhr | €€

mein.lychen
Sehr originelles B&B mit dem Charme eines kleinen, feinen Boutique-Hotels. Reichhaltiges Frühstück. Keine Fernseher auf den Zimmern, dafür Bibliothek, Sauna und ein großes Grundstück direkt am Wasser.
Berliner Straße 43 | Tel. (03 98 88) 52 21 88 | www.meinlychen.de | €€

Von Suppe bis Torte

Mühlenwirtschaft und Kaffeemühle
Speiselokal und Café in der denkmalgeschützten ehemaligen Getreidemühle am Mühlenbach. Immer frisch zubereitet mit regionalen Produkten, besondere Biersorten, leckere Torten und Kuchen, alles selbst gebacken.
Stabenstraße 2 | Tel. (03 98 88) 52 48 76 | www.muehlen-mahlzeit.de | Restaurant Mi–Fr 17–21, Sa/So 13–21 Uhr, Café Mi–So 14–18 Uhr

Gasthof am Stadttor
Gute deutsche Küche, im Hofgarten sitzt man an großen Holztischen. Samstags Livemusik.
Stargarder Straße 16 | Tel. (03 98 88) 4 31 16 | www.gasthof-am-stadttor.de | Mo/Do/Fr ab 16, Sa/So ab 12 Uhr

Aufs Wasser

Treibholz
Floßfahrten und Kanuverleih.
Oberpfuhlstraße 3a | Tel. (03 98 88) 4 33 77 | www.treibholz.com | Apr.–Okt.

Himmelpfort ▸ A4

Auf einer schmalen Landzunge zwischen dem Sydow-, Moderfitz-, Haus- und Stolpsee, knapp westlich der Uckermark im Landkreis Oberhavel, liegt „ceoli porta", das Dörfchen Himmelpfort. Seinen schönen Namen erhielt es von den Mönchen des dortigen Zisterzienserklosters.

Wie die Legende es will, soll ein Mönch angesichts der paradiesischen Landschaft ausgerufen haben

„Das ist die Pforte zum Himmel". Die Abtei, 1299 von Markgraf Albrecht III. gestiftet, lag in einem Gebiet, das oft Zankapfel zwischen Mecklenburg und Brandenburg war. Erst 1442 kam der Landstrich endgültig in Brandenburger Besitz. 1541 wurde Himmelpfort im Zuge der Reformation säkularisiert. Kurfürst Joachim II. verpfändete die Ländereien von beachtlicher Größe an den kurfürstlichen Rat Adam von Trotte. Aus der ehemaligen Abtei wurde ein Gutshof.

Nur wenige Mauern sind vom mittelalterlichen Kloster geblieben. Lediglich die **Klosterkirche,** ein dreischiffiges Gotteshaus aus teils unverputztem Backstein, steht unversehrt. In ihm finden Gottesdienste und Konzerte statt.

Himmelpfort, das kleine, reizende Dorf, hat seit uralten Zeiten die besten Beziehungen zum Himmel und zum Weihnachtsmann. Wenn der auf Erden zu tun hat, nimmt er stets in Himmelpfort Quartier. Hier befindet sich auch seine Wünsche-Annahmestelle für kleine Erdenbürger, die Weihnachtspostfiliale.

Geht man nach der Anzahl der eingehenden Wunschzettel, so ist Himmelpfort das größte Weihnachtspostamt seiner Art in Deutschland. Jährlich treffen dort rund 300 000 Briefe ein, die von zwanzig Helferinnen und Helfern des Weihnachtsmannes bis zum Fest beantwortet werden.

Die Wunschzettel sollten in jedem Jahr bis zum dritten Advent in Himmelpfort sein, damit der sehr beschäftigte Weihnachtsmann den Kindern noch vor dem Fest antworten kann. Auf keinen Fall sollte der Absender auf dem Umschlag vergessen werden. Nur so erreicht der Antwortbrief auch die Kinder.

Weihnachtspostfiliale Himmelpfort
Das Weihnachtspostamt beantwortet im Namen des Weihnachtsmannes Kinderbriefe und Wunschzettel aus aller Welt.
Klosterstraße 23 | Postanschrift: An den Weihnachtsmann, Weihnachtspostfiliale, 16798 Himmelpfort | www.weihnachtsmann-in-himmelpfort.de | Ab Mitte Nov. bis 24.12. Mo–Fr 9.30–17, Sa/So 11–16, Heiligabend 9–11 Uhr

Hinkommen

Bus: Von Fürstenberg/Havel oder Templin mehrmals täglich mit den Buslinien 517 oder 839.
Auto: Von Lychen oder Fürstenberg über die L 15.

Romantische Ruinen des einstigen Klosters

Angermünde & Umgebung

Angermünde – Skulpturen am Mündesee ▸ E5

Ein Bäckermeister und ein Juwelier haben Angermünde im Zweiten Weltkrieg vor der Zerstörung bewahrt. Sie gingen der sowjetischen Armee entgegen und übergaben die Stadt kampflos.

Angermünde wurde um das Jahr 1233 offiziell gegründet. Allerdings existierte an derselben Stelle schon Jahre zuvor eine Burg, die die Grenze zu Pommern absicherte und den regen Warenverkehr am Kreuzungspunkt alter Heeres- und Handelswege überwachte. In ihrem Schatten siedelten Bauern, Handwerker und Kaufleute, ein lebendiger Marktflecken wuchs heran, der sich zur Stadt entwickelte. Auf einem fast quadratisch angelegten Grundriss entstanden breite Straßen und schmale Gassen, in denen sich schlichte, strohgedeckte Häuser und Katen duckten. Der höchste Punkt der Altstadt schien wie geschaffen, um hier die Stadtkirche St. Marien zu errichten.

Ketzerei & Verrat

Ab 1250 ließ sich in Angermünde der Bettelorden der Franziskaner nieder. Die Mönche errichteten 1299 einen umfassenden Klosterbezirk, von dem heute nur noch die Klosterkirche erhalten ist. Die asymmetrische zweischiffige Hallenkirche hat kein Gewölbe mehr. Es drohte bereits in der ersten Hälfte des 19. Jahrhunderts einzustürzen und musste abgetragen werden. Die Eichenbalken der ungewöhnlichen Dachkonstruktion stammen aus dem Jahr 1445.

Bemerkenswert ist auch der Lettner, eine halbhohe verzierte Mauer aus Backstein, die das Langhaus quer teilt. Überraschend frisch zeigen sich die Malereien in der Sakristei aus dem 15. Jahrhundert. Die Klosterkirche, weitgehend saniert, ist heute ein städtisches Kulturzentrum.

In die Geschichte der Stadt eingegangen sind die Franziskanermönche aber nicht durch ihre Tugenden, sondern durch die Intoleranz der Glaubensgemeinschaft der Waldenser gegenüber, deren Mitglieder aus Frankreich und Süddeutschland stammten und in Brandenburg Schutz gefunden hatten. Die Abweichler von der römisch-katholischen Lehre lebten im Konflikt mit dem Papst. Aus einer zeitgenössischen Chronik wissen wir, dass ausgerechnet ein Franziskanermönch die Waldenser bei der Inquisition anzeigte. Die Härte des Tribunals 1336 übertraf alles bislang Dagewesene. 14 Waldenser wurden auf dem Marktplatz bei lebendigem Leibe verbrannt. Die Stadt geriet durch diese Prozesse (ein zweiter fand 1458 statt) so sehr in Verruf, dass sie bis ins 17. Jahrhundert hinein „Ketzer-Angermünde" hieß. Selbst das in Angermünde gebraute Bier trug den Namen „Ketzer-Bier".

Der Zerstörung entgangen

Wenn man heute durch Angermünde geht, erlebt man ein hübsches, ländliches Städtchen mit Parkanlagen, blühenden Gärten, viel Straßengrün und dem Mündesee, der das

◂ *Marktplatz und Rathaus von Angermünde*

Bild der Stadt aufs Schönste abrundet. Es geht beschaulich und friedlich zu in Angermünde. Das passt gut zu der Tatsache, dass die kleine Ackerbürgergemeinde die einzige Stadt der Uckermark ist, die den Zweiten Weltkrieg unbeschadet überstanden hat. Dieses Wunder verdankt sie einem Bäckermeister und einem Juwelier, die mit Mut im Herzen und Angst in der Hose den Truppen der Sowjetischen Armee entgegenliefen und ihre Stadt kampflos übergaben. So kamen die ein- und zweigeschossigen Fachwerkhäuser mit dem Schrecken davon. Auch die folgende Mangelwirtschaft der DDR überstanden sie. Farblos zwar, aber immerhin: Weder Bagger noch Abrissbirne kamen zum Einsatz. Heute zeigt sich Angermünde hell und farbenfroh.

Sehenswertes

Ratswaage

In dem kleinen Fachwerkhaus aus dem 18. Jahrhundert wurde einst das Handelsgut ausgeladen, begutachtet, gewogen, verzollt und versteuert. In der Ratswaage wurden auch die neuen Maße und Gewichte aufbewahrt, die Friedrich Wilhelm I. 1714 einführen ließ.

Rathaus

Von der Ratswaage sind es nur wenige Schritte zum Rathaus. Das barocke Gebäude steht mit seinem klassizistischen Gesicht frei auf dem Marktplatz. Errichtet wurde es 1698/99 unter Einbeziehung seines Vorgängers von 1560. Seine heutige Fassade erhielt der schlichte Putzbau mit Dachturm 1828. Kurz nach der Wende wurde der Amtssitz aufwendig restauriert. Seither steht auch der Pranger-Esel wieder rechts davor. 1713 ließ der Magistrat ihn aufstellen, um Betrüger und Fälscher bloßzustellen. Sie mussten sich auf den hölzernen Esel setzen und Spott und Häme der Vorbeigehenden einen Tag lang ertragen. Das schöne Rathaus wird gesäumt von ebenso liebevoll restaurierten Fachwerkhäusern.

Viehmarkt

Der freie Platz hinter dem Rathaus diente in der Vergangenheit als Viehmarkt. Dort soll der echte Berliner Pferdehändler Michael Kohlhaas die beiden Rosse gekauft haben, von denen später behauptet wurde, sie seien gestohlen worden. Dem Dichter Heinrich von Kleist gab der Vorfall die Grundidee zu seiner Novelle *Michael Kohlhaas* aus dem Jahre 1810.

1850 wurde auf dem Gelände auch das königliche Amtsgericht samt Untersuchungsgefängnis erbaut (heute Sitz der Polizei). Bekanntester Häftling war der damals noch unbekannte Wilhelm Voigt, der spätere „Hauptmann von Köpenick“. Er wurde auf der Post des Scheckbetrugs überführt und festgenommen.

Scharfrichterhaus

Hinter dem Gericht verläuft in logischer Konsequenz die Scharfrichtergasse mit dem Scharfrichterhaus, dem vermutlich ältesten Haus der Stadt. Daneben erhebt sich die Martinskirche. In ihr trafen sich die Altlutheraner zum Gebet. Diese Glaubensrichtung widersetzte sich der „von oben“ verfügten Vereinigung von lutherischer und reformierter Kirche.

St.-Marien-Kirche

Beinahe schroff strebt ihr 53 Meter hoher Kirchturm in der Kirchgasse dem Himmel entgegen. Das Got-

Die St.-Marien-Kirche schmücken ein Kreuzrippengewölbe und eine Barockorgel

teshaus, zwischen 1230 und 1250 aus fachmännisch behauenen eiszeitlichen Granitquadern erbaut, wurde im 15. Jahrhundert in Backstein erweitert. Im Inneren der dreischiffigen gotischen Hallenkirche mit Sterngewölbe gibt es eine wirkliche Rarität zu bewundern: das Bronzetaufbecken aus dem späten 14. Jahrhundert, verziert mit biblischen Figuren und Schriftbändern.

Legendenumwoben ist eine eisenbeschlagene, aus einem Baum geschnitzte Truhe (13. Jahrhundert), die in einem Grabgewölbe eingemauert war und nun in der Kirche steht. Angeblich befand sich in ihr ein Silberschatz, mit dem im Jahr 1278 Markgraf Otto IV. aus der Gefangenschaft freigekauft wurde. Noch heute steht an der Nordseite der Kirche die Linde, die Johann I. pflanzen ließ, um das Versteck des Schatzes von außen zu kennzeichnen.

Markt

Vor dem Rathaus breitet sich fantasievoll der Marktplatz aus, gestaltet von Christian Uhlig. Das Kunstwerk besteht aus sechs Objekten, im Zentrum ein Kahn, der mit seinem Wasserspiel an die vielen Seen um Angermünde erinnert. Es gibt eine Frau und einen Mann mit Helm, die fast beiläufig auf dem Markt herumstehen, irgendwo liegt eine Katze und zählt die erlegten Mäuse, an der nordöstlichen Ecke hat ein Handwerker seine Werkzeugkiste vergessen. Alles ist aus Bronze, alles trägt verborgene, witzige Details, und alles hat mit der wechselvollen Geschichte der Stadt zu tun.

Pulverturm

Natürlich hatte auch Angermünde eine Stadtmauer. Neben einem Pulverturm und 38 Wiekhäusern gehörten zur Wehranlage auch prächtige Tortürme an den Ausfallstraßen. 500 Jahre lang schmückten sie die Silhouet-

Findlingskunst an der Uferpromenade

te der Stadt. Zwischen 1827 und 1846 wurden sie allerdings abgerissen. Auch von der Stadtmauer existieren nur noch Reste. Einzig der 21 Meter hohe Pulverturm, der die Südseite bewachte, hat überlebt. Auf seinem Pyramidenhelm nisten mit schöner Regelmäßigkeit seit 1850 die Störche.

Heilig-Geist-Kapelle

In Sichtweite des Pulverturms war sie einst Teil eines Hospitals, das um 1330 erbaut wurde. Die Gebäude der Heilstätte wurden bereits im Dreißigjährigen Krieg zerstört, nur die gotische Kapelle überstand alle Wirren. Ihr Fachwerktürmchen bekam sie erst 1699 bis 1701 aufs Haupt gesetzt. Kurfürst Friedrich III., der spätere Preußenkönig Friedrich I., übertrug die Gebetsstätte 1698 den nach dem Edikt von Potsdam eingewanderten Hugenotten als Kirche. Bis heute wird sie von der französisch-reformierten Gemeinde genutzt.

via Tipp Uferpromenade am Mündesee

Die Berliner Straße, an der die Heilig-Geist-Kapelle steht, führt zur Uferpromenade am Mündesee. Hier trifft der Spaziergänger auf Skulpturen aus bearbeiteten Steinblöcken. Sie sind das Ergebnis von bislang neun Bildhauer-Symposien, die vom Bildhauer Joachim Karbe aus Altkünkendorf initiiert wurden. Material sind ortsfremde Findlinge, die während der letzten Eiszeit aus Skandinavien in die Uckermark gelangten. 28 Kunstwerke sind bisher entstanden. Aufgestellt entlang der Mündeseepromenade und an vielen Orten der Altstadt sind sie für die Angermünder längst zu guten, manchmal rätselhaften Bekannten geworden.

Museum Angermünde im Haus Uckermark

Im Sommer 2020 öffnete das Haus Uckermark seine Türen. Es residiert am Marktplatz in einem der ältesten Fachwerkhäuser der Stadt (1694). Der schöne Bau wurde in den letzten Jahren restauriert, umgebaut, heute sind die Tourismus-Information und das Museum Angermünde mit seiner reichen Sammlung zu regionaler Geschichte und Archäologie hier zu Hause. Eine Abteilung des Museums ist Ehm Welk (1884–1966) gewidmet. Der Dichter der *Heiden von Kummerow* und Ehrenbürger von Angermünde, ist weit über die Grenzen der Uckermark hinaus bekannt. In seinen Büchern hat Welk vielfältige autobiografische Erlebnisse aus seiner Kindheit und Jugend im nahen Dörfchen Biesenbrow verarbeitet.

Praktische Tipps

Hinkommen

Bahn: RE 3 stündlich ab Berlin Hbf nach Angermünde.
Auto: Autobahn A 11, Ausfahrt Joachimsthal, dann über die B 198.

Gut zu wissen

Tourist-Information
Informationen zu Museen und Veranstaltungen sowie Vermittlung von Unterkünften und Stadtführungen.
Tourismusverein Angermünde e. V. | Hoher Steinweg 17/18 | 16278 Angermünde | Tel. (0 33 31) 29 76 60 | www.angermuende-tourismus.de | Apr.–Okt. tgl., Nov.–März Mo–Fr 9–16 Uhr

Gut gebettet

Hotel am Seetor
Haus aus dem 18. Jahrhundert, bestens restauriert, Zimmer mit gutbürgerlichem Komfort.
Jägerstraße 25 | Tel. (0 33 31) 2 65 60 | www.hotelamseetor.de | €€

Hotel & Restaurant Grambauers Kalit
Mitten im Zentrum, wenige Zimmer, stilsicher möbliert. Im Restaurant Fleisch- und Pastagerichte, Aufläufe. Die „Kalit" war ein kleiner Korb aus Span, in dem man Speis und Trank für den harten Arbeitstag transportierte.
Hoher Steinweg 25 | Tel. (0 33 31) 25 25 35 | www.grambauers-kalit.de | Restaurant tgl. außer Mo | €€

Von Suppe bis Torte

Restaurant Zum Hungerstein
Gemütliches Lokal, benannt nach einem Findling im Mündesee. Traditionelle Küche, Speisekarte in uckermärkischem Platt.
Jägerstraße 15 | Tel. (0 33 31) 2 65 60 | www.zumhungerstein.de | Mo–Fr 16–22, Sa/So 11.30–22 Uhr

Bistro Kobi
Eis, hergestellt aus Milch der Region, selbst gebackener Kuchen, diverse Kaffeespezialitäten und Mittagstisch.
Rosenstraße 12 | Tel. (0 33 31) 36 90 90 | Apr.–Okt. Mo–Sa 9–18.30, So 11–18.30 Uhr

KaffeeKonsum
Lokal der besonderen Art im alten Konsumladen im 8 Kilometer entfernten Ortsteil Wolletz am Wolletzsee. Wildschweinbratwurst aus Wolletzer Wäldern, Wildburger, hausgebackener Kuchen aus regionalen Zutaten.
Zur Welse 4 | Angermünde (OT Wolletz) | Tel. (03 33 37) 51 90 90 | Mai–Okt. Di–So 11–17, Nov.–Apr. Mi–So 12–17 Uhr

Kaufen & stöbern

Seenfischerei Angermünde
Fisch aus uckermärkischen Gewässern – lebend, frisch geschlachtet, geräuchert und vieles mehr.
Bleiche 1 | Tel. (0 33 31) 3 24 01 | www.fischerei-angermuende.de | Mo–Fr 9–17 Uhr

Aktiv & Sportlich

Tierpark Angermünde
Auf acht Hektar Land tummeln sich hier rund 250 Tiere aus allen Kontinenten. Dem Baustil Angermündes entsprechend sind die Tierunterkünfte als Fachwerkhäuser gestaltet.
Puschkinallee 12b | Tel. (0 33 31) 3 21 43 | www.tierpark.angermuende.de | Apr.–Okt. tgl. 10–18, Nov.–Feb. 10–16, März 10–17 Uhr

Blumberger Mühle
Mit der Natur im Einklang leben

Vier Kilometer nordwestlich von Angermünde liegt das NABU-Naturerlebniszentrum Blumberger Mühle. Das Gebäude ist optisch einem Baumstumpf nachempfunden – als Symbol für das Werden und Vergehen in der Natur.

Gezeigt wird in der 1997 eröffneten Landschaftsinszenierung, wie man es anstellt, zu leben und zu arbeiten, ohne die Natur zu zerstören. Wald, Boden und Wasser sind die zentralen Themen der ständigen Ausstellung, bei deren Gestaltung viel Wert auf das Mitmachen gelegt wurde.

Zur Ausstellung gehört ein ca. 13 Hektar großes Freigelände, auf dem Landschaftsformen der Region angelegt sind. Das Motto lautet: „Erleb' dein grünes Wunder!“ Und es wird alles getan, dieses Motto Wirklichkeit werden zu lassen.

Die Blumberger Mühle ist mit öffentlichen Verkehrsmitteln gut zu erreichen. Von April bis Oktober fährt der *Biberbus* alle zwei Stunden vom Bahnhof Angermünde auf das NABU-Gelände. Für das leibliche Wohl sorgt das Restaurant *Zum grünen Wunder*, das bevorzugt regionale Zutaten aus ökologischem Anbau verwendet.

Blumberger Mühle 2 | 16278 Angermünde | Tel. (0 33 31) 2 60 40 |
www.blumberger-muehle.de | Apr.–Okt. tgl. 9–18 Uhr, Nov.–März tgl. 10–16 Uhr

Rund um Angermünde

Vor den Toren Angermündes liegt das UNESCO-Weltnaturerbe Buchenwald Grumsin. Es ist ein ganz besonderes Stück Natur. Wer diesen Wunderwald besuchen möchte, der muss sich nach Altkünkendorf aufmachen.

Altkünkendorf & Buchenwald Grumsin ★ ▸ D5

In dem Dorf, das seit 2000 ein Ortsteil von Angermünde ist, befindet sich seit 2013 der Infopunkt Grumsin. Hier beginnen und enden alle Wanderwege, hier gibt es Informationen und die Einstimmung auf ein schönes Naturbild, das geprägt ist vom Wechsel zwischen dichten Wäldern und weitem, offenem Land, von tiefen Senken und markanten Höhen. Gerade in den Senken finden sich die für das Reservat so typischen Moore und Kleingewässer, die – eng verzahnt mit den Buchenwäldern – poetische Waldbilder zaubern.

Der Mensch greift schon seit Jahren nicht mehr in die natürlichen Prozesse ein. Keine einzige Buche ist von Menschenhand gepflanzt, allesamt sind sie durch Naturverjüngung entstanden. Mit 657 Hektar ist Grumsin die größte natürliche „Pflanzenzuchtanstalt" innerhalb der Biosphäre Schorfheide-Chorin. Viele Pflanzen, die anderswo schon nicht mehr existieren, leben im Grumsiner Waldgebiet. Der Anteil der Rote-Liste-Arten liegt bei 17 Prozent. Darunter sind so seltene Exemplare wie das Bleiche Waldvögelein, die Schlammsegge, Fieberklee, Sumpf-Calla oder Sumpf-Wasserfeder. Auch die Tier-

Der Grumsiner Forst ist einer der letzten Buchenurwälder Deutschlands

welt steht dem in nichts nach. Der Wald ist Brutgebiet von Schwarzspecht und Schwarzstorch, von Seeadler und Kranich. Der blaue Moorfrosch ist hier zu Hause und hunderte von Insekten, die auf Holz als Lebensraum oder Nahrung angewiesen sind. Wer wo siedelt, hängt davon ab, ob ein Baum gesund ist, kränkelt oder bereits als Totholz seine Aufgaben im Biotop erfüllt.

Altkünkendorf selbst, erstmals 1287 als „Konkendorp" urkundlich erwähnt, besteht aus den Dörfchen Luisenhof und Grumsin. Die in der Mitte des 13. Jahrhunderts erbaute **Dorfkirche** wurde 1850/1860 von Friedrich August Stüler in neugotischem Stil umgebaut und steht unter Denkmalschutz. Heute finden Ausstellungen und Konzerte in ihr statt.

Info-Punkt Weltnaturerbe Buchenwald Grumsin
Informationen zur einzigartigen Natur im Grumsiner Forst und Tipps zu Wanderwegen in der schönen Umgebung.
Altkünkendorfer Straße 22 | 16278 Angermünde (OT Altkünkendorf) | Tel. (01 75) 9 32 81 78 | www.weltnaturerbe-buchenwaelder.de | Apr.–Okt. Di–So 10–16 Uhr

Grumsiner Brennerei
Gin, Uckermark-Korn, Obstbrände und Liköre, dazu verschiedene Kurse und Seminare, Gin-Tasting, Genussabende. Sonntags Kaffee und Kuchen.
Wirtschaftshof 3 | Tel. (03 33 37) 51 69 99 | www.grumsiner.de | Di–Fr 9–16, So ab 14 Uhr

Hinkommen

Bus: Von Angermünde mehrmals tgl. mit der Buslinie 452 oder mit dem WelterbeBus (Buslinie 496, Mai–Okt.). **Auto:** Mit dem Auto sind es via Rudolf-Breitscheid-Straße 9 km nach Altkünkendorf.

Dorfkirche in Altkünkendorf

Greiffenberg ▸ D5

Wie eine Insel liegt die alte Kleinstadt inmitten von Ackerflächen.

Im Mittelalter war sie Wohnsitz der „de Grifenbergs", einer uckermärkischen Adelsfamilie, die eine große Rolle in der Region spielte, da sie besondere Hoheits- und Kirchenrechte besaß. Nach 1473 verschwand der Name auf rätselhafte Weise aus dem Geschichtsbuch des „Stetleins". Kein Mensch weiß, was aus den Grifenbergs geworden ist. Allein der Name der Stadt erinnert noch an sie.

Schon von Weitem fällt der Korpus einer alten **Holländermühle** ins Auge, in der von 1830 bis 1936 Korn gemahlen wurde. Aufs Altenteil gesetzt verkam sie. Seit 2006 sorgt eine Bürgerinitiative mit Spendengeldern für ihr bauliches Wohl. Bald werden ihr hoffentlich auch wieder Flügel wachsen.

Ein weiteres Wahrzeichen der Stadt Greiffenberg ist der 22 Meter hohe **Turm des Gutshauses,** auf dem 1965 eine Schulsternwarte eingerichtet wurde. Mit einem Spiegelteleskop können hier bei klarem Himmel Planeten, Sternhaufen oder Galaxien beobachtet werden.

Pittoresk wirken auf einer Anhöhe über dem Welsetal die mächtigen Ziegelreste der **Burgruine.** Im Mittelalter besaß die Stadt große strategische Bedeutung. Die Burg sicherte den Handel von Berlin nach Stettin. Mal war Greiffenberg ein Teil Pommerns, dann wieder gehörte es zu Brandenburg. Erst Kurfürst Friedrich II. sorgte 1445 für klare Verhältnisse. Greiffenberg wurde endgültig uckermärkisch. Im Dreißigjährigen Krieg wurde die Burg auf dem Hügel völlig zerstört, Stadt und Ackerland lagen verwüstet. Im Verlauf des 18. Jahrhunderts erholte sich der Ort allmählich und entwickelte sich zur Handwerker- und Ackerbürgerstadt. Lange zwar in wechselndem Besitz, aber als Stadt eigenständig, schloss sich Greiffenberg zusammen mit zahlreichen weiteren kleinen Gemeinden 2003 der Stadt Angermünde an.

Berühmt war die **Greiffenberger Gärtnerei** für ihre 250 verschiedenen, teils wirklich erstaunlichen Tomatensorten. Es gab Tomaten mit Streifen, mit Haarflaum, in Birnen- oder Korkenform. Die Gärtnerei sah sich als Archiv für alte Sorten, nicht nur von Tomaten. Mehr als 100 Getreidesorten, viele Salate und Kräuter bewahrte sie vor dem Vergessen und Aussterben. 1996 gründeten interessierte Bürger einen Verein zur Erhaltung und Rekultivierung von Nutzpflanzen in Brandenburg *(VERN e. V.),* der die Arbeit der ehemals privaten Gärtnerei als Schau- und Lehrgarten fortführt. Überregional bekannt ist der jährliche „Tomatentag" am 1. Mai, bei dem Hobbygärtner Setzlinge der zahlreichen besonderen Tomatensorten erwerben können.

Schau- und Lehrgarten Greiffenberg des VERN e. V.
Präsentation seltener Kulturpflanzen und erhaltenswerter Sorten, Verkauf von Pflanzen und Samen.
Burgstraße 20 | 16278 Angermünde (OT Greiffenberg) |
Tel. (03 33 34) 7 02 32 | www.vern.de |
Jan.–Apr. und Sep.–Dez. Mo–Fr 10–16, Mai–Aug. Mo–Fr 8–16, Sa 10–16 Uhr |
Führungen nach telefonischer Anmeldung

Hinkommen

Bus: Von Angermünde mehrmals täglich mit der Buslinie 450.
Auto: Mit dem Auto über die B 198.

Tour 5: Mit dem Rad durch die Schorfheide

Im 1990 eingerichteten Biosphärenreservat Schorfheide-Chorin sind nicht nur Tiere und Pflanzen besonders geschützt, sondern hier werden auch Formen naturverträglicher Landwirtschaft erprobt.

Charakteristik: Einfache Radtour mit sanften Steigungen über Waldwege und wenig befahrene Landstraßen

Start: Angermünde

Ziel: Joachimsthal

Strecke: Angermünde – Wolletz – Altkünkendorf – Althüttendorf – Joachimsthal

Entfernung: 25 Kilometer

Dauer: ca. 2 Stunden

Einkehrtipp: Café *KaffeeKonsum* in Wolletz (▸ Seite 139)

Die hügelige Landschaft der Schorfheide, die vor ungefähr 15 000 Jahren während einer Eiszeit entstanden ist, erstreckt sich zwischen dem Städtedreieck Templin, Angermünde und Eberswalde. Hunderte von Seen wechseln sich mit Mooren, weitläufigen Wald- und Wiesenlandschaften oder landwirtschaftlich genutzten Flächen ab. Viele vom Aussterben bedrohte Tier- und Pflanzenarten sind hier noch anzutreffen. Unter anderem leben Biber, Fischotter, Kreuzottern und Sumpfschildkröten in dem wasserreichen Gebiet.

Die vielfältige Landschaft lässt sich am besten zu Fuß oder mit dem Fahrrad erkunden. Eine besonders schöne Tour führt über Wolletz und Altkünkendorf zum Grimnitzsee und weiter nach Joachimsthal. Dabei durchquert man dichten Mischwald und beschauliche Dörfer. Vorbei am Wolletzsee gelangt man über eine Hügellandschaft mit großartigen Ausblicken schließlich zum tiefer gelegenen Grimnitzsee.

Von **Angermünde** (▸ Seite 135) folgt man den Wegweisern Richtung Wolletzsee. Nachdem man das Stadtgebiet verlassen hat, führt uns der Weg zunächst am Wolletzsee vorbei zum NABU-Naturerlebniszentrum **Blumberger Mühle** (▸ Seite 140). Über leicht hügelige Waldwege gelangen wir danach zum Dorf **Wolletz**. Von dort geht es auf Betonplatten- und Schotterstraßen immer in Sichtweite des **Wolletzsees** ins idyllische **Altkünkendorf** (▸ Seite 141). Hier grenzt der **Buchenwald Grumsin** an, ein Urwald, der 2011 von der UNESCO zum Weltnaturerbe erklärt wurde.

Ab Altkünkendorf fährt man auf einer sehr ruhigen, schmalen Landstraße (dem Wegweiser nach **Althüttendorf** folgend) 9 Kilometer durch eine sanft hügelige, fast an die Toskana erinnernde Landschaft: einzelne Baumreihen, Obstbäume, Felder und Wiesen, ein Weiler, ein kleines Dorf und viel, viel Horizont. Von Althüttendorf führt der gut befahrbare Seeweg direkt am **Grimnitzsee** entlang, einem 7,8 km^2 großen, flachen Grundmoränensee, der in der Weichsel-Kaltzeit entstanden ist. Er ist Bestandteil des Biosphärenreservats Schorfheide-Chorin. An mehreren Badestellen vorbei gelangt man dann nach **Joachimsthal** (▸ Seite 98).

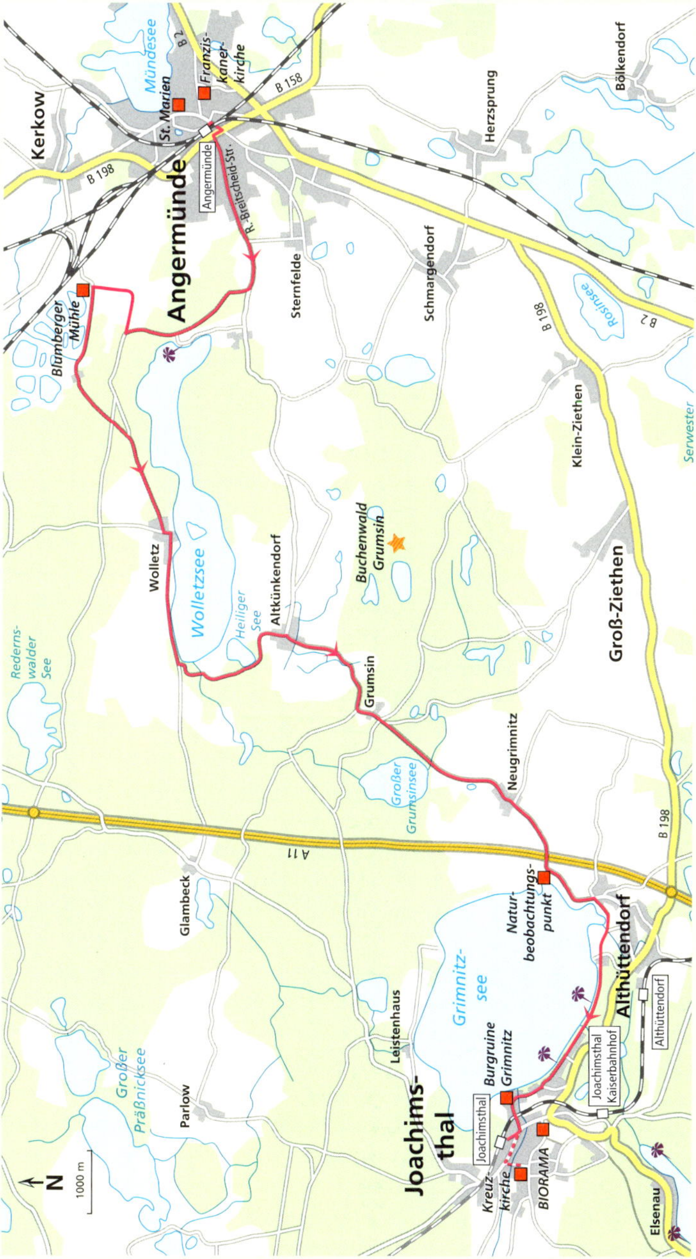
Kerkow
St. Marien
Franziskanerkirche
Mündesee
B 2
B 158
B 198
Angermünde
Angermünde
R.-Breitscheid-Str.
Blumberger Mühle
Sternfelde
Schmargendorf
Herzsprung
Bölkendorf
Rosinsee
Klein-Ziethen
Serwester
Wolletz
Wolletzsee
Heiliger See
Altkünkendorf
Buchenwald Grumsin
Redernswalder See
Grumsin
Groß-Ziethen
Neugrimnitz
Großer Grumsinsee
A 11
Glambeck
Naturbeobachtungspunkt
Althüttendorf
Grimnitzsee
Leistenhaus
Burgruine Grimnitz
Joachimsthal Kaiserbahnhof
Althüttendorf
Großer Präßnicksee
Parlow
Joachimsthal
Joachimsthal
Kreuzkirche
BIORAMA
Elsenau
N
1000 m

Schwedt & Nationalpark Unteres Odertal

Schwedt/Oder – Die Energiestadt ▸ F5

Die Stadt in der Mitte des „Nationalparks Unteres Odertal" galt einmal als ein architektonischer Schatz, als barocke Schönheit an der Oder.

Davon kann 2017 keine Rede mehr sein. Das Stadtbild, das noch Theodor Fontane so entzückte, ist im Zweiten Weltkrieg vollkommen zersprungen. Schwedt an der Oder musste sich nach 1945 neu erfinden. Aber darin hat die Stadt Übung.

Die erste urkundliche Erwähnung stammt aus dem Jahre 1265. Damals schrieb man den Ort „Scwet", da die Bewohner Slawen waren. Eine pommersche Burg sorgte für Schutz, nach wechselnden Herrschaften kam Schwedt 1468 zum Kurfürstentum Brandenburg. Der pommersche Greif sitzt noch heute im Stadtwappen. Bis hinein ins 16. Jahrhundert blieb Schwedt ein verschlafenes Nest, erst 1582, mit dem Bau einer Brücke über die Oder, gewann die Stadt an Statur, denn es gab zwischen Küstrin und Stettin keinen anderen Weg über den eigenwilligen Fluss. Von nun an spielte das Wort Zoll eine wichtige Rolle im Vokabular der Ratsherren.

Von 1481 bis 1609 gehörte Schwedt lehensweise dem **Grafengeschlecht von Hohenstein.** Die Familie baute den Besitz weiter aus. Als der Dreißigjährige Krieg übers Land hereinbrach, war Schwedt aufgrund seiner geografischen Lage ständigen Besetzungen und Truppendurchzügen ausgesetzt. Zwischen 1627 und 1643 wurde Schwedt 230 Mal geplündert, schließlich stand kein Stein mehr auf dem anderen und Bewohner hatte die Stadt auch keine mehr. Ein neues Schwedt musste her, ein schöneres. **Kurfürstin Elisabeth Charlotte** erbarmte sich und ließ die Stadt wieder aufbauen.

Barockstadt

1670 erhielt **Dorothea von Hohenstein,** die zweite Gattin des Großen Kurfürsten, Schwedt und übergab die Stadt ihrem ältesten Sohn **Philipp Wilhelm.** Das war der Beginn der glanzvollen „Markgrafenzeit". Das vormals wilde Straßennetz wich einer akkuraten Gitterstruktur. Nach Plänen der niederländischen Baumeister Michael Smids und Cornelis Ryckwaert entstand die barocke Stadtanlage, die der von Ludwigslust, Mannheim oder Oranienbaum in nichts nachstand. Das kurfürstliche Schloss, erbaut zwischen 1670 und 1686, bildete das Zentrum, dem alles untergeordnet war. Die Schlossfreiheit führte zum Lustschloss *Monplaisir,* flankiert von gestutzten Linden. Die heutige Lindenallee lässt diese großzügige Anlage noch erahnen.

Letzter Markgraf war **Friedrich Heinrich,** ein lebenslustiger, um Kultur bemühter Mann. Er lud sich gerne Künstler und Gelehrte ins Schloss. Dann ging es ausgelassen zu, man feierte und diskutierte. Als Friedrich einen Teil der Orangerie in ein Operettentheater mit 1 400 Plätzen umbauen ließ, hieß Schwedt bald nur noch das „lustige Städtchen an der Oder". Der Zutritt zum Theater war

◂ *Der Nationalpark Unteres Odertal beginnt in Schwedt vor der Haustüre*

Schwedt / Oder

Einwohner: ca. 30 000
PLZ: 16303
Telefon-Vorwahl: 0 33 32
KFZ-Kennzeichen: UM, SDT
Fläche: 205,57 km^2
Ortsteile: Blumenhagen, Criewen, Gatow, Heinersdorf, Hohenfelde, Kummerow, Kunow, Stendell, Vierraden, Zützen
Geografische Lage: Schwedt/Oder liegt im Osten der Uckermark zwischen unterer Oder und oberer Havel. Zwischen Stadt und Oder verläuft die Hohensaaten-Friedrichsthaler Wasserstraße, die zugleich die Grenze zum *Nationalpark Unteres Odertal* bildet.
Wirtschaft: Die Wirtschaft wird dominiert von der PCK-Raffinerie, die etwa zehn Prozent der Erdölverarbeitungskapazitäten Deutschlands besitzt. Daneben wird in einer Bioethanolanlage aus Roggen Ethanol gewonnen und seit 2014 aus Stroh Biomethan. Ein weiterer wichtiger Wirtschaftsfaktor ist die Papierindustrie.

übrigens „jedem anständig Gekleideten" möglich. 1788 starb Friedrich Heinrich. Und mit ihm das Theater, es wurde später schnöde als Tabakspeicher benutzt. Da er keine männlichen Nachkommen hatte, fielen Stadt, Schloss und Park an den preußischen König **Friedrich Wilhelm II.** zurück.

Industriestadt

Noch zu Beginn des 19. Jahrhunderts war Schwedt nicht größer als Angermünde. Der von den Hugenotten eingeführte Tabakanbau entwickelte sich zu einem wichtigen Wirtschaftszweig. Um 1800 gab es um Schwedt herum 75 Tabakplantagen.

Mitte des 19. Jahrhunderts wurde aus dem Ackerbürgerstädtchen ein sich rasch entwickelnder Industriestandort. Eine Seifensiederei ließ sich nieder, Fabriken für Eisenguss und Maschinenbau entstanden. 1873 erhielt Schwedt durch eine Stichbahn nach Angermünde Anschluss an das Eisenbahnnetz. 1923 öffnete die Hohensaaten-Friedrichsthaler Wasserstraße nach Stettin ihre Schleusen. Dann kam der Zweite Weltkrieg, Schwedt versank in Schutt und Asche. 85 Prozent der Stadt waren zerstört. Wieder musste sich Schwedt neu erfinden. Aus dem barocken Juwel wurde eine moderne Industriestadt.

Erdölstadt

1960 wurde der Grundstein für die **Erdölraffinerie** gelegt, drei Jahre später floss durch eine Pipeline das erste Öl von der Wolga an die Oder. Neben dem großzügig angelegten Werk wuchsen Plattenbauten empor, innerhalb weniger Jahre verfünffachte sich die Einwohnerzahl gegenüber dem Vorkriegsstand auf 52 000. 1970 wurde das Erdöl-Werk in das *Petrolchemische Kombinat Schwedt* umgewandelt, es versorgte große Teile der DDR und ganz Westberlin mit Kraftstoffen. Seit 2016 gehört das ehemalige Kombinat einem Konsortium mit dem russischen Mineralöl-Konzern *Rosneft* an der Spitze. Mit einer Verarbeitungskapazität von über 10 Millionen Tonnen Erdöl pro Jahr ist das Unternehmen heute eine der größten Raffinerien Deutschlands.

Sehenswertes

Berlischky-Pavillon

Wenig ist vom alten Schwedt geblieben, der Berlischky-Pavillon gehört dazu. Der mit einem Kuppeldach versehene Sakralbau wurde 1777/79 von Georg Wilhelm Berlischky für die französisch-reformierte Gemeinde errichtet. Die Kirche, die heute ein wenig fremd zwischen den modernen Häusern an der Lindenallee/Ecke Bahnhofsstraße steht, diente auch als Grabkapelle der markgräflichen Familie. Heute finden musikalisch-literarische Abende im Berlischky-Pavillon statt, Lesungen und Trauungen.

Uckermärkische Bühnen

Am Ende der Lindenallee steht unübersehbar das Gebäude der Uckermärkischen Bühnen und tut so, als wäre es das Schloss. Genau an dieser Stelle stand einst das markgräfliche Wohnhaus. 1962 wurde die Ruine abgerissen. 1978 nahm dann ein von tschechischen Architekten entworfener Kultur-Palast seinen Platz ein. Jährlich 150 000 Gäste besuchen die Theatervorstellungen, Musikproduktionen und Unterhaltungsveranstaltungen.

Europäischer Hugenottenpark & Uferpromenade

Umgeben ist der Musentempel der Uckermärkischen Bühnen vom Grün des Europäischen Hugenottenparks, der ein wenig bescheidener ausfällt als das barocke Vorbild. Kopien von sieben Skulpturen weisen darauf hin, was einmal war. Nämlich 26 antike Gottheiten und Musen, die Park und Schloss zierten.

Eine Sonnenuhr aus dem Jahre 1740 gibt es noch im Park, sie „läuft" mit erstaunlicher Präzision. Am Ende geht die Grünanlage in eine großzügige Uferpromenade über, die den Namen Bollwerk trägt. Und ein solches gegen das Hochwasser soll sie auch sein.

Auf der Stadtpfarrkirche St. Katharinen sitzt heute eine Aussichtsplattform

Blauer Dunst – made in Uckermark

Tabakfelder und windschiefe Tabakscheunen prägen bei Schwedt das Bild der Landschaft. Bis heute ernten die Bauern „ihr Kraut". Der Anbau ist mühselig. Aus staubfeinen Samen werden Pflänzchen gezogen, die aufs Feld kommen. Der Boden muss ständig gehackt, die Pflanzen von Seitentrieben befreit werden, bevor Im Spätsommer die großen Blätter geerntet werden. Sie werden auf Schnüre gefädelt und zum Trocknen in spezielle Scheunen gehängt, wo sie bei guter Belüftung und genau dosierter Wärme ihre braune Färbung bekommen.

Die Hugenotten brachten einst den Tabak nach Schwedt. Bald war der Landstrich das größte Anbaugebiet Deutschlands. Viele fanden hier Beschäftigung. Noch bis Mitte der 1950er-Jahre gab es Tabakfabriken in Schwedt. Im Tabakmuseum in Vierraden kann man alles über das Kraut und seinen Anbau in der Uckermark erfahren.

Breite Straße 14 | 16303 Schwedt/Oder (OT Vierraden) | Tel. (0 33 32) 25 09 91 | www.tabakmuseum-vierraden.de | Mai–Sep. Do–So 10–16 Uhr

Fischergarten

Ein kleines Stück die Uferpromenade entlang nach Südwesten liegt das wohl kleinste Fischereimuseum Deutschlands. Helmut Zahn, einer der letzten Erwerbsfischer der Uckermark, stellt hier unter freiem Himmel und ganz praktisch sein Handwerk vor. Natürlich gibt es auch Fischverkauf und -imbiss.

Am Bollwerk 15 | Tel. (01 73) 4 49 77 94 | www.fischergarten.de | Mo–Fr 9–17, Sa 9–14 Uhr

Ermelerspeicher

In der Lindenallee 36 steht dieses in Ziegelbauweise errichtete Gebäude mit durchlaufenden Schleppgaupen am Dach. Erbaut um 1880 trägt es den Namen seines einstigen Besitzers, des Tabakgroßhändlers Wilhelm Ferdinand Ermeler. In dem ehemaligen Tabakspeicher befindet sich heute die Stadtbibliothek.

Mikwe

Vor dem Zweiten Weltkrieg lebte in Schwedt eine relativ große jüdische Gemeinde. In der Nähe des Bahnhofs befindet sich der fast vollständig erhaltene Jüdische Friedhof. In der Stadt selbst stehen noch das Haus der Tempeldiener und das Ritualbad, die Mikwe. Die Synagoge wurde in der Reichspogromnacht besudelt und später abgerissen. Die Mikwe besteht aus einer gemauerten Kuppel, unter der es fünf Meter in die Tiefe geht. Hier unterzogen sich die orthodoxen Juden einer rituellen Waschung. Das Bad wurde zwischen 1869 und 1871 errichtet. Mikwe und Tempeldienerhaus wurden von 2008 bis 2009 rekonstruiert und sind heute Informations- und Begegnungsstätte zur jüdischen Kultur.

Gartenstraße 6 | Apr.–Sep. Di 10–17, Sa 14–17 Uhr

Stadtmuseum

Vorbei an den sanierten Resten der Stadtmauer in der Louis-Harlan-Straße führt der Weg zur Jüdenstraße, in der das Stadtmuseum steht. Es informiert über die Markgrafenzeit, die Fischerei und den Tabakanbau. Beide Berufe spielten eine große Rolle im Leben der Stadt.

Das Genussmittel Nicotiana tabacum wird seit mehr als 300 Jahren in der Uckermark angebaut. Hugenotten, französische Glaubensflüchtlinge, die ab 1685 dem Edikt von Potsdam folgend nach Brandenburg kamen, hatten die Pflanze mitgebracht.

Jüdenstraße 17 | Tel. (0 33 32) 2 34 60 | Mi–Fr 10–17, So 14–16 Uhr

Vierradener Straße

Von hier aus sind es nur wenige Schritte bis zur Vierradener Straße, der kleinen, schönen Fußgängerzone mit Läden und gemütlichen Cafés. Hier steht die evangelische **Stadtpfarrkirche St. Katharinen,** die 1945 schwer beschädigt wurde. Beim Wiederaufbau nach 1945 hat man der Kirche ein Flachdach als Aussichtsplattform aufgesetzt. 176 Stufen muss man erklimmen, um sich ein Luftbild von der Stadt zu machen.

Am Ende der Flaniermeile wartet der **Vierradener Platz** mit einer ganzen Reihe interessanter Gebäude auf. So mit der katholischen Kirche, die 1898 geweiht wurde. Verantwortlicher Architekt war der 1883 zum königlichen Regierungsbaumeister berufene Max Hasak, von dem auch das Pergamonmuseum in Berlin stammt. Zum Ensemble des Platzes gehören das Amtsgericht von 1897 nebst Stadtgefängnis und die einstige Stadtmühle mit dem dreigeschossigen Fachwerkgiebel.

Praktische Tipps

Hinkommen

Bahn: RE 3 stündlich von Berlin Hbf, teils mit Umsteigen in Angermünde.
Auto: Mit dem Auto über die Autobahn A 11, Abfahrt Joachimsthal, dann über die B 198.

Gut zu wissen

Tourist-Information Unteres Odertal
Informationen zu Unterkünften, Sehenswertem und Aktivitäten.
Vierradener Straße 31 | 16303 Schwedt/Oder | Tel. (0 33 32) 2 55 90 | www.unteres-odertal.de | Mai–Sep. Mo–Fr 9–18, Sa 10–13, Okt.–Apr. Mo–Fr 9–17, Sa 9–12 Uhr

Gut gebettet

Andersen Hotel Schwedt
3-Sterne-Hotel im Herzen der Stadt, einfache Zimmer.
Gartenstraße 11 | Tel. (0 33 32) 2 91 10 | www.andersen-hotel.de | €€

Turm Hotel
Hotel in ruhiger Lage an einem alten Wasserturm.
Heinersdorfer Damm 1 | Tel. (0 33 32) 44 30 | www.turmhotel-schwedt.de | €€

Von Suppe bis Torte

Gaststätte Jägerhof
Uckermärkische Landhausküche und Variationen zum Thema Steaks, Fisch und Wildspezialitäten in gemütlichem Ambiente.
Vierradener Straße 47 | Tel. (0 33 32) 52 43 75 | www.jaegerhof-schwedt.de | Tgl. außer Mo

Nationalpark Unteres Odertal

Mit ihren idyllischen Ufern, den Flusswiesen und Auen, „die von sanften Anhöhen und Bergen unterbrochen werden", gibt die Oder ein schönes Bild ab.

Links und rechts der deutsch-polnischen Grenze kann die Oder machen, was sie will. Das drei bis fünf Kilometer breite Tal zwischen den Flusshängen, die teilweise eine Höhe bis zu fünfzig Metern haben, ist ein Paradies. Wertvolle Laubwälder und niedere Kraut- und Halbstrauchpflanzen an den Hängen werden vom Fluss genährt. Alljährlich steht das Wasser meterhoch auf tausenden Hektar Wiesen und Weiden, Auwäldern und Mooren. Nirgendwo sonst in Mitteleuropa hat ein Fluss so viel Auslauf, sind derart große Überflutungsräume erhalten geblieben. Das untere Odertal gehört daher zu den artenreichsten Lebensräumen in Deutschland. Stille, von Seerosen bedeckte Gewässer gehören ebenso dazu wie bunte Feuchtwiesen, auf denen die verschiedensten Schnepfenvögel geeignete Brutplätze finden. Man stößt auf urwüchsige Reste von Auwäldern und auf Laubmischwälder an den Oderhängen. Sie sind in Mitteleuropa selten geworden. Den ganzen Sommer über blüht der Trockenrasen. So attraktive Pflanzen wie das Adonisröschen, der blaue Kreuzenzian oder das silbrige Federgras sorgen für Farbe im Revier.

Artenreichtum im Grenzland

Die natürlichen Gegebenheiten, aber auch die Grenzlage zu Polen haben dafür gesorgt, dass das untere Odertal nicht weiter bebaut werden konnte und die Auen erhalten blieben. Auf polnischer Seite ist das durch Kriegseinwirkung teilweise zerstörte Poldersystem nicht wieder instand gesetzt worden. Die Natur hat diese Freiräume genutzt. Fischotter tummeln sich in dem nassen Labyrinth, man kann Seggenrohrsänger, See-, Stein- und Fischadler beobachten, den pfeilschnellen Eisvogel, Mäusebussard und Wachtelkönig. Biber legen Staudämme an und schaffen immer neue Landschaftsbilder. Sobald im Frühjahr das abfließende Hochwasser die Auwälder freigibt, besetzen Wild- und Graugänse, Schwäne und Enten das Revier, brüten und ziehen ihre Jungen groß. Der Nationalpark stellt für all diese teils seltenen Tier- und Pflanzenarten ein wertvolles Rückzugsgebiet dar – und für den menschlichen Besucher höchsten Naturgenuss.

Criewen ▸ F5

Criewen ist das Verwaltungszentrum des „Nationalparks Unteres Odertal". Das alte Fischerdorf, 1354 erstmals urkundlich als „Kriwen" erwähnt, ist der einzige Ort in der Uckermark, der – entgegen aller Gepflogenheiten – die Kirche nicht im Dorf ließ.

Das hat mit den Arnims zu tun. Als Rittmeister **Otto von Arnim** 1816 Land und Gut kaufte, ließ er als erstes das Dorf abreißen, um Platz für sein Schloss und einen großen Park zu schaffen. Nur die Kirche, einen gotischen Feldsteinbau aus dem 13. Jahrhundert, ließ er stehen. Dann beauftragte er **Peter Joseph Lenné**, eine Parklandschaft zu komponieren. Als

Der Nationalpark Unteres Odertal schützt eine einzigartige Auenlandschaft

markantester Punkt darin diente nun die kleine Kirche. Während der Rittmeister sich um sein Schloss in klassizistischem Stil kümmerte (er nannte es ganz bescheiden „Herrenhaus"), wurde das Dorf weiter östlich an der Straße nach Schwedt wieder aufgebaut.

Heute beherbergt **Schloss Criewen** das *Deutsch-Polnische Begegnungszentrum*. Im ehemaligen Schafstall des Guts hat sich das **Informationszentrum des Nationalparks** einquartiert. Geologische Entwicklungsetappen, Landschaftsstrukturen, Flora und Fauna sowie Vergangenheit und Zukunft des unteren Odertals sind museumspädagogisch gekonnt aufbereitet. Hauptattraktion ist das große Aquarium, das 15 000 Liter Wasser fasst und in dem sich über zwanzig heimische Fischarten tummeln.

Criewen ist ein idealer Ausgangspunkt für Wanderungen durch die Auen-Welt. Über 200 Spaziergangs-Kilometer stehen zur Verfügung. Angeboten werden Wanderungen zu Biberburgen, solche mit Packeseln, nächtliche Fledermauswanderungen, Rad- oder Skatetouren auf der Deichkrone sowie diverse Kanu-Expeditionen.

Besucherzentrum Nationalpark Unteres Odertal
Alles Wissenswerte rund um die Auenlandschaft des unteren Odertals.
Am Speicher 3 | 16303 Schwedt/Oder (OT Criewen) | Tel. (0 33 32) 2 67 72 44 | www.nationalpark-unteres-odertal.eu | Apr.–Okt. tgl. 9–18, sonst Fr–So 10–17 Uhr

Hinkommen

Bus: Von Angermünde stündlich mit der Nationalparklinie 468 nach Criewen und Schwedt.
Auto: Mit dem Auto über Autobahn A 11, Ausfahrt Joachimsthal, dann auf der B 198 und B 2 via Angermünde nach Flemsdorf. Dort weiter auf der L 84 nach Criewen.

Stolpe ★ ▸ E5

Der kleine Ort liegt am Rand des „Nationalparks Unteres Odertal“ und gehört verwaltungstechnisch zu Angermünde. Die Auenlandschaft hier ist einzigartig.

Stolpe war einst Stammsitz eines der ältesten Adelsgeschlechter der Uckermark, der **Familie von Buch.** Das **Herrenhaus** befindet sich neben dem Park, der auf Anregung von Peter Joseph Lenné entstand. Zu der kunstvollen Anlage gehört auch ein kleines Wildtiergehege. Das Herrenhaus aus dem Jahr 1545 brannte 1917 ab und wurde später in vereinfachter Form wieder aufgebaut.

Das bedeutendste historische Bauwerk in Stolpe ist der sogenannte **Grützpott,** die Ruine des Stolper Turms aus dem 12. Jahrhundert. Hoch gemauert aus rotem Ziegelstein steht er oberhalb des Dorfes in der Landschaft. Gebaut haben ihn wahrscheinlich die Dänen, die im 12. Jahrhundert die Hoheit über Pommern besaßen. Der Turm stand für sich allein, umgeben von Holzbauten, die von des Feindes Sturm hinweggefegt wurden. Mit seinem Durchmesser von 18 Metern schluckte er eine ganze Burgbesatzung. Die

Der Grützpott bei Stolpe

Mauern des 26,5 Meter hohen Turms sind am Turmfuß 6 Meter dick.

1445 fiel bei Kämpfen der Brandenburger gegen die Pommern die Spitze ins Innere. Dort blieb der Schutt 500 Jahre lang liegen. Erst 1991 begann man, die Substanz des Turmes zu sichern. Seit 2008 kann er wieder bestiegen werden. Von oben hat man einen wunderbaren Blick über die Wiesen und Auwälder des *Nationalparks Unteres Odertal*.

Wieso aber heißt der Turm „Grützpott“? Der Sage nach lebte einst auf Burg Stolpe der Raubritter Tiloff, der ein besonderes Vergnügen daran hatte, brave Leute zu überfallen. Eines Tages endete der Spaß mit seinem Tod. Seine Kumpane flüchteten sich in die Burg und harrten der Dinge, die da kamen. Es kamen die Bauern, die genug hatten von den Untaten des räuberischen Ritters. Hartnäckig belagerten sie die Burg. Die Eingeschlossenen wehrten sich nach Kräften, warfen Steine und schütteten Pech vom Turm. Schließlich blieb ihnen nur noch die heiße Grütze übrig, die sie eigentlich hatten essen wollen.

Nun wendete sich das Schicksal. Die Bauern, die sich am Grützbrei gütlich taten, stürmten satt und wohlgenährt die Burg und lachten über ihre Feinde, die so dumm waren, ihnen sogar noch Essen zuzuwerfen. Seit jenen Tagen hieß der Turm an der Oder im Volksmund nur noch Grützpott.

Hinkommen

Bus: Von Angermünde verkehrt die Buslinie 456 mehrmals täglich nach Stolpe.
Auto: Autobahn A 11, Abfahrt Joachimsthal, dann über die B 198 und B 2 via Angermünde nach Stolpe.

Gartz ▸ F4

Gartz am westlichen Oderufer ist auch heute, was es immer war: an den Rand gedrängt. Eine Grenzstadt, aber kein Zankapfel mehr. Und nicht nur die Deutsch-Polnischen Musiktage sorgen für Harmonie …

Gartz ist eine kleine, überschaubare Stadt. So sehr sie sich auch reckt und streckt, zu mehr als 2000 Einwohnern reicht es nicht. Doch die geringe Größe ist kein Problem. Eher ein Vorteil. Alles ist überschaubar, man kennt und schätzt einander, weiß genau, was man von sich und seinem Nachbarn zu halten hat.

Es geht übrigens nicht nur um die Nachbarn in der eigenen Stadt, auch um die im Nachbarland. Schließlich liegt direkt vor der Gartzer Haustür – nur 30 Kilometer entfernt – die große polnische Stadt Stettin. In Gartz denkt man weltoffen. Warum sollen nicht junge polnische Familien nach Gartz ziehen, leer stehende Immobilien kaufen und die Stadt beleben? In der Schule steht Polnisch schon lange auf dem Stundenplan. Die Kinder besuchen regelmäßig das Nachbarland. Der gemeinsame Alltag lässt Freundschaften und Vertrauen entstehen. Die dünn besiedelte Region profitiert von ihren polnischen Nachbarn. Ziel aller Bemühungen – darin sind sich polnische und deutsche Politiker einig – sollte es sein, einen gemeinsamen Wirtschafts-, Arbeits- und Lebensraum an der Oder zu schaffen. Und so trifft man sich regelmäßig mit Leuten aus der Partnerstadt Gryfino.

Das heute so friedliche, kleine Gartz war jahrhundertelang Zankapfel zwischen Pommern, Mecklenburg und Brandenburg. Die Burg und der Marktflecken „Gardez“ wurden bereits 1124 erstmals urkundlich erwähnt. Die exponierte Lage als Brückenkopf an der Oder, die Nähe zu Stettin und zum Seehandel sorgten dafür, dass Gartz 1314 Mitglied im Bund der Hanse wurde.

Der Dreißigjährige Krieg machte alles zunichte. Schweden, Russen und Polen fielen über Gartz her und stoppten die Entwicklung der Stadt. Mit dem Westfälischen Frieden 1648 fielen Gartz und Vorpommern an Schweden, 1720 wurde es an Preußen abgetreten. Seit 1945 ist die kleine Stadt, die nach dem Zweiten Weltkrieg zu achtzig Prozent in Schutt und Asche lag, wieder Grenzstadt. Dieses Mal eine deutsch-polnische.

Sehenswertes

Stadtkirche St. Stephan

Die Stadtkirche St. Stephan fällt einem sofort ins Auge. Sie ist ein Werk des berühmten Baumeisters Hinrich Brunsberg (1350–1435). Von der Gartzer Kirche überstand nur der Chor aus dem 15. Jahrhundert den letzten Krieg unbeschadet. In den 1980er-Jahren erfolgte ein teilweiser Wiederaufbau. Nach 1990 erhielt die Chorkirche eine neue Orgel, und auch der Kirchturm lässt sich wieder begehen.

Zingelstraße 54 | Tel. (03 33 32) 2 56

Heilig-Geist-Hospital

In der Heilig-Geist-Straße, in Sichtweite des Stettiner Tors, steht die um 1400 in gotischem Stil erbaute Heilig-Geist-Kapelle, von den Gartzern nur „Spittel“ genannt. Die Nonnen des hiesigen Klosters nutzten die Kapelle als Hospital. 1794 wurden in die Kapelle Wohnungen eingebaut. Nach umfangreicher Restaurierung wird sie heute für Konzerte und Ausstellungen genutzt.

Stettiner Straße 2

Stadtbefestigung

Von der Stadtbefestigung existieren noch größere Mauerabschnitte. Der Storchenturm aus Backstein ist vollständig erhalten, es existieren noch Reste vom Pulverturm und nahe der Oder steht der *Blaue Hut,* der ursprünglich 23 Meter hoch war. Heute hat er noch neun. Das 27 Meter hohe Stettiner Tor aus dem 13. Jahrhundert, an der Straße nach Stettin gelegen, ist das einzige erhaltene von ehemals vier Stadttoren. Hinter seinen dicken Feldsteinmauern befand sich das Gefängnis der Stadt.

Ackerbürgermuseum

Im Wächterhaus neben dem Stettiner Tor ist heute das Ackerbürgermuseum untergebracht. Das Museum mit integriertem Infopunkt zeigt das Leben und Arbeiten in der Ackerbürgerstadt vom 18. bis zum 20. Jahrhundert und die ländliche Geschichte der Region. Unter einem Ackerbürger verstand man einen Stadtbürger, der neben seinem Handwerksberuf auch Ackerbau auf dem Land betrieb.

Das Museum ist noch relativ jung. Zwar gab es von 1933 bis 1945 einen Vorgänger, aber da während des Krieges viele Exponate zerstört wurden oder verloren gingen, stand Gartz lange Zeit „geschichtslos“ da. Im Jahre 1999 endlich, zum 750. Geburtstag der Stadt, konnte das Ackerbürgermuseum neu eröffnet werden.

Stettiner Straße 14 |
Tel. (03 33 32) 87 82 24 | www.gartz.de |
Mo–Fr 9–15 Uhr

Das Stettiner Tor ist das einzige erhaltene Stadttor in Gartz

Hinkommen

Bus: Von Schwedt/Oder, Bahnhof Mitte verkehrt die Buslinie 469 werktags mehrmals täglich nach Gartz.
Auto: Mit dem Auto über die Autobahn A 11, Abfahrt Penkun, dann weiter auf der B 113 und B 2 nach Gartz.

Gut zu wissen

Tourist-Information
Informationen zu Unterkünften und Sehenswürdigkeiten in Gartz sowie zum *Nationalpark Unteres Odertal*.
Im Ackerbürgermuseum |
Stettiner Straße 14 | 16307 Gartz |
Tel. (03 33 32) 87 82 24 | www.gartz.de |
Mo–Fr 9–15, Sa 9–14 Uhr

Von Suppe bis Torte

Gaststätte & Pension Pommernstube
Direkt an der Oder gelegen. Zimmer und Apartments, Unterstellmöglichkeit für Fahrräder. Familiäre Atmosphäre, rustikaler Biergarten. Regionale Küche mit Hausmannskost und Fisch frisch aus der Oder.
Pommernstraße 20 |
Tel. (03 33 32) 8 07 26 |
www.pommernstube-gartz.de | €

Kutscherkneipe im Dorotheenhof
Gutbürgerliche, deftige Küche mit überwiegend regionalen Speisen. Frischer Oderfisch gehört zur Spezialität des Hauses. Ca. 10 km von Gartz.
Untere Dorfstraße 13 |
16307 Gartz (Oder) (OT Mescherin) |
Tel. (03 33 32) 8 07 26 |
www.dorotheenhof-mescherin.de |
Tgl. 11–21 Uhr (Mi Ruhetag)

Prenzlau, Uckerseen & Boitzenburger Land

Prenzlau – Alte Stadt mit jungem Gesicht ▸ D3

„Nüscht als Jejend" sagt der Berliner, wenn er Prenzlau hört. Im Nordosten der Region gibt es zwar weniger Wald, aber die Landschaften sind noch großzügiger. Und natürlich hat auch eine „Jejend" ihre Hauptstadt. Die der Uckermark heißt Prenzlau.

Es ist wie im Märchen vom Wettlauf zwischen Hase und Igel. Egal, von welcher Seite man sich Prenzlau nähert, die Türme der Marienkirche sind immer schon da. Diese grandiose Kathedrale, von weitem sichtbar, ist der Fingerabdruck der Stadt.

Prenzlau hat sich in den letzten Jahren als Mittelzentrum der Uckermark gut entwickelt. Die Landesgartenschau 2013 wirkte wie eine Frischzellenkur. Der für die Stadt so wichtige Bahnhof an der Strecke Berlin–Stralsund wurde runderneuert, Parks und fantasievolle Spielplätze angelegt. Historisches und Modernes wurden miteinander verknüpft, der Blick zum See geöffnet, der Stadt eine neue Leichtigkeit gegeben. Häuser und Wasser sind von der Promenade am Unteruckersee bis zur Stadtmauer im Nordosten durch ein grünes Band verbunden.

Prenzlau in Trümmern

Der Marktberg im Zentrum der Stadt hat über die Jahrhunderte schon einiges gesehen: Händler und Kaufleute, Bauern und Ratsherren, Bürger, Soldaten und Touristen. Hier starb das alte Prenzlau, als am 27. April 1945 die Sowjetarmee auf ihrem Marsch nach Berlin die Stadt in Schutt und Asche legte. Der Angriff zerstörte nicht nur 85 Prozent der Bausubstanz, er raubte der Stadt die Seele. Nur Trümmer blieben von den historischen Gebäuden. Gotik, Klassizismus, Barock – alles kaputt. Auch die Marienkirche brannte im April jener Tage bis auf die Knochen nieder.

Erst 1970 konnte der Wiederaufbau beginnen. Aber es fehlten die Mittel, der Stadt die alte Schönheit wiederzugeben. Alle Versuche, die Reste der Sehenswürdigkeiten in ein neues Stadtbild einzubinden, scheiterten. Natürlich lag das auch an den neuen genormten Stadtbildern und den Plattenbauten, die zwar die große Not an Wohnungen linderten, sich aber nicht so recht in die alten Stadtanlagen fügen wollten. Heute sind die meisten Häuser modernisiert und verleihen der Stadt ein deutlich farbigeres Aussehen.

Zwischen Pommern & Brandenburg

Am Schnittpunkt zweier Handelsstraßen gelegen, wurde Prenzlau 1234 vom pommerschen Herzog Barnim I. zur freien Stadt erhoben und mit Magdeburger Recht versehen. Unter Einbeziehung einer 1188 an dieser Stelle urkundlich erwähnten „Burg mit Markt und Krug" wuchs der kleine Ort aus mehreren Siedlungskernen. Von Anbeginn an vollzog sich der Ausbau planmäßig. So wurde ins Zentrum ein rechteckiger Marktplatz mit Rathaus gestellt, die Straßenzüge nahezu schachbrettartig darum

◂ *Prenzlaus schönste Stadtansicht ist der spektakuläre Vier-Türme-Blick*

angeordnet. Schnell wurde aus dem Städtchen im Zuge der Ostkolonisation ein bedeutender Handelsplatz. Schon 1250 kam Prenzlau unter brandenburgische Herrschaft, doch die Ehe hielt nicht. Pommern und Mecklenburg buhlten, mehrfach wechselte Prenzlau die Herren. So manche Not, Plünderung und Brandschatzung mussten die Bürger ertragen. 1483 setzte sich der „rote Hahn" auf die Häuser der Stadt und brannte alles nieder. Ein Chronist schrieb: Danach konnte „man gleichzeitig aus allen vier Toren blicken". Übrig blieben Teile der Stadtmauer, die Klosterkirche der Dominikaner und die Stadtkirche St. Marien.

Trotz des Brandes gehörte Prenzlau zu den wichtigsten Städten der Mark Brandenburg. Sicheres Zeichen für die Bedeutung einer Stadt war schon immer die Anzahl der Kirchen, die sie in ihren Mauern beherbergte. Prenzlau, übertroffen nur von der Domstadt Brandenburg an der Havel, besaß sieben Kirchen und drei Klöster, die sich allerdings Mitte des 16. Jahrhunderts im Zuge der Reformation auflösten. Bevor die Ucker versandete, war die Stadt direkt mit der Hanse verbunden und erlebte eine wirtschaftliche Blüte. Vier Tore, 66 Wiekhäuser und eine bis zu neun Meter hohe Wehrmauer sicherten ihren Reichtum. Aber auch dieser wehrhafte Wall konnte nicht vor dem Gräuel des Dreißigjährigen Krieges schützen.

Hugenotten & Soldaten

Nur mit Hilfe der hugenottischen Glaubensflüchtlinge kam Prenzlau nach 1648 wieder auf die Beine. Ende des 17. Jahrhunderts lebte hier die größte Hugenottenkolonie der Uckermark. Mit Handel, Handwerk und Braukunst verdiente man Mitte des 18. Jahrhunderts gutes Geld. Anfang des 19. Jahrhunderts begann auch in Prenzlau ganz zart das Industriezeitalter. Eine Tabakfabrik, eine Baumwollmanufaktur, eine Zucker-

Prenzlau

Einwohner: ca. 19 000
PLZ: 17291
Telefon-Vorwahl: 0 39 84
KFZ-Kennzeichen: UM, PZ
Fläche: 142,96 km²
Ortsteile: Alexanderhof, Blindow, Dauer, Dedelow, Güstow, Klinkow, Schönwerder, Seelübbe
Geografische Lage: Die Stadt liegt etwa 100 Kilometer nördlich von Berlin und 50 Kilometer westlich von Stettin in Polen. In Prenzlau verlässt die Ucker den Unteruckersee auf ihrem Weg in Richtung Ostsee. Sie fließt ins Stettiner Haff.
Wirtschaft: In Prenzlau haben sich Betriebe der erneuerbaren Energiewirtschaft angesiedelt, speziell Windenergie. 2011 wurde das erste Wasserstoff-Hybridkraftwerk der Welt in Betrieb genommen. Es nutzt die Energie aus Windkraft, Wasserstoff und Biogas zur Stromerzeugung. Möbelindustrie, Maschinenbau, Metallerzeugung und -verarbeitung, Futtermittelherstellung und Solarindustrie ergänzen die wirtschaftliche Spannbreite. Eine nicht unwesentliche Rolle spielt der Tourismus.

Blick auf das Dominikanerkloster und den Unteruckersee

fabrik und mehrere Eisengießereien nahmen die Arbeit auf, kleinere Maschinenbauanstalten wurden gegründet. 1863 erhielt Prenzlau Anschluss ans Eisenbahnnetz.

Ein ganz besonderes Kapitel im Geschichtsbuch der Stadt handelt von Soldaten. 1685 wurde Prenzlau **Garnisonsstadt.** Anfangs lebten die Rekruten noch in Bürgerquartieren, dann aber wurden Kasernen gebaut und die Stadtmauern verstärkt, um Desertionen zu verhindern. St. Nikolai, einst Klosterkirche der Dominikaner, wurde Garnisonskirche. Vor dem Stettiner Tor gab es einen neun Hektar großen Exerzier- und Schießplatz, im Volksmund „Exer" genannt.

Jahrhundertelang dominierte das Militär die Wirtschaft und Gesellschaft der Stadt. Als 1914 die Regimenter in den Krieg zogen, jubelte die Bevölkerung noch, nach den ersten Todesnachrichten war die Begeisterung dahin. Das konnte den Zweiten Weltkrieg nicht verhindern.

In den ersten Friedenstagen des Jahres 1945 zogen sowjetische Soldaten in die Wehrmachtskasernen ein. Auch die Nationale Volksarmee (NVA) saß bis zur Wende in der Otto-Grotewohl-Kaserne. Umbenannt in „Uckermark-Kaserne" dient sie heute dem ABC-Abwehrbataillon 805 als Stützpunkt in der Uckermark.

Stadt am See

Selbst der Schwan im Stadtwappen hat etwas mit Schießerei zu tun, er erinnert an die Schwanenjagd, mit der sich König Friedrich I. 1704 vergnügte. Er schoss 34 Schwäne ab und nahm dann huldvoll des Bürgermeisters Bittgesuch entgegen, fortan einen Schwan im Wappen der Stadt führen zu dürfen. Ort dieser Handlung war der **Unteruckersee,** der Haussee im Süden der Stadt, rund 7 Kilometer lang, 2,5 Kilometer breit und 18 Meter tief. Durch einen Wasserlauf, im Volksmund „der Kanal" genannt, ist der Unteruckersee mit dem **Oberuckersee** verbunden. Beide sind Kinder der letzten Eiszeit. Beim Abtauen des Eises sammelte sich Wasser in Mulden und Senken.

Einen herrlichen Blick auf die Unterucker-Mulde bekommt man beim Spaziergang entlang der neugestalteten Uferpromenade. Der See ist ein beliebtes Badegewässer und hervorragendes Segelrevier. Es gibt Wander- und Radwege, der Fernradweg Berlin–Usedom sowie der Uckermärkische Radrundweg führen am Westufer entlang. Im Sommer kann man außerdem mit dem Schiff *Onkel Albert* bequem über den See schippern.

Sehenswertes

St.-Sabinen-Kirche

Einen Rundgang durch Prenzlau kann man gut im Westen der Stadt, am Ausfluss der Ucker in den Unteruckersee, beginnen. Hier liegt die kleine St.-Sabinen-Kirche. Sie ist dem italienischen Heiligen Sabinius geweiht, der bei Flutkatastrophen angerufen wurde. Die im Jahre 1799 aber war so stark, dass auch der Heilige keinen Schutz mehr geben konnte. Die Kirche mit dem in Deutschland einmaligen Namen musste gesperrt werden.

1816/17 wurde die älteste Kirche Prenzlaus umgebaut, heute ist sie ein Saalbau mit Fachwerkturm. Zu den Kostbarkeiten in ihrem Inneren gehört ein Renaissance-Altar aus dem Jahre 1597.

Rund um das Mitteltor

Kurz vor der Altstadt verwöhnt Prenzlau seine Besucher mit dem **Vier-Türme-Blick,** der den Turm des Mitteltors, das filigrane Türmchen der Heilig-Geist-Kapelle aus dem 14. Jahrhundert und die beiden Türme der Marienkirche miteinander verbindet.

Das Mitteltor aus dem 15. Jahrhundert ist mit seiner kunstvollen Gestaltung sowie der achtseitigen überdachten Galerie das markanteste aller Prenzlauer Tore. Zwei kleinere Nachbauten sind übrigens in Berlin auf der Oberbaumbrücke zu bewundern. Die **Heilig-Geist-Kapelle** war ursprünglich das Bethaus für ein benachbartes Hospital. 1899 zog das Uckermärkische Museum in die Kapelle ein, die 1945 ausbrannte. Wertvolle Zeugnisse der regionalen Geschichte gingen der Stadt so verloren.

Etwas abseits vom Mitteltor und nördlich der Marienkirche steht an der Klosterstraße die um 1250 erbaute **Dreifaltigkeitskirche,** einst Klosterkirche der Franziskanermönche. 1544 aufgelöst, wurde und wird sie von der französisch-reformierten Gemeinde als Gotteshaus genutzt.

Marienkirche

Das bedeutendste Bauwerk der Stadt ist die Marienkirche, die von 1289 bis 1340 erbaut wurde. Wie ein an Land geworfenes Schiff steht die gewaltige gotische Hallenkirche auf dem Marktberg inmitten der Stadt und kündet von der Herrschaft Gottes sowie dem einstigen Reichtum der Prenzlauer Bürgerschaft.

Seltsam schön ist der Prachtgiebel an der Ostseite, der mit seinen rot und schwarz glasierten Steinen eine überraschende Formenvielfalt offenbart. Die reich gegliederte Giebelwand wirkt zart und zerbrechlich durch ihr filigranes, den Mauern vorgesetztes Schmuckwerk. Im Gegensatz dazu erhebt sich das gewaltige Westwerk vor dem Langhaus wie ein Schutzschild. An der Marienkirche kann man gut erkennen, wie sich der spröde Naturstein dem Kunstsinn der mittelalterlichen Baumeister zunehmend entzog. Die Gotik verlangte spielerische, zierliche Formen. Der gebackene Ziegelstein war dafür ideal. An St. Maria besticht die Synthese von Natur- und Backstein. Kraft, Schlichtheit und Kunstfertigkeit kommen hier voll zur Geltung.

Interessant sind die beiden unterschiedlich hohen Kirchtürme. Auf dem Nordturm befindet sich in 68 Metern Höhe das luftigste Haus Brandenburgs. 1546 wurde es im Renaissancestil dem gotischen Bau aufgesetzt und prägt seither die Stadtsilhouette. Nur über eine hölzerne Brücke in schwindelerregender Höhe gelangte der Stadt-Türmer in seine Dienstwohnung. Wer Brandenburgs höchsten Arbeitsplatz besichtigen möchte, muss sich 234 ausgetretene Stufen nach oben quälen. Die Türme stehen längst nicht mehr im Original. Die einst spitz in die Höhe wachsenden, 90 Meter hohen Kegel sind nur noch stumpfe, weithin leuchtende, weiße Giebel, da sie häufig der Blitz traf. Die pure Naturgewalt stutzte sie mit der Zeit auf ihr heutiges Maß. Jeden „Treffer" werteten übrigens die Bürger als Strafe Gottes.

Im Inneren ist die Kirche nackt und schmucklos. Mit Eleganz und Kraft streben die Pfeilersäulen in der leeren Halle nach oben. Die Rekonstruktion der Kirche dauert bis heute an. 2009 erklangen erstmals wieder drei Kirchenglocken vom Turm. Von der einstigen Ausstattung überstand nur der Marienaltar mit der Mondsichelmadonna eines unbekannten Lübecker Meisters (1512) das Inferno von 1945. Seine kunstvollen Schnitzfiguren stehen heute aus Sicherheitsgründen hinter Glas. 1991 wurde der Marienaltar Opfer eines Kunstraubes. Nicht alle Figuren kehrten zurück

Mächtiges Symbol einstigen Reichtums: die Marienkirche

und einige von ihnen waren zudem beschädigt. Die Polizei hatte sie in einem Kölner Bordell entdeckt.

Marienkirchstraße 4 |
Tel. (0 39 84) 7 18 06 50 |
www.marienkirche.com |
Mai–Okt. tgl. 10–17 Uhr

Marktplatz & Friedrichstraße

Zu Füßen der mächtigen Kirche findet zweimal die Woche der **Markt** statt. Für die Bauern die beste Gelegenheit, ihre „Nudeln" gleich sackweise zu verkaufen. Bis in unsere Tage hinein rätseln Sprachforscher, warum in der Uckermark die Kartoffeln Nudeln heißen. Vielleicht handelt es sich um eine Hinterlassenschaft der Hugenotten, die den Erdapfel „Nouelle" nannten, Knolle.

Nicht weit entfernt davon, in der Nähe der Tourist-Information, ist eine große Steinplatte ins Straßenpflaster eingelassen. Sie symbolisiert den alten **Richtstein** der Stadt. Hier wurden die Todesurteile vollstreckt. Die letzte öffentliche Hinrichtung fand in Prenzlau 1774 statt.

Seit dem Jahre 2000 steht am Eingang zur Friedrichstraße eine neue **Rolandsfigur,** die einst Marktfreiheit und Gerichtsbarkeit der Stadt verkörperte. Die Originalfigur von 1495 wurde 1737 von einem heftigen Januarsturm vom Sockel geweht. Nur vier Teile überlebten: der Kopf, das Schwert sowie Stücke des Ellenbogens und des Oberschenkels. Aus diesen Fragmenten schuf der Bildhauer Toralf Jaekel in detektivischer Kleinarbeit einen geklonten Roland. Am 10. Juni 2000 wurde der neue alte Roland feierlich enthüllt.

Am Ende der Friedrichstraße steht die **Jakobikirche.** Sie stammt aus dem 13. Jahrhundert und wurde einschiffig aus Granitquadern erbaut. 1945 brannte sie nieder. Noch immer wird sie rekonstruiert. Ihr markantes Erkennungszeichen ist der massive rechteckige Turm.

Stadtbefestigung

Ein paar Meter weiter zeigt sich die gewaltige **Stadtmauer** mit ihren Wiekhäusern, die auf Bogenschussweite in die Mauer eingefügt waren.

An ihrem östlichen Ende steht der **Stettiner Torturm,** in dessen dicker Wand das uckermärkische Rutenmaß (3,77 Meter) und das Scheffelmaß (ca. 55 Liter) eingemauert sind. Sie dienten Händlern und Landvermessern als Richtwerte. Weiter in Richtung Süden folgen der Seiler-, der Pulver-, der Hexenturm sowie das Steintor.

Der **Seilerturm** wurde um 1890 aus einem Wiekhaus zur Seilerwerkstatt umgebaut und von den Seilmachern zum Trocknen ihrer Seile benutzt. Der **Pulverturm** diente der Garnison als Lager für das Schießpulver. Im **Hexenturm,** 1494 nachträglich in die Stadtmauer eingefügt, schmachtete zu Zeiten der Hexenverfolgung so manche unschuldige Frau. Eine wurde sogar von den Wächtern vergessen. Sie verhungerte elendig. Auch Verbrecher saßen hier ihre Strafe ab.

Das **Steintor,** das älteste der Prenzlauer Tore (13. Jahrhundert), kann bestiegen werden. 100 Stufen sind nötig, um über die Stadt zu schauen. Die Toranlage wird heute von Hobbyastronomen benutzt, die sich eine Sternwarte aufs Dach gestellt haben. Von hier oben schaut man nicht nur ins Land, sondern auch auf einen vor wenigen Jahren gebauten Häuserblock, der beweist, wie gut sich mittelalterliche Architektur und modernes Bauen vertragen.

Nikolaikirche & Dominikanerkloster

Wenige Schritte vom Steintor entfernt steht die **Alte Nikolaikirche,** die um 1200 errichtet wurde. Von ihr gibt es nur noch den restaurierten Turm, an dem sich die einstige Konstruktion der Kirche gut nachvollziehen lässt. Das Kirchenschiff verfiel bereits im 16. Jahrhundert.

Zum Greifen nah liegt auch die ehemalige Dominikanerkirche Zum Heiligen Kreuz vor uns, die nach der Säkularisation in **St.-Nikolai-Kirche** umgetauft wurde. Um 1275 war Baubeginn, 1343 wurde die dreischiffige, frühgotische Backstein-Hallenkirche geweiht. Der im Chor befindliche Altaraufsatz stammt aus dem Jahre 1609. Er ist sehr kunstvoll gestaltet. 1976 trat in dieser Kirche der bekannte Liedermacher Wolf Biermann auf. Es war sein letztes Konzert in der DDR vor der Ausbürgerung.

Das **Dominikanerkloster** in Ufernähe des Unteruckersees war im Mittelalter das geistige Zentrum Prenzlaus. 1273 gegründet, ist das zweigeschossige gotische Klausurgebäude mit seinem Kreuzgang noch sehr gut erhalten. Das Kloster wurde 1544 aufgelöst und übernahm in Prenzlau die verschiedensten Aufgaben, war Hospital, städtisches Armenhaus, Altersheim und Krankenhaus.

Seit der Restaurierung 1999 gehört der gesamte Gebäudekomplex zu den besterhaltenen Klosteranlagen in Norddeutschland. Fantasievolle Besucher können sich in den Kreuzgängen, dem Refektorium, in der Sakristei und in der Frauenkapelle ein Bild davon machen, wie es vor fünfhundert, sechshundert Jahren bei den Dominikanern zugegangen sein mag. Heute ist das Kloster Sitz des ältesten Kulturhistorischen Museums der Uckermark mit einer Sammlung mittelalterlicher Objekte, dem Hackert-Kabinett, dem Veranstaltungszentrum *Kulturarche,* dem historischen Stadtarchiv, der Stadtbibliothek und mehreren Räumen für Veranstaltungen.

Seit 2011 gehört das ehemalige Waschhaus der Mönche nach aufwendigen Umbauarbeiten wieder zum Kloster und wird unter anderem als Ausstellungsraum genutzt. Der Klostergarten an der Ostseite wurde 2010 mit viel Hingabe angelegt. Seit 2012 sitzt vor dem einstigen Kloster eine lebensgroße Harlekinfigur des Prenzlauer Bildhauers Claus Lindner und macht die Welt freundlicher.

Uckerwiek 813 | Tel. (0 39 84) 75 11 41 |
www.dominikanerkloster-prenzlau.de |
Mai–Sep. Di–So 10–18,
Okt.–Apr. Di–So 10–17 Uhr

Bleiglasmalerei im Kreuzgang

Jakob Philipp Hackert
Naturgetreue Ideallandschaften

Jakob Philipp Hackert, 1737 in Prenzlau geboren und 1807 in San Piero di Careggio, einem Vorort von Florenz, gestorben, war einer der bedeutendsten klassizistischen Landschaftsmaler überhaupt.

„Drei Tinten stehen, wenn er tuscht, immer bereit, und indem er von hinten hervorarbeitet und eine nach der andern braucht, so entsteht ein Bild, man weiß nicht woher es kommt. Wenn es nur so leicht auszuführen wäre, als es aussieht." Das schrieb Johann Wolfgang von Goethe voller Bewunderung über Jakob Philipp Hackert, dem er 1787 in Italien beim Malen über die Schulter schauen durfte. Hackerts Ideallandschaften sind wohlkomponiert und durch einen streng klassizistischen Aufbau gekennzeichnet, doch seine Meisterschaft der genauen Naturbeobachtung kam der Auffassung des Naturwissenschaftlers Goethe sehr entgegen.

Hackerts Bilder hängen heute in den größten Museen der Welt. Aufträge von zahlreichen Adligen, vom russischen Hof sowie eine Festanstellung als Hofmaler bei König Ferdinand IV. von Neapel brachten ihm einen für Landschaftsmaler erstaunlich großen wirtschaftlichen Erfolg.

In Prenzlau erinnert eine Büste in der Stadtmauer an den großen Sohn der Stadt.

Ideallandschaft mit Junotempel aus Agrigent (1794)

Praktische Tipps

Hinkommen

Bahn: RE3 alle 2 Stunden von Berlin Hbf über Angermünde nach Prenzlau. **Auto:** Mit dem Auto über die Autobahn A20, Abfahrt Prenzlau-Süd oder Prenzlau-Ost.

Gut zu wissen

Stadtinformation Prenzlau
Informationen zu Unterkünften, Sehenswertem und Veranstaltungen.
Marktberg 2 | 17291 Prenzlau | Tel. (0 39 84) 7 51 63 | www.prenzlau-tourismus.de | Mai–Sep. Mo–Fr 10–18, Sa/So 10–13 Uhr, Okt.–Apr. Mo–Fr 10–17, Sa 10–12 Uhr

Gut gebettet

Hotel Uckermark & Restaurant Marie Luise
Im Stadtzentrum, ca. 500 m entfernt vom Unteruckersee. Familiengeführtes Hotel mit 30 großzügigen, mit Liebe zum Detail eingerichteten Zimmern. Überwiegend barrierefrei. Im Restaurant *Marie Luise* wird gutbürgerliche Küche serviert, kreativ verarbeitet mit regionalen Zutaten.
Friedrichstraße 2 | Tel. (0 39 84) 3 64 00 | www.hoteluckermark.de | Restaurant tgl. 11.30–22 Uhr | €€

Von Suppe bis Torte

Seerestaurant Am Kap
Idyllisch gelegenes Restaurant direkt am Unteruckersee mit großzügiger Terrasse. Traditionsgaststätte seit 1911. Die saisonal wechselnde Karte ist sehr gut, die Betonung liegt auf den uckermärkischen Spezialitäten. Viel Fleisch und – anders als der Name suggeriert – wenig Fisch.
Uckerpromenade 84 | Tel. (0 39 84) 7 18 03 05 | www.kap-prenzlau.com | Tgl. ab 11.30 Uhr

Gaststätte Zur Fischerstraße
Traditionelle und regionale Küche mit typischen uckermärkischen Gerichten, täglich frischer Fisch aus dem Uckersee.
Uckerpromenade 15 | Tel. (0 39 84) 26 14 | www.gaststaette-zur-fischerstrasse.de | Mo Ruhetag

Klostercafé Prenzlau
Selbst gebackene Kuchen und Torten, umrahmt von Kultur und Geschichte. Im Angebot sind Kaffeevariationen, Fladenbrot, selbstgemachte kleine herzhafte Gerichte, Klostersuppe und regionale Biersorten.
Uckerwiek 813 | Tel. (0 39 84) 75 33 41 | Di–So 10–18 Uhr

LEW BIO
Hausgemachte Biobackwaren, das Brot ist nach traditionellen Handwerksregeln gebacken und ohne Zusätze. Der vegetarische Mittagstisch wird stets frisch zubereitet und hat selbstverständlich Bioqualität. Regionales Gemüse und das Naturkostsortiment gibt es im Naturkostladen.
Neustadt 30 | Tel. (0 39 84) 83 25 83 | www.lewbio.de | Mo–Fr 10–18, Sa 10–13 Uhr

Aktiv & Sportlich

Kanu & Rad Station Prenzlau
Direkt am Radfernweg Berlin–Usedom gelegen, bekommt man hier alles, was Kanu- und Radwanderer brauchen.
Neustädter Damm 17 | Tel. (01 74) 1 80 21 80 | www.solaris-prenzlau.de | Apr.–Okt.

Rund um Prenzlau

Kurz vor der Grenze zu Mecklenburg-Vorpommern liegt Fürstenwerder, ein melancholisches Städtchen, aber gar nicht weit davon entfernt kann man eine blühende Überraschung erleben.

Fürstenwerder ▸ C3

Ganz oben im Norden des Naturparks Uckermärkische Seen liegt dies idyllische Städtchen, das nur so tut, als ob es ein Städtchen sei. Das Recht, sich so zu nennen, ist schon seit 1817 erloschen. Und das trotz einer 1 200 Meter langen **Stadtmauer** aus Feldsteinen und einst 35 Wiekhäusern, zweier Stadttore und einer Stadtkirche. 1319 geriet das Ackerbürgerstädtchen als „Vorstenwerdere, Stadt im Uckerlande", ins Landbuch. Im Zentrum der kreisförmigen Stadtanlage steht die **Kirche** aus Feldsteinen aus dem 13. Jahrhundert. Der verputzte weiße Turm, der erst im 18. Jahrhundert dem Gotteshaus aufgesetzt wurde, bereichert markant die Stadtsilhouette. Das Innere der Kirche ist schlicht. 1740 vernichtete ein wütendes Feuer 60 Häuser, 30 Scheunen, die Schule, die Kirche und eines der drei Stadttore.

Fürstenwerder ist ein melancholischer Ort. Auf seine Art ist er schön. Das, was in und mit ihm geschieht, passiert auch anderenorts in der Uckermark. Die Jungen gehen weg, die Alten sterben. Was dies mit einem Ort macht, beschrieb der Schriftsteller Saša Stanišić in seinem Buch *Vor dem Fest*, das 2014 den Belletristik-Preis der Leipziger Buchmesse erhielt und ein Bestseller wurde. Fürstenwerder diente ihm dafür als Vorbild.

Buchtipp: Vor dem Fest

von Saša Stanišić
(Verlag Luchterhand, 2014)
Mehrfach ausgezeichnetes, humorvoll-melancholisches Sittengemälde eines uckermärkischen Dorfes. Fürstenwerder (im Buch Fürstenfelde genannt) diente als Vorbild.

Hinkommen

Bus: Von Prenzlau mehrmals täglich mit der Buslinie 416.
Auto: Mit dem Auto über die B 109 und L 29.

Internetgarten in Hetzdorf ▸ C2

Das kleine Dorf mit 80 Einwohnern, 1286 gegründet, ist ein Ortsteil der Gemeinde Uckerland und hat sich genau an der Grenze zu Mecklenburg-Vorpommern postiert. Hier gibt es viel Ruhe – und den Internetgarten. „Ich weiß", sagte Pastor Ulrich Kasparick in einem Interview, „dass die Leute um mich herum anfangs dachten, jetzt kommt so ein Verrückter aus der Stadt und will mit dem Laptop den Garten umgraben".

Ein wenig verrückt war die Idee schon. Er wollte mithilfe der sozialen Medien einen Rosengarten hinter seinem Pfarrhaus anlegen, wachsen und gedeihen lassen, ihn zum Dorftreffpunkt machen, mit einem Tisch, auf dem immer eine Thermoskanne Kaffee steht. So postete er. Drei Tage später kam die erste Post aus Finnland. Mit einem Rosenstock. Und ein Bauer aus der Umgebung kam mit seinem Traktor, um das Land umzupflügen und Beete anzulegen.

Der Garten zeigt sich in der Tradition eines Klostergartens, Lindenhecken symbolisieren die Klostermauern, ein Teil des Geländes soll ein Ort der Stille werden, des Gebets, der Meditation. Vor jeder Pflanze ist ein Schildchen in den Boden gesteckt, auf dem die Rosensorte steht, der Name und die Herkunft des Spenders. Viele Rosen haben einen weiten Weg hinter sich, kommen aus Hamburg, Hannover, Stuttgart, Magdeburg oder Kiel. Andere wieder stammen vom Nachbarn oder aus den Dörfern ringsumher.

Doch es geht dem Pfarrer nicht in erster Linie um die Rosen, er möchte, dass die Menschen etwas gemeinsam unternehmen. Unabhängig davon, woher der Einzelne kommt, ob er ein Gottloser ist, ein Moslem oder Christ. Und so sitzt man nach jeder Pflanzaktion zusammen, lacht und redet, stellt Fragen, lernt sich kennen.

Wo hat es das schon einmal gegeben!? Da legt ein Pfarrer in der menschenleeren Uckermark einen Rosengarten mithilfe von Internet-Freunden aus aller Welt an und trifft damit offenbar den Nerv vieler Menschen, die bis dato weder Garten- noch Kirchenfreunde waren. Eine feste Gemeinschaft hat sich mittlerweile gebildet, die den Garten aufbaut, gestaltet, ständig erweitert und pflegt.

Der Garten ist eine kleine Berühmtheit geworden. Reisebusse fahren vor, TV-Teams und Journalisten bitten um Interviews. Zudem

Rosenblüte im Internetgarten

steht man mit einem Garten in Kabul in Verbindung, der einstigen „Stadt der Rosen" in Afghanistan.

Kasparick war früher als Jugendpfarrer in Jena tätig. Nach der Wende trieb es ihn in die Politik. 1998 wurde er Abgeordneter des Bundestages und hat es bis zum Staatssekretär gebracht. Es war eine aufregende und beruflich erfolgreiche Zeit, die im Privaten jedoch ihren Tribut forderte. Er hat die Konsequenzen gezogen, wurde Pfarrer im ruhigen Hetzdorf. Bis Anfang 2018 war er verantwortlich für elf Kirchen in 20 Dörfern. Nun ist Kasparick im Ruhestand. Doch der Internetgarten blüht weiter.

Hinkommen

Bus: Von Prenzlau mehrmals täglich mit der Buslinie 414.
Auto: Mit dem Auto über die B 198.

Brüssow ▸ E2

Der 1259 gegründete Ort Brüssow, umgeben von Seen und Sümpfen, ist die nördlichste Stadt der Uckermark.

Auch Brüssow, etwa 15 Kilometer nordöstlich von Prenzlau an der wichtigen Handelsstraße nach Stettin gelegen, besaß eine wehrhafte Stadtbefestigung mit dem Berliner, dem Prenzlauer und dem Stettiner Tor. Trotzdem gelang es dem Städtchen nicht, wirtschaftlich wirklich groß zu werden. Auch der Dreißigjährige Krieg hatte etwas dagegen, er raubte der kleinen Stadt fast alle Einwohner. Als die dreißig Jahre der Willkür und Mordbrennerei vorbei waren, stand nur noch ihr Skelett.

Heute ist Brüssow ein kleiner, verträumter Ort. Reste der Wehrmauer stehen noch, die **Stadtkirche** aus der Mitte des 13. Jahrhunderts wurde ab 1930 umfangreich saniert. In der Kirche selbst fallen an der Empore die gemalten Geschichten aus der Bibel auf sowie die erst 1942 angefertigte Schuke-Orgel. Einen Besuch wert ist auch das kleine **Heimatmuseum.**

Eine besondere Adresse in der Stadt ist die **Alrich Historische Likörmanufaktur,** in der Liköre für jeden Geschmack hergestellt werden, von blumig bis bitter, von süß bis herb, alle kreiert nach historischen Familienrezepten. Gegründet wurde die Manufaktur im Jahre 1903 von Alfred Richter, was den Namen „Alrich" erklärt. Heute wird sie von seinen Nachfahren, der Familie Becker, geführt. Im Erbe der Familie befand sich eine umfangreiche Rezeptsammlung für Kräuterliköre mit so wohlklingenden Namen wie *Stargarder Bittere Tropfen, Thorner Lebenstropfen, Kraftwasser* oder *Blumenlikör.* Wie vor 250 Jahren werden die Liköre in reiner Handarbeit durch doppelte Destillation aus Kräutern hergestellt.

Heimatmuseum
Alles über die Geschichte der Stadt.
Karl Marx Straße 6a | 17326 Brüssow | Besichtigung nach Vereinbarung unter Tel. (03 97 42) 8 03 60

Alrich Historische Likörmanufaktur
In der Likörmanufaktur werden Kräuterliköre nach alten Rezepturen hergestellt.
Karl-Marx-Straße 16 |
Tel. (03 97 42) 86 66 42 |
Mi 10–12 Uhr, sonst nach Vereinbarung

Verbindungen

Bus: Von Prenzlau mehrmals täglich mit der Buslinie 425.
Auto: Mit dem Auto über die L 26.

Boitzenburg ★ ▸ C3

Boitzenburg ist der Stammsitz der Familie von Arnim. Aus ihr gingen Militärs, Beamte, Diplomaten, Wissenschaftler und Schriftsteller hervor. Der bekannteste unter ihnen ist der romantische Dichter Achim von Arnim.

Dem kleinen Dorf Boitzenburg gebührt der Ruhm, das größte Adelsschloss Brandenburgs zu besitzen. „Wie eine Märchenburg liegt der schöne Bau inmitten eines Parks", beschrieb ein Chronist die einstige Residenz der **Familie von Arnim**. 1528 erwarb der Landvogt Hans von Arnim das adlige Zuhause für „2 295 Rheinische Gulden und 1 500 Finkenaugen".

Prächtiger Familiensitz derer von Arnim: Schloss Boitzenburg

Der prächtige Besitz, der sich auf den Grundmauern einer schon 1276 urkundlich erwähnten Wasserburg erhebt, ist wahrscheinlich von seinem Namenspaten Johanes de Boyceneburg errichtet worden. Das **Schloss** war bis 1945 Stammsitz des berühmten Adelsgeschlechts derer von Arnim, das sich große Verdienste um Preußen und die Uckermark erwarb.

Der beeindruckende Bau folgte immer dem architektonischen Zeitgeschmack. Ursprünglich im Stil der Renaissance errichtet, wurde er Mitte des 18. Jahrhunderts zu einer barocken Dreiflügelanlage umgebaut. 1838–1842 gab dann Friedrich August Stüler dem Haus einen neogotischen Anstrich, vierzig Jahre später besann man sich erneut der Vergangenheit und beauftragte den Berliner Architekten Karl Doflein (1852–1944) damit, dem Ganzen einen Neorenaissance-Stil zu verpassen.

Peter Joseph Lenné hatte indes um 1840 aus dem Gelände rund um den „Küchenteich" einen englischen **Landschaftspark** geschaffen. Der „Landschaftsmagier" legte herrliche Sichtachsen an, spielte mit Geländeerhebungen, mit Baumgruppen und erledigte den Auftrag mit Bravour. Bei einem Spaziergang durch die von Lenné geschaffene Wunderwelt trifft man beispielsweise auf den **Apollotempel,** von dem aus man eine wunderbare Sicht aufs Schloss hat.

Der Schlosspark beherbergt auch das **Erbbegräbnis** der Familie von Arnim. Es war wieder Karl Doflein, der 1888/89 beauftragt wurde, eine Ruhestätte für den gerade verstorbenen Grafen Adolf von Arnim zu errichten. Sie sollte zukünftig der gesamten Familie als letzte Ruhestätte dienen. Bis dahin waren die Arnims in der Kirche bestattet worden. Zwei Sandsteinlöwen bewachen das Grabmal. Der eine schaut zum Schloss, der andere zur Kirche.

Wenige Meter weiter steht die Ruine eines Gedächtnistempels, der wegen des Symbols einer sich in den Schwanz beißenden Schlange **Schlangentempel** genannt wird. Ihn schuf 1804 Carl Gotthard Langhans (1732–1808). In Auftrag gegeben hatte den Bau Freda Antoinette von Arnim, die um ihren Mann Friedrich Wilhelm trauerte. Im Inneren saß, aus weißem Marmor gehauen, *Die Trauernde* von Johann Gottfried Schadow (1774–1850). Seit 1987 steht die Figur in der Friedrichwerderschen Kirche zu Berlin.

Über Generationen hinweg hatte sich die Familie von Arnim der Land- und Forstwirtschaft verschrieben, einige dienten als Militärs, Diplomaten, Wissenschaftler. Der bekannteste Spross der Familie ist der romantische Dichter **Achim von Arnim.** 1945 wurde die Familie von den Russen enteignet. Sie floh in den Westen und Schloss Boitzenburg erlitt das Schicksal vieler adliger Häuser in der DDR, es wurde Erholungsheim der Nationalen Volksarmee und bröckelte langsam vor sich hin. Kaum war die Wende da, tauchte auch schon der erste Spross der Arnims wieder „im Osten" auf. Der Sohn des letzten Schlossherren ließ sich im nahen Mahlendorf nieder, in Buchenhain kaufte ein Vetter das ehemalige Herrenhaus und machte ein Hotel daraus. Bekannt ist auch die „Apfelgräfin" Daisy von Arnim, die in Lichtenhain Apfelplantagen, einen Hofladen und ein Café betreibt. Schloss Boitzenburg wollte kein Arnim zurück haben. Nicht einmal geschenkt. „Zu aufwendig, zu teuer" lautete ihr Urteil.

Schließlich fand sich doch ein Investor, der den alten Bau zum Leben erweckte. Seit 2003 erstrahlt das Renaissancehaus wieder in frischen Farben. Und weil es mit seinen vielen Türmen und Türmchen, drachenförmigen Wasserspeiern, Erkern und Zinnen an Schloss Hogwarts erinnert, in dem Harry Potter das Zaubern erlernte, hat der Besitzer ein

Die Klostermühle ist heute ein Museum

Kinder- und Jugendhotel daraus gemacht. Geboten wird den Jungen und Mädchen, die hier allein, mit ihren Eltern oder im Rahmen einer Klassenfahrt Urlaub machen können, die Magie eines uralten Schlosses.

Der Ort Boitzenburg selbst ist reich mit Sehenswürdigkeiten gesegnet. Malerische, kleine Fachwerkhäuser, die sogenannten Beamtenhäuser, in denen früher die höheren Angestellten des Grafen wohnten, zieren die Straße. Dem letzten Haus vis-à-vis steht der einstige gräfliche **Marstall,** der heute eine Chocolaterie mit Café beherbergt (▸ Seite 174).

Unweit des Marstalls liegen, vom Marienfließ gespeist, die ehemals gräflichen Fischteiche im Tal, die heute unter dem Namen *Uckermärkische Fischerei* existieren. Über dem Tal erhebt sich die **Pfarrkirche St. Marien auf dem Berge.** Im 13. Jahrhundert aus Feldsteinen erbaut, wurde ihr Turm im 18. Jahrhundert auf 47 Meter Höhe aufgestockt und bekam eine barocke Haube. Im Inneren ist sie eine einfache Saalkirche mit mehreren Anbauten auf kreuzförmigem Grundriss. Zahlreiche, kunstvoll gearbeitete Epitaphe der Familie von Arnim sind zu bewundern. Den Altar von 1718 zieren acht korinthische Säulen mit einem Baldachin.

Etwas außerhalb des Ortes liegen die Ruinen des im Jahre 1270 gegründeten **Zisterzienserinnenklosters Marienpforte.** Wegen der unsicheren Grenzlage zwischen Brandenburg und Pommern gelangte das Kloster nie zu großer Bedeutung. 1538, nach der Säkularisierung, wurde der Konvent aufgelöst. Im Dreißigjährigen Krieg wurde das Gebäude vollends zerstört. Seither wohnen nur noch Wind und Wetter in den alten Klostergemäuern.

Anders erging es der **Klostermühle.** In ihr wurde seit 1271 Korn gemahlen und ein Sägegatter betrieben. Erst 1959 wurde der Mahlbetrieb aufgegeben. Eine Besonderheit ist der Mühlstein, der sich nicht dreht, sondern einen Gang mit Mahlgut entlang gerollt wird.

Hinter der Mühle führt die Straße ins Dorf an einem hölzernen Wisentkopf vorbei. Er erinnert an Dietlof Graf von Arnim, der sich sehr um die Erhaltung der am Ende des Ersten Weltkrieges fast ausgerotteten Wisente gekümmert hat.

Nur sieben Kilometer östlich von Boitzenburg steht ein anderes, nicht weniger schönes Haus auf der uckermärkischen Erde, **Schloss Kröchlendorff.** Der neugotische Bau steht abseits der Hauptverkehrsstraßen inmitten unberührter Natur. Bauherr war Oskar von Arnim-Kröchlendorff, entworfen hat das Haus Eduard Knoblauch, als dessen Hauptwerk die Neue Synagoge in Berlin gilt. Erbaut wurde es von 1844 bis 1848. Im Zweiten Weltkrieg nur leicht beschädigt, diente es lange Jahre als Kinder- und Kinderkurheim. Seit 1996 ist es ein Tagungs- und Bildungszentrum. Die neugotische Schlosskirche im Park stammt von einem Familienmitglied, dem Schinkelschüler und preußischen Hofbaumeister Ferdinand von Arnim (1814–1866).

Museum Klostermühle

Die alte Mühle ist immer noch voll funktionstüchtig. Zu bewundern ist außerdem eine vollständig eingerichtete Müllerwohnung, eine alte Mühlenbäckerei, eine Schmiede und eine Imkerei.

Mühlenweg 5a | Tel. (03 98 89) 2 36 | www.klostermuehle-boitzenburg.de | Di–So 10–17, im Winter bis 16 Uhr

Ruine des Klosters Marienpforte in Boitzenburg

via Tipp

Gasthof zum grünen Baum

Nach 30 Jahren Leerstand wurde der alte Gasthof 2014 aufs Schönste wiederbelebt. Feine, regionale Küche, stilvolle Gästezimmer, Gasthofbrauerei und kleiner Laden.

Templiner Straße 4 | Tel. (03 98 89) 5 69 95 | www.boitzenburger.de | Restaurant Apr.–Sep. tgl. 12–21, Okt.–Dez. Do/Fr ab 18, Sa/So/Fei ab 12 Uhr, Jan.–März geschlossen | €€

Marstall

Köstliche Torten, feine Schokoladen und frisch gerösteter Kaffee – serviert im wunderschön renovierten ehemaligen Stallgebäude. Seit Juli 2016 kommen auch die Gerstensaft-Liebhaber nicht zu kurz. Die Brau-Manufaktur im Marstall Boitzenburg ist eine selbstständige Landbrauerei, in der nach handwerklicher Tradition gebraut wird. So, wie vor 100 Jahren.

Das Brauhausrestaurant mit viel Holz und Kaminofen bietet auf drei Ebenen 90 bis 150 Sitzplätze. Auf der rustikalen Speisekarte findet man Gerichte von Biergulasch bis Burger.

Templiner Straße 5 | Tel. (03 98 89) 50 90 94 | www.marstall-boitzenburg.de | Apr.–Dez. tgl. 10–17 Uhr

Mocca Milch Eisbar

Hausgemachtes Eis, teils ausgefallene Sorten, Kuchen und Kekse, Milchshakes, Kaffeespezialitäten. MIt Sonnen- und Schattenterrasse.

August-Bebel-Straße 31 | Tel. (01 70) 2 47 48 26 | www.moccamilcheis.de | Juni–Aug. tgl. 12–18, sonst Di Ruhetag, Nov.–Feb. geschlossen.

Hinkommen

Bus: Von Prenzlau vekehrt die Buslinie 503 mehrmals täglich nach Boitzenburg.
Auto: Mit dem Auto über die A 11, Abfahrt Pfingstberg, dann über die L 24 via Gerswalde nach Boitzenburg.

Die Uckermark ist Arnim-Land
Spuren findet man überall

Aus der Altmark kommend, haben die von Arnims im Mittelalter in der Uckermark Fuß gefasst. Über Generationen hinweg machten sie sich um das Land verdient. In nahezu jedem uckermärkischen Ort findet man bis heute Spuren des Adelsgeschlechts.

Steinerne Zeugen der von Arnims stehen unter anderem in Boitzenburg, Criewen und Kröchlendorff, in Gerswalde, Mahlendorf und Fergitz, in Buchenhain, Lichtenhain, Blankensee und Suckow.

Ein ganz eigenes Haus ist das in Friedenfelde bei Gerswalde. Die jetzigen Besitzer müssen das alte Haus sehr lieben, sonst hätten sie sich kaum einen solchen Geldfresser ans Bein gebunden. Das denkmalgeschützte Gutshaus, in das schon eine Menge Geld und Zeit investiert wurde, befindet sich auch heute noch in einem etwas desolaten Zustand. Aber genau diese Bedürftigkeit macht seinen Charme aus.

Gut Friedenfelde wurde 1743 von Christian Ernst Graf von Münchow erbaut. Zwanzig Jahre später kaufte Joachim Erdmann von Arnim das Rittervorwerk mit Gutshaus und Nebengebäuden. Der preußische Gesandte und Intendant der Königlichen Oper zu Berlin war der Vater des Dichters Achim von Arnim (1781–1831), der als einer der wichtigsten Vertreter der deutschen Romantik gilt. Dieser hochgebildete Mann machte das eher schlichte Haus zu einem vornehmen Rokoko-Herrensitz mit prachtvollem Garten. Angetan von der Schönheit der Natur erwog sein Sohn Achim nach Friedenfelde zu ziehen. In einem Brief beschrieb er seiner Frau Bettina das „Schloss" ganz unromantisch als „… türkisch mit vielen der wunderbarsten Türme … Darauf stand Sonne und Mond, der Mond ist aber kürzlich untergegangen, sowie zwei Türme eingestürzt sind mitsamt den Zimmerdecken."

Das Gut konnte 1818 verkauft werden und kam nach mehreren Besitzerwechseln zurück zum Enkelsohn des Dichters, Annois von Arnim. Dessen Sohn bewirtschaftete es bis 1945. Dann wurde die Familie enteignet und Gut Friedenfelde als Wohnhaus genutzt. 1976 sollte es abgerissen werden. Es überstand diese Attacke durch den engagierten Einsatz der Mieter. 1978 wurde es unter Denkmalschutz gestellt, seit 1996 wird es schrittweise renoviert.

In unmittelbarer Nähe liegt das Erbbegräbnis der Familie von Arnim im Park von **Gut Suckow** aus dem Jahre 1870. Es wurde 2006 umfangreich restauriert und steht unter Denkmalschutz. Da das Gelände inzwischen zu einem Hotel gehört, ist es nicht mehr öffentlich zugänglich.

Tour 6: Auf dem Kleinen Boitzenburger

Der Kleine Boitzenburger ist die fast zärtliche Bezeichnung für eine Wanderung, die 2009 mit dem Titel „Qualitätsweg Wanderbares Deutschland" ausgezeichnet wurde.

Charakteristik: Leichte Wanderung, auch mit Kindern empfehlenswert

Start & Ziel: Parkplatz am Marstall in Boitzenburg

Strecke: Rundweg durch die nähere Umgebung von Boitzenburg

Entfernung: 10,5 Kilometer

Dauer: 3–4 Stunden

Einkehrtipp: Café *Marstall* und *Brauhausrestaurant* in Boitzenburg (▶ Seite 174)

Der gut beschilderte Rundweg ist leicht und hat auch nichts gegen normale Straßenschuhe. Start und Ziel ist der Parkplatz vor dem Marstall von **Schloss Boitzenburg** (▶ Seite 171). Der schöne, alte Reitstall beherbergt eine gläserne Schokoladen-Manufaktur, in der man den Chocolatiers bei der Arbeit zuschauen kann.

Vom Parkplatz aus geht es zunächst ein paar Schritte durch die kleine Stadt. Die Straße am Gutshof führt uns linker Hand „Zum Wassersteig" und dann, vor dem Bach, zum Poetensteig. Ein schmaler Pfad, ein schöner Name, beide führen uns am Wasser entlang zur **Klostermühle** (▶ Seite 173). Sie stammt aus dem Jahre 1271. Ihr schönes, altes Wasserrad dreht sich noch immer recht munter. Und das, obwohl seit 1782, da sie in den Besitz der Arnims kam, nichts getan wurde, um sie figürlich und gesundheitlich in Schuss zu halten. Sie ist eine natürliche Schönheit. Halt! Um der Wahrheit die Ehre zu geben, eine Turbine ist 1919 der Wasserkraft zur Seite gestellt worden. Alles andere ist original.

Nächster interessanter Punkt an der Strecke ist das einstige Zisterzienserinnenkloster Marienpforte, von dem nur noch Mauerreste der Klosterkirche und des Konvents stehen. Im Sommer spielen diese als Kulisse in Theateraufführungen mit.

Weiter geht's, der **Tiergarten** ist unser nächstes Ziel. Ein Wisentkopf macht neugierig. Er nimmt Bezug auf die kurze Zeitspanne von 1921 bis 1945, als im Tiergarten Wisente gehalten wurden. Dietlof Graf von Arnim (1867–1933) war es, der sich für die riesigen Tiere, die vor der Ausrottung standen, einsetzte und sie erfolgreich züchtete. Die Wisentherde wurde allerdings 1945 von der russischen Armee verspeist.

Eigentlich geht das Wort Tiergarten auf den preußischen Oberjägermeister Friedrich Wilhelm von Arnim zurück, der hier 1786 ein Wildgatter anlegte, um stets ausreichend Jagdbares für sich und seine Gäste in der Hinterhand zu halten. Der hohe Wildbestand sorgte dafür, dass der Charakter eines Hutewaldes erhalten blieb, der so typisch für die Schorfheide war. Hutewald, darunter versteht man das Weiden von Haustieren im Wald. Schafe, Schweine, Rinder wurden durch den Wald getrieben und „gehutet", gehütet. Die Tiere fraßen bis zu einer bestimmten Höhe die Bäume kahl. Mit der Einführung der Stallfütterung war das nicht mehr nötig und der Wald wuchs zu. So mussten Reh, Hirsch und Keiler die Funktion von Schaf und Schwein übernehmen. Genau dieser markante Buchen-Eichen-Mischwald ohne Unterholz ist im Tiergarten zu bewundern. Auf einer Fläche von 42 Hektar steht mit über 1 500 Stiel- und Traubeneichen einer der größten Huteeichen-Bestände Mitteleuropas.

Wir durchqueren den Tiergarten und kommen zum **Verlobungsstein,** der leichtfertig versprich: „So tief und fest wie dieser Stein, wird später eure Liebe sein." Danach erwartet uns ein wahrer Märchenwald mit 500 Jahre alten Eichen, knorrigen Buchen, Tannen und Fichten. Eine Allee mit Linden nimmt uns auf. Sie führt zur Landstraße 24, die wir überqueren. Es geht in Richtung Krienkow- und Schumellensee.

Zuvor aber betreten wir die geheimnisvolle, ein wenig melancholische Landschaft des Carolinenhains, besuchen das **Erbbegräbnis** derer von Arnim, den **Apollotempel** und die Ruine der **Waldkapelle.** Weiter geht es zum **Krienkowsee.** Dort wartet ein schön überdachter Rastplatz auf uns. 7 Kilometer sind wir bisher gewandert, da ist eine Stärkung angebracht. Und auch ein Bad: Die schöne Badestelle mit Steg und Sprungturm am 900 Meter entfernten **Schumellensee** ist eine Verlockung. Weiter geht es durch den Wald hügelauf und hügelab, die letzten 1 000 Meter führen durch lichte Wiesen, nach genau 10,5 Kilometern sind wir am Küchenteich und am Schloss. Schluss! Schön war's.

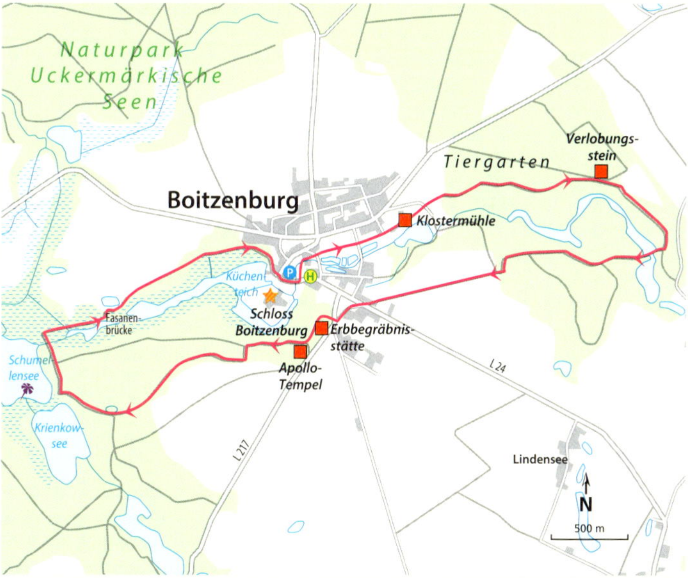

Gerswalde ▸ D4

Zwischen Templin und Prenzlau angesiedelt, ist das vergleichsweise unscheinbare Gerswalde geprägt von Landwirtschaft und einigen kleineren Handwerksbetrieben. Und doch geht von diesem Dorf offenbar ein besonderer Zauber aus.

Seit einigen Jahren gilt Gerswalde als Sehnsuchtsort für Großstädter, Kreative und Intellektuelle. Bekannte Schauspieler und Regisseure wurden und werden hier gesichtet. Im alten Palmenhaus auf dem Gelände der ehemaligen Schlossgärtnerei bieten Japanerinnen Matcha-Cheesecake und selbstgemachte Holunderlimonade an. Junge Leute begeistern sich für Permakultur, für naturnahes Gärtnern ohne Maschinen und Chemie.

Vom Frühjahr bis in den Herbst fallen nun am Wochenende zahlreiche Autos mit Berliner Kennzeichen in Gerswaldes Straßen auf. Während in der Hauptstadt durchschnittlich 4000 Menschen auf einem Quadratkilometer wohnen, sind es in der Uckermark 39, in der Großflächengemeinde Gerswalde 20. Das verspricht Idylle und Frieden – nur die Gerswalder fühlen sich bisweilen ein wenig überrannt von all den Künstlern, Köchen und Biogärtnern aus Berlin.

Der kleine Ort, günstig an der alten Handelsstraße von Magdeburg nach Stettin gelegen, hatte einst ganz andere, aufstrebende Pläne. Aber die zwei großen Kriege des Mittelalters, der Dreißig- und der Siebenjährige Krieg, zerstörten alle Hoffnungen. So blieb Gerswalde eine kleine Ackerbürgerstadt und nur wenige Gebäude lassen noch Rückschlüsse auf seine einstige Bedeutung zu.

Da ist die **Wasserburg,** eine gewaltige Ruine. Der größte Teil stammt aus dem 13./14. Jahrhundert. Bis zu drei Meter dick sind die Mauern, und die Reste des Bergfrieds sehen aus, als verstünden sie keinen Spaß. Früher hielt die wehrhafte Burg, von einem Wassergraben umgeben, Wacht an der Grenze zu Pommern. Im Dreißigjährigen Krieg spielte sie noch eine aktive Rolle, 1637 wurde sie endgültig zerstört und nicht wieder aufgebaut, da sich die Landesgrenze immer weiter nach Osten verschob. Wahrscheinlich würden heute nicht einmal Reste existieren, hätten nicht die von Arnims Freude daran gehabt, die bröckligen Mauern zu konservieren. Heute befinden sich hier die Heimatstube und das Fischereimuseum.

Seit dem Jahre 1463 war das Adelsgeschlecht derer von Arnim in Gerswalde ansässig. 1709 wurde die Stadt Stammsitz der Familie. Aber erst 1724 ließen sie sich eine standesgemäße Bleibe bauen, das **Schloss.** Da wirtschaftlich keine Impulse von den Arnims ausgingen, dümpelte Gerswalde vor sich hin. 1926 meldeten die Arnims Konkurs an und verloren ihre Gerswalder Besitzungen. 1929 wurde das Schloss zum Jugendheim, 1945 zum Kinderheim, später zum Jugendwerkhof. Heute gibt es dort ein Jugendheim mit Ausbildungsstätten.

Auch der stattlichen **Kirche** sieht man eine bedeutende Vergangenheit an. Der dominante, auf einem Hügel stehende Granitbau stammt wahrscheinlich aus dem Jahre 1250. 1743 wurde der 36 Meter hohe Kirchturm durch Blitzeinschlag zerstört. Auch für das Feuer von 1808 war ein Blitz verantwortlich. Die Kirche brannte vollständig aus, wurde wieder aufgebaut und 1817 neu geweiht. Der Schnitzaltar im Inneren

Im Großen Garten kann man beim Blick ins Grüne die Seele baumeln lassen

von 1624 ist eine Leihgabe der Kirche aus Schmölln (Uckermark). Die Sauer-Orgel von 1852 war eigentlich für Lychen bestimmt, sie kam 1873 nach Gerswalde und kostete die Kirchengemeinde 500 Taler.

Wasserburg
Heimatstube und Fischereimuseum.
Dorfmitte 15 | 17268 Gerswalde |
Tel. (03 98 87) 2 49 |
Apr.–Sep. Mo–Fr 10–16, Sa 13–17 Uhr

via Tipp **Großer Garten**
Kulturgarten mit kreativer Gastroszene auf dem terrassierten Gelände der ehemaligen Schlossgärtnerei. Das kulinarische Angebot reicht von japanischen Gerichten über Kaffee und Kuchen bis zu Eis und Obst. Das Projekt versteht sich als Ort des Austauschs für verschiedene Lebensentwürfe, Visionen und Gewerke.
Dorfmitte 11 | Mai–Okt. Sa/So ab 12 Uhr |
www.dergrossegarten.de

Hinkommen

Bahn: RE 3 alle 2 Stunden von Berlin Hbf nach Wilmersdorf, von dort weiter mit der Buslinie 504.
Auto: Autobahn A 11, Abfahrt Pfingstberg, dann über die L 24.

Außerhalb von Gerswalde

Wüste Kirche Berkenlatten
Sehr malerische, verwunschene Ruine der Kirche des ehemaligen Dorfes Bischofshagen, etwa 2 Kilometer südlich von Gerswalde.

Straußenhof Berkenlatten
Winzige Babystrauße sowie übermannshohe Altvögel durchstreifen weitläufige Gehege. Zum Hof gehört auch ein Barfußpark und ein Hofladen mit Straußenprodukten (▸ Seite 192).
17268 Gerswalde (OT Berkenlatten) |
www.straussenhof-berkenlatten.de |
Apr.–Okt. tgl. 10–18, Nov.–März Do–Mo ab 10 Uhr bis Einbruch der Dunkelheit

Reisepraktisches

▼ Frühlingshafte Lindenallee bei Brodowin (▸ Seite 111)

Klima

Gelegen zwischen ozeanischem Klima in Westeuropa und typischem Kontinentalklima im Osten herrschen im Barnim und der Uckermark in der Regel gemäßigte Temperaturen bei vorwiegend westlichen Winden. Aufgrund der relativ geringen Höhendifferenzen sind die klimatischen Unterschiede innerhalb des Landes eher gering. Die mittlere Jahrestemperatur beträgt 9 °C, kältester Monat ist der Januar mit -1 °C, wärmster Monat der Juli mit durchschnittlich 18 °C.

Mit einer Regenmenge von weniger als 600 Millimetern jährlich ist Brandenburg eines der trockensten Länder der Bundesrepublik. Der meiste Regen fällt in den Monaten Juni bis August. Winter und Frühjahr sind vergleichsweise trocken.

Wer im Barnim, der Schorfheide oder in der Uckermark Urlaub machen möchte, dem stehen mindestens elf der zwölf Monate als beste Reisezeit zur Verfügung. Lediglich der November ist, um es diplomatisch auszudrücken, ein wenig problematisch. Der große Rest des Jahres lässt aufgrund der besonderen Kombination aus Wald, Wasser und Weite viele Möglichkeiten einer sinn- und freudvollen Urlaubsbetätigung zu.

Uckermark und Barnim sind – wie hier in Annenwalde – zu jeder Jahreszeit reizvoll

Ankommen

Mit der Bahn

Der Barnim und die Uckermark liegen nur einen Katzensprung von Berlin entfernt. Etliche Orte sind im Stundentakt mit dem Zug zu erreichen.

RE-Züge verkehren auf den Strecken Berlin–Stralsund und Berlin–Schwedt/Oder via Eberswalde, Angermünde und Prenzlau. **RB-Linien** fahren ebenfalls Angermünde sowie Templin Stadt mit zahlreichen Zwischenhalten an. Die **Heidekrautbahn** (RB 27) pendelt zwischen Berlin-Karow und Groß Schönebeck. Von Berlin aus kommt man mit der **S 2** nach Bernau. Die Mitnahme von Fahrrädern ist mit einem zusätzlichen Fahrradticket in allen Zügen möglich.

Es gilt das Tarifsystem des Verkehrsverbunds Berlin-Brandenburg (VBB). Mit dem **Brandenburg-Berlin-Ticket** können bis zu fünf Personen für 33 Euro einen ganzen Tag lang das komplette Netz des VBB nutzen.

www.bahn.de,
www.vbb.de | Tel. (0 30) 25 41 41 41

Mit dem Auto

Der Nordosten Brandenburgs ist über die Autobahn schnell zu erreichen. Die A 11 von Berlin nach Stettin führt durch Barnim und Uckermark. Bei Prenzlau im Norden trifft die A 11 auf die Ostsee-Autobahn A 20.

Mit dem Boot

In den Nordosten des wasserreichsten Bundeslandes kann man auch mit dem Boot reisen. Wichtige Informationen gibt es beim Brandenburger Landesamt für Bauen und Verkehr und beim Wasserstraßen- und Schifffahrtsamt Eberswalde.

www.lbv.brandenburg.de,
www.wsa-eberswalde.de

Unterwegs vor Ort

Zusätzlich zu den regionalen Buslinien verkehren Ausflugsbuslinien. An Wochenenden und Feiertagen besteht die Möglichkeit, mit dem **Uckermark-Shuttle** der Uckermärkischen Verkehrsgesellschaft (UVG) die Region zu erkunden. Er fährt von Templin aus im Uhrzeigersinn und entgegengesetzt Prenzlau, Schwedt, Angermünde und Wilmersdorf an. Ab Templin besteht zusätzlich die Möglichkeit, über Lychen nach Fürstenberg/Havel und zurück zu fahren. Während der Saison vom 1. April bis zum 29. Oktober ist der Bus mit einem Träger für drei bis vier Fahrräder ausgestattet.

Der **BiberBus** (Buslinie 496, UVG) startet am Bahnhof Angermünde. Ziele sind der Wolletzsee, das NABU-Erlebniszentrum Blumberger Mühle, der Bio-Hofladen auf dem Gut Kerkow, der Lenné-Park bei Görlsdorf. Als **WelterbeBus** steuert die Linie den Buchenwald Grumsin an.

Der **HeideLiner** (Buslinie 904) der Barnimer Busgesellschaft (BBG) pendelt in Abstimmung mit der *Heidekrautbahn* als Shuttle in der Hauptsaison von Freitag bis Sonntag vom Bahnhof Groß Schönebeck hinein in das *Biosphärenreservat Schorfheide-Chorin* zum *Wildpark Schorfheide* und dem *Feriendorf Groß Väter See*.

Ebenfalls von der BBG betrieben wird der mit einem Fahrradanhänger ausgestattete **Werbellinseebus** (Linie 917). Er umrundet von April bis Oktober am Wochenende und an Feiertagen den Werbellinsee und verbindet Eberswalde, Altenhof, Joachimsthal, Eichhorst und Finowfurt.

www.uvg-online.de | Tel. (0 33 32) 44 27 55,
www.bbg-eberswalde.de |
Tel. (0 33 34) 23 50 03

Die Heidekrautbahn bringt Ausflügler von Berlin in die Schorfheide

Aktiv im Urlaub

Ob nun beim Wandern, auf dem Rücken der Pferde, mit einem Hausboot, im Kanu oder auf dem Fahrrad: Die Region ist umfangreich erschlossen, ein dichter, sehr gut ausgeschilderter Wegeplan liegt wie ein Netz über den schönen, meist flachen Landschaften. Neben einer Vielzahl regional begrenzter **Wanderwege,** die auch von Kindern und/oder Untrainierten ohne Mühe absolviert werden können, gibt es die großen Herausforderungen. Zum Beispiel die **Uckermärker Landrunde,** die in Prenzlau startet, 167 Kilometer durch Wälder, Hügel, Felder, Seen und verträumte Ortschaften führt, um nach sechs Tagen wieder da zu landen, wo sie angefangen hat, in Prenzlau.

Der **Märkische Landweg** bringt es sogar auf 217 Kilometer. In zehn Etappen von ca. 20 Kilometern pro Tag führt er von der Stadt Feldberg durch den *Naturpark Uckermärkische Seen,* berührt Carwitz, Lychen, Templin, das *Biosphärenreservat Schorfheide-Chorin,* Angermünde, den Nationalpark Unteres Odertal und endet schließlich in Schwedt an der Oder. Auch kleinere Touren gibt es zuhauf, zum Beispiel den 45 Kilometer langen **Treidelweg** entlang des Finowkanals im Barnim.

Wem das Wandern zu beschaulich ist, der kann aufs **Fahrrad** steigen. Die Brandenburgische Landschaft ist zum Radwandern wie geschaffen. Der **Radfernweg Berlin–Usedom** führt vom Berliner Zentrum über Bernau und Biesenthal durch den *Naturpark Barnim,* die Schorfheide und die Uckermark. An Prenzlau vorbei geht es weiter nach Usedom. Der **Oder-Neiße-Radweg** führt an der Oder entlang durch den *Nationalpark Unteres Odertal* über Schwedt und Gartz nach Stettin. Als Ost-West-Verbindung startet der **Oder-Havel-Radweg** am Oderdeich bei Hohensaaten, verläuft zum großen Teil am historischen Finowkanal entlang bis Liebenwalde und verknüpft so den Oder-Neiße-Radweg mit dem Havelradweg. Der **Uckermärkische Radrundweg** ab Stolpe verbindet Angermünde, Templin, Lychen, die Uckerseen bis Prenzlau und Ortschaften im *Nationalpark Unteres Odertal* miteinander.

Neben den großen Fernradwegen finden sich in der ganzen Region verstreut überall auch kleinere Radrouten mit teils fantasievollen Namen: die Glashütten-Tour (28 km), die Land- und Kunstrunde (19 km), die Zisterzienser-Tour (66 km), der Radweg „Spur der Steine" (55 km) oder der Schorfheide-Rundweg (21 km). Kartenmaterial und Informationen über Ziel, Beschaffenheit und Länge des Weges gibt es in jeder Tourismus-Information und beim Landesverband Brandenburg des Allgemeinen Deutschen Fahrradclubs (ADFC).

Freizeitgestaltung auf dem Wasser gehört zu den Besonderheiten der Region. **Wassersportler** finden Erholung beim Surfen, Baden, Angeln, Stehpaddeln, Tauchen, beim Wasserski oder Faulenzen am See.

Seit der Erfindung des Faltbootes steht die „Seefahrt" allen offen. Wasserwandern ist ein großer Spaß geworden. Über 1 000 Seen, Flüsse und Bäche gibt es in der Region. Auch der **Finowkanal** zeigt sich auf einer Länge von 32 Kilometern als stille, meist naturbelassene Landschaft. Das Passieren der 13 historischen Schleusen ist stets ein Erlebnis.

Bleiben noch die Pferde, die seit jeher zum Barnim und der Uckermark gehören. In einer weitgehend naturbelassenen, pferdetauglichen Landschaft finden Reiter und Pferdeliebhaber reizvolle Ziele für erlebnisreiche Ausflüge. Die Angebote reichen in den zahlreichen **Reiterhöfen** und Pferdepensionen von Reitstunden für Anfänger bis hin zu Wanderritten, Kremser- und Schlittenfahrten.

www.brandenburg.adfc.de,
www.finowkanal.info

Uckermark, Schorfheide und Barnim lassen sich gut per Rad erkunden

Draisine fahren
Strampeln auf der Schiene

Und sie bewegt sich doch! Man muss sie nur richtig treten.

Ein Lobgesang auf die Draisine – jenes vierrädrige Fortbewegungsmittel, das 1817 der badische Forstbeamte und Erfinder Karl Friedrich Christian Ludwig Freiherr Drais von Sauerbronn (1785–1851) in die Welt setzte. Stopp! Das stimmt nicht ganz, Drais dachte sich „nur" die Laufmaschine aus, den Vorläufer des Fahrrades.

Aber aus seinem Entwurf wurde eines schönen Tages die Draisine entwickelt, mit der Eisenbahnbeamte die Strecke abfuhren, Signalanlagen prüften, Weichen kontrollierten. Wenn ein Zug kam, wurde das mit Muskelkraft betriebene Gefährt einfach von den Schienen gehoben. Genauso geschieht es noch heute, mit einem kleinen Unterschied: Die Draisinen fahren ausschließlich auf stillgelegten Strecken. Da kann kein Zug mehr kommen! Auch kein verspäteter.

Leider genoss der Erfinder wenig gesellschaftliche Anerkennung. Das lag auch an seiner Alkoholkrankheit. 1835 wurde ihm wegen einer Wirtshausschlägerei sogar der Titel „Freiherr" aberkannt. Drais wurde zu einer tragischen Figur. Auf der Straße riefen ihm die Kinder nach: „Freiherr von Rutsch / zum Fahre kei Kutsch / zum Reite kein Gaul / zum Laufe zu faul."

Karl von Drais starb 1851 in Karlsruhe. Sein Nachlass wurde mit 30 Gulden und 34 Kreuzern beziffert. Darunter waren eine Kochmaschine, ein Ofenmodell, eine Schreibmaschine und das Laufrad, aus dem sich das Fahrrad und die Draisine entwickelten.

Ein ganz besonderes Erlebnis ist die Fahrt mit der Draisine auf der 28 Kilometer langen stillgelegten Eisenbahnstrecke von Templin über Lychen nach Fürstenberg/Havel. Die Schienengefährte werden für zwei bis vier Personen vermietet. Die Vierer-Draisine ist ganz leicht zu bedienen, zwei radeln, und zwei machen es sich auf der Bank in der Mitte bequem. An der Strecke gibt es Rastplätze, von denen aus man die Gegend erkunden oder in einem der zahlreichen Waldseen baden gehen kann.

Draisinenstrecke Templin–Fürstenberg | erlebnisbahn.de GmbH | Zehdenicker Straße 30 | 17268 Templin | Tel. (0 33 77) 3 30 08 50 | www.draisine.com

Urlaub mit Kindern

Vom Kükengehege über den Besuch bei den Einjährigen bis hin zu den erwachsenen Riesenvögeln: Im **Straußenhof Berkenlatten** (▸ Seite 179) bei Gerswalde kommt man den erstaunlichen Tieren ganz nah. Ein großer Spaß für Groß und Klein ist der angeschlossene **Barfuß-Erlebnispark.**

Ein anderes Highlight für die ganze Familie ist der Besuch des Westerndorfes **El Dorado** bei Templin (▸ Seite 120). Mit der Eintrittskarte kauft man sich ein volles Programm Wild-West-Romantik, rauchende Colts, Spaß und Abenteuer.

Für Wasserratten ist die **NaturThermeTemplin** (▸ Seite 119) genau das Richtige. Wellenbecken, verschiedene Rutschen und ein Planschbereich für kleinere Kinder versprechen viel Spaß. Eltern können derweil in Sauna und Thermalsolebecken entspannen.

Auf dem Areal des abgewickelten Walzwerkes und der Hufeisenfabrik am Finowkanal lockt der **Familiengarten Eberswalde** (▸ Seite 75) die ganze Familie mit einer außergewöhnlichen Spiellandschaft.

Auch der schöne **Zoo Eberswalde** (▸ Seite 73) mit über 1 500 Tieren aus 150 Arten ist einen Besuch wert. Besonders der gläserne Tunnel durchs Löwengehege und die vielen Spielplätze auf dem Gelände begeistern Kinder und Erwachsene.

Einheimische Tiere, oder solche, die es früher waren, gibt es im **Wildpark Schorfheide** (▸ Seite 83) zu sehen: Wisente, Elche, Wölfe, Hirsche oder Wildschweine. Das alles in naturnahen, großzügigen Gehegen. Dazu gibt es alte Haustierrassen und ein Streichelgehege mit Ziegen.

Direkt nebenan kann man im **Kletterwald Schorfheide** (▸ Seite 84) seine Kraft und Schwindelfreiheit unter Beweis stellen. Bei den vielen Kletterparcours mit unterschiedlichsten Schwierigkeitsstufen ist für jeden etwas dabei.

Familiengarten Eberswalde: vom Industriegelände zum kreativen Spielparadies

Badeseen

Barnim und Uckermark sind reich an Seen. Manche haben ihre Ufer mit festen Gürteln aus Schilf, Weiden und Erlen geschützt, andere wieder zeigen sich frei zugänglich. Fröhlich klingt das Lachen und Geplansche der Badenden in den schön angelegten Seebädern und an den wilden Badestellen der vielen Gewässer.

Beliebte **Strandbäder** befinden sich zum Beispiel am Wandlitzsee (▸ Seite 51), auf dem Gelände der Europäischen Jugenderholungs- und Begegnungsstätte EJB am Werbellinsee bei Altenhof (▸ Seite 97) oder am Wolletzsee bei Angermünde (▸ Seite 144). Besonders schön ist auch der von Wald umgebene Liepnitzsee (▸ Seite 52) mit der kleinen Insel Großer Werder bei Wandlitz. Auch am Großen Lychensee (▸ Seite 128), am Templiner Stadtsee (▸ Karte Seite 127) und am Unteruckersee in Prenzlau (▸ Seite 161) kann man unter Aufsicht in gepflegten Badeanlagen ins erfrischende, kühle Nass springen.

Besonders bei Familien beliebt ist der kindgerecht flache Grimnitzsee bei Joachimsthal in der Schorfheide (▸ Seite 144). Weitere Strandbäder gibt es am Wukensee bei Biesenthal (▸ Seite 62) und am Brüssower See in der Nordostuckermark (▸ Seite 170).

Daneben gibt es an nahezu allen größeren und kleineren Seen zahlreiche **Naturbadestellen,** so zum Beispiel am Parsteiner See (▸ Seite 110) oder am Lübbesee bei Templin (▸ Seite 117). Auch an Ober- und Unteruckersee, am Liepnitzsee sowie rund um den Werbellinsee (▸ Seite 92) gibt es zahlreiche frei zugängliche Bademöglichkeiten. Die Badestelle am Schumellensee bei Boitzenburg (▸ Seite 177) verfügt sogar über einen Sprungturm. Über die zumeist hervorragende Wasserqualität informiert das Ministerium für Verbraucherschutz des Landes Brandenburg.

www.badestellen.brandenburg.de

Der Werbellinsee lockt im Sommer mit zahlreichen Bademöglichkeiten

Liebe Leserinnen und Leser,

alle Angaben in diesem Reiseführer sind gewissenhaft geprüft. Trotz gründlicher Recherche unserer Autorinnen und Autoren können sich manchmal Fehler einschleichen. Wir bitten um Verständnis, dass der Verlag dafür keine Haftung übernehmen kann. Über Hinweise, Berichtigungen und Ergänzungsvorschläge freuen wir uns jederzeit:

via reise verlag
Lehderstraße 16–19
13086 Berlin
E-mail: post@viareise.de
www.viareise.de

2. komplett überarbeitete und aktualisierte Auflage 2021

ISBN 978-3-945983-96-6

Text & Recherche
Bernd Siegmund

Redaktion
Nelly Möller

Layout & Gestaltung
Annelie Krupicka, Katharina Arlt

Kartografie
Annelie Krupicka, Kristina Becker

Druck
Druckhaus Sportflieger, Berlin

FSC www.fsc.org
MIX
Papier aus verantwortungsvollen Quellen
FSC® C104586

Fotos
Bernd Siegmund, außer:
almgren/Shutterstock.com 26/27; Andreas Mellentin/Shutterstock.com 174; ArTo/stock.adobe.com 71, 146, 163; campix/stock.adobe.com 154; CC BY 2.5/ Dabbelju 46; Choriner Musiksommer/ Christoph Drescher 109; ebenart/stock.adobe.com 63, 116; eyetronic/stock.adobe.com 142; fotoxo/stock.adobe.com 149; gemeinfrei 24, 33, 45, 85, 92, 133, 166; Gert Klinger 114; GRUMSINER Brennerei 192; Jenny Sturm/stock.adobe.com 188; Jutta Adam/stock.adobe.com 111; Klaus Scheddel 7, 16, 43, 49, 64, 66, 75, 89, 118, 187; Klosterfelder Senfmühle 192; Marstall Boitzenburg 192; Maurice Tricatelle/stock.adobe.com 21; Michael Wittstock/pixelio.de 93; NABU Blumberger Mühle 140; Nelly Möller 179; nijus.de/Fotolia 10/11; pit24/stock.adobe.com 141; powell83/stock.adobe.com 31; spuno/stock.adobe.com 78, 113; Stadt Eberswalde 14/15, 70, 72; Straußenhof Berkenlatten GbR 192; Thomas Jablonski/stock.adobe.com 171; thomasknospe/stock.adobe.com 157; Tilo G/Shutterstock.com 161; Tilo Grellmann/stock.adobe.com 38/39, 134, 153, 158; Ulrich Kasparick 169; Ulrike Wiebrecht 125, 185

Umschlag vorn
See bei Potzlow
(Rico Ködder/stock.adobe.com)

Umschlagklappe vorn
Admiral auf Weber-Karde
(Bernd Siegmund)

Umschlag hinten
Schloss Boitzenburg
(Tilo G./Shutterstock.com)

Barnim & Uckermark zum Mitnehmen

Süße Vielfalt in Schokolade

Seit Anfang 2006 wird in der kleinen Schokoladenmanufaktur im Marstall Boitzenburg beste belgische Schokolade in einer gläsernen Schokoladenküche verarbeitet und veredelt.

Marstall Boitzenburg | Templiner Straße 5 | 17268 Boitzenburger Land | www.marstall-boitzenburg.de

In Flaschen gefüllter Geist

Ob Gin, Whisky, Quitten- oder Eierlikör, die Grumsiner Brauerei stellt aus überwiegend regional und biologisch angebauten Zutaten sanft destillierte Spirituosen her.

Grumsiner Brennerei GmbH | Wirtschaftshof 3 | 16278 Angermünde (OT Altkünkendorf) | www.grumsiner.de | Erhältlich hier und in ausgewählten Regionalwarenläden

XXL-Eier vom Straußenhof

Im Hofladen gibt es neben Straußenfleisch und Wurstwaren auch Federn, Staubwedel, kunstvoll gestaltete Straußeneier, Schmuck und Lederwaren und weitere regionale Produkte.

Straußenhof Berkenlatten GbR | 17268 Gerswalde (OT Berkenlatten) | www.straussenhof-berkenlatten.de | Di/Mi Ruhetag, sonst tgl. ab 10 Uhr geöffnet

Gib deinen Senf dazu

In der kleinen Senfmühle in Klosterfelde werden 40 verschiedene Senfspezialitäten – von fein bis grobkörnig, von mild bis feurig scharf – in bester Qualität nach alten und neuen Rezepten hergestellt.

Hofladen | Zerpenschleuser Str. 34 | 16348 Wandlitz (OT Klosterfelde) | www.klosterfelder-senfmuehle.de | Mo–Fr 10–17 Uhr